T0165926

Jürgen Schreiber

# Die Siedlungsarchitektur
## auf der
# Halbinsel Oman
## vom 3. bis zur Mitte des 1. Jahrtausends v.Chr.

# Altertumskunde des Vorderen Orients

Archäologische Studien zur Kultur und Geschichte
des Alten Orients

Band 9

herausgegeben von

Manfried Dietrich — Reinhard Dittmann — Oswald Loretz

1998
Ugarit-Verlag
Münster

# Die Siedlungsarchitektur
## auf der
# Halbinsel Oman
## vom 3. bis zur Mitte des 1. Jahrtausends v.Chr.

Jürgen Schreiber

1998
Ugarit-Verlag
Münster

Die Deutsche Bibliothek - CIP-Einheitsaufnahme

**Schreiber, Jürgen**:
Die Siedlungsarchitektur auf der Halbinsel Oman vom 3. bis zur
Mitte des 1. Jahrtausends v. Chr. / Jürgen Schreiber. - Münster :
Ugarit-Verl., 1998
    (Altertumskunde des Vorderen Orients ; Bd. 9)
    ISBN 3-927120-61-8

© 1998 Ugarit-Verlag, Münster

Herstellung: Weihert-Druck GmbH, Darmstadt

Printed in Germany

ISBN 3-927120-61-8

ISSN 0948-1737

Printed on acid-free paper

Für Martina

# Vorwort

Die ursprüngliche Fassung dieser Arbeit wurde im Oktober 1995 als Magisterarbeit an der Ludwig-Maximilians-Universität München im Fachbreich Vorderasiatische Archäologie eingereicht. Für die hier vorliegende, überarbeitete Version konnten einige wichtige Publikationen, die mir bei der Abfassung der Magisterarbeit noch nicht zur Verfügung standen, herangezogen und bedeutende Fundorte, wie etwa Ras al-Junayz oder Shimal kompletiert werden. Außerdem konnten neue Siedlungsplätze, die nach 1995 entdeckt und/oder ausgegraben wurden (z.B. Raki, al-Khatt oder Muweilah) mitaufgenommen werden.

Mein besonderer Dank gilt meinem Lehrer Prof. Dr. Barthel Hrouda, der meine Arbeit über diesen „thematischen Randbereich" bereitwillig annahm und mich zum Druck ermutigte. Daß die Drucklegung dieser Arbeit zustande kam, verdanke ich den Herren Prof. Dr. Manfried Dietrich, Prof. Dr. Reinhard Dittman und Prof. Dr. Oswald Loretz, Münster, denen an dieser Stelle herzlich gedankt sei.

Ganz besonderen Dank schulde ich auch Prof. Dr. Gerd Weisgerber, Bochum, und PD Dr. Paul Yule, Bonn, die es mir ermöglichten, seit 1995 regelmäßig an Ausgrabungen in Oman teilzunehmen und eine Reihe der wichtigsten Siedlungsplätze des Sultanats persönlich vor Ort zu besuchen.

Weiterhin möchte ich folgenden Personen danken, die mir schwer zugängliche bzw. unpublizierte Literatur zur Verfügung stellten oder mir durch mündliche Auskünfte weiterhalfen:
Prof. Dr. Serge Cleuziou, Paris, Dr. Michel Mouton, Lyon, PD Dr. Stephan Kroll, München, Dr. Walid Yasin al-Tikriti, al-Ain, und Christian Velde, M.A., Göttingen.
Für das Korrekturlesen des Skripts danke ich Andreas Jebara, M.A., München.

# Inhaltsverzeichnis

## III. Das 2. Jahrtausend v. Chr. (Wadi Suq-Periode)          59

## IV. Das 1. Jahrtausend v. Chr. (Lizq/Rumeilah-Periode)       67

# I. Einleitung

Im Gegensatz zur Grabarchitektur wurde die Siedlungsarchitektur Omans lange Zeit stark vernachlässigt. Dafür läßt sich eine Reihe von Gründen anführen:

Bei den meisten archäologischen Denkmälern der Halbinsel Oman handelt es sich um Gräber. Sie sind häufig oberirdisch sichtbar und finden sich meist in exponierter Lage. Diese Gegebenheiten sowie ihre große Zahl, haben dazu geführt, daß sich das Augenmerk der Archäologen schon frühzeitig auf Gräber konzentrierte und diese bis heute ein Hauptgegenstand der Forschung geblieben sind. [1]

Da aufgrund der zahlreichen Gräber von einer relativ dichten Besiedlung der Küstengebiete und der Oasen des Landesinneren ausgegangen werden muß, stellte sich schon früh die Frage nach den zugehörigen Siedlungen, deren relativ geringe Zahl in auffälligem Gegensatz zu den Tausenden von Gräbern steht. Das Fehlen von Siedlungen ist auf mehrere Ursachen zurückzuführen:

Zum einen spielen sicherlich die natürlichen Umweltbedingungen (Erosion, Deflation) eine große Rolle bei der Zerstörung der Siedlungsreste, zum anderen ist der schlechte Erhaltungszustand durch die Siedlungsweise selbst bedingt. So liegen die Siedlungen häufig im Bereich von Wadis, was dazu führt, daß sie zum Teil weggespült oder durch die bei starken Regenfälle mitgeführten Sedimentmassen überlagert werden. Da innerhalb eines Siedlungsareals nur selten Gebäude aus Stein errichtet wurden, bzw. archäologische Befunde darauf hindeuten, daß Teile der Siedlungen nicht aus festem Material [2] bestanden, haben sich oft nur schwer faßbare Spuren erhalten. [3]

Ein dritter, sicher nicht zu unterschätzender Faktor ist der Einfluß des Menschen. Bereits für die prähistorischer Zeit ist Steinraub nachweisbar, Überbauung prähistorischer Siedlungsareale oder das Tieferlegen von Oasen wegen des sinkenden Grundwasserspiegels sind weitere Ursachen für den schlechten Erhaltungszustand der Siedlungen. Vor allem aber zerstörte und gefährdet die seit den 60er bzw. den frühen 70er Jahren rasch voranschreitende Entwicklung im Zuge des Ölbooms noch immer zahlreiche Bodendenk-

---

[1] Yule, A tribute to Oman 10, 1991, 182. Zu den Gräbern vgl. etwa Vogt, Gräber, für das 3. und 2. Jt.; Yule, Weisgerber, Kunter, Bemmann, Nubica 3/1, 1994 für das 2. Jt.; Yule, BaM 25, 1994 für das 1. Jt.

[2] Hierbei handelt es sich um sog. barastis, Hütten / Häuser aus vergänglichem Material wie Holz oder Palmblätter, vgl. Ash, Introduction, Abb. auf S. 24 oben bzw. Costa, JOS 8, 1985, 117 - 120 mit Taf. 1 - 3, 6.

[3] Diese Bedingungen verhindern auch eine Tellbildung, was die Identifizierung eines Fundortes zusätzlich erschwert. Als Tell im eigentlichen Sinn ist nur der ca. 10 m hohe Tell Abraq anzusprechen. In der Regel erreichen die Siedlungsreste kaum mehr als eine Höhe von 0,50 - 4 m.

mäler. [4]

Zwar wurde durch die intensive Surveytätigkeit [5] der letzten drei Jahr-
zehnte eine ganze Anzahl von Siedlungen lokalisiert und deren Strukturen
zeichnerisch festgehalten, Aussagen über die Architektur anhand von Ober-
flächenbegehungen und Skizzen lassen sich aber nur sehr bedingt treffen. [6]
Hinzu kommt, daß viele Siedlungen nur punktuell durch kleine Sondagen
oder Testgrabungen untersucht wurden. Selbst die wenigen, in mehreren
Kampagnen untersuchten Siedlungen bereiten Schwierigkeiten, da sie meist
nur während einer Periode besiedelt waren, nur in den seltensten Fällen eine
stratigraphische Abfolge aufweisen und die architektonischen Denkmäler in
der Regel stark gestört und sehr schlecht erhalten sind.

Siedlungsarchitektur wurde bisher nur ansatzweise, [7] auf ein bestimmtes Gebiet oder eine prähistorische Periode beschränkt, behandelt, [8] eine übergrei-
fende Zusammenfassung fehlt aber bisher. Mit dieser Arbeit soll versucht
werden, in erster Linie publizierte Grabungs- und Surveyergebnisse von
Siedlungen regional übergreifend zusammenzufassen und auszuwerten.

Der geographische Raum der Halbinsel Oman, der südöstlichste Ausläufer
der Arabischen Halbinsel, umfaßt die modernen Staaten der Vereinigten Arabischen Emirate und den Nord- bzw. Zentralbereich des Sultanats Oman, die
durch die Rub al-Khali weitgehend vom restlichen Arabien isoliert sind.

Die Form der Halbinsel gleicht in etwa einem Dreieck, dessen nordwest-
liche Küste dem Territorium der Vereinigten Arabischen Emirate entspricht.
Begrenzt durch die Sabkha Matti im Westen und die Rub al-Khali im Süden,
erstrecken sich die einzelnen Emirate über eine Länge von ca. 600 km entlang der Küste ("Piratenküste") des Persisch-Arabischen Golfes nach Norden. Dem südwestlichsten und größten Emirat Abu Dhabi folgen Dubai, Shar-

---

[4] Yule, A tribute to Oman 10, 1991, 183; Yule, Weisgerber, MDOG 128, 1996, 135 - 136.

[5] Eine Zusammenfassung der Forschungstätigkeit an Siedlungen bis etwa 1990 bei Potts,
Arabian Gulf, 98 - 100 für die Umm an-Nar-Periode, 234 - 237 für die Wadi-Suq-Periode
und 355 - 358 für die Lizq/Rumeilah-Periode. Einen Gesamtüberblick zur Forschungsge-
schichte gibt auch Tosi, S.O.R. 63, 135 - 157.

[6] Das gilt auch für die Datierung eines Fundplatzes nur über das Oberflächenmaterial, wie
das Beispiel von al-Khatt / Nud Ziba zeigt (vgl. II.2.10)

[7] Bei Doe, Monuments, 62 - 71, 79 - 83, handelt es sich im wesentlichen um eine Zusammenfassung der Ergebnisse der Surveys von 1974 - 1976, die er mit B. de Cardi durchführte. Hastings, Humphries, Meadow, JOS 1, 1975, 12 - 13, behandeln ebenfalls nur die,
während ihres Surveys entdeckten Fundstellen. Eine (unvollständige und nicht chronologisch geordnete) Aufzählung der Siedlungen findet sich auch bei Nayeem, Prehistory and
Protohistory of the Arabian Peninsula 3, 69 - 105 und Nayeem, Prehistory and Protohistory of the Arabian Peninsula 4, 122 - 161.

[8] Lombard, L'Arabie orientale, 152 - 160 für die Lizq/Rumeilah-Periode; Orchard, Iraq
56, 1994, für das 3. Jt. v. Chr.

jah, Ajman, Umm al-Qaiwain und Ras al-Khaimah. [9]

Die nördliche Spitze des Dreiecks bildet die Halbinsel Musandam, zum Sultanat Oman gehörig, die durch die Straße von Hormuz begrenzt wird. [10] Von dort aus verläuft die Nordostseite des Dreiecks entlang der Küste des Golfs von Oman und knickt bei Ras al-Hadd nach Süden ab. Die Insel Masirah ist der südlichste Punkt des Untersuchungsraumes. Die südliche Seite des Dreiecks bildet eine (fiktive) Linie, die von der Sabkha Matti durch die Rub al-Khali bis zur Insel Masirah verläuft (Abb. 1).

Ist die Halbinsel im Norden durch den Persisch-Arabischen Golf bzw. den Golf von Oman natürlich begrenzt, weist sie nach Süden hin keine derartige Begrenzung auf - lediglich die Ausläufer der Rub al-Khali, die in die Geröllwüste Dschiddat al-Harasis übergehen, schieben sich als eine flache Barriere zwischen den Nord- und Südoman.

Konnten entlang des nördlichen Küstenabschnitts des Arabischen Meeres und auf Masirah prähistorische Fundorte nachgewiesen werden, die in engem Zusammenhang mit den Kulturen des Nordoman stehen, [11] ist die Fundlage im Südoman (Dhofar) nicht sonderlich günstig. Engere Kontakte zwischen Nord- und Südoman lassen sich zum derzeitigen Forschungsstand nur in geringem Maße erst für die späte Eisenzeit nachweisen. [12] Da die Dhofarregion außerdem historisch und kulturell schon immer stark am Hadramaut orientiert war, [13] erscheint es gerechtfertigt, diesen Bereich aus dem Untersuchungsraum auszuklammern.

Zusammenfassend kann der Untersuchungsraum also mit dem Gebiet gleichgesetzt werden, dessen urprüngliche Bezeichnung "Oman" lautete, bevor es in moderner Zeit in "Trucial Oman" ("Vertragsoman" bzw. heute Vereinigte Arabische Emirate) und "Sultanat Oman" getrennt wurde. [14]

---

[9] Das siebte Emirat, Fujairah, liegt auf der Ostseite der Halbinsel, am Golf von Oman, "eingebettet" zwischen Musandam und Nordoman. Die Größe der einzelnen Emirate: Abu Dhabi 67.000 km², Dubai 3.900 km², Sharjah 2.600 km², Ras al Khaimah 1.700 km², Fujairah 1.100 km², Umm al Qaiwain 770 km² und Ajman 260 km². Da die Grenzziehung zu Saudi Arabien nicht eindeutig festgelegt ist und Teile der Emirate nicht genau vermessen sind, finden sich zur Gesamtgröße der VAE Angaben zwischen ca. 83.660 km² und 77.570 km², Heard - Bey, Trucial States, 407, Anm. 8.

[10] Wohlfahrt, Arabische Halbinsel, 432.

[11] Weisgerber, Oman, 285 mit Anm. 3.

[12] de Cardi, Doe, Roskams, JOS 3, 1978, 28 - 32; Yule, Kervran, AAE 4/1, 1993, 94 - 99.

[13] Wohlfahrt, Arabische Halbinsel, 502 - 503

[14] Wohlfahrt, Arabische Halbinsel, 424.

Der Untersuchungszeitraum reicht vom Beginn des 3. Jt. bis zur Mitte des
1.Jt. v. Chr. und umfaßt folgende Perioden:

| | |
|---|---|
| Hafit | ca. 2900 - 2500 v. Chr. |
| Umm an-Nar | ca. 2700 - 2000 v. Chr. |
| Wadi Suq früh | ca. 2000 - 1600 v. Chr. |
| Wadi Suq spät | ca. 1600 - 1300 v. Chr. |
| Lizq/Rumeilah I | ca. 3200 - 800 v. Chr. |
| Lizq/Rumeilah II | ca. 800 - 300 v. Chr. [15] |

Auf eine Beschreibung der jeweiligen Fundplätze einer Periode, die von Westen nach Osten (also von der Küste zum Landesinneren) behandelt werden,
folgt eine vergleichende Zusammenfassung und ein alphabetischer Katalog
der Fundorte mit der entsprechenden Literatur. [16]
    Die Umschrift der Ortsnamen folgt keinem bestimmten System, sondern
richtet sich nach den in der Literatur am häufigsten verwendeten Schreibwei-
sen. [17]

---

[15] Die Benennung richtet sich nach dem jeweils ersten Fundort einer Periode. Bei der
Chronologie der Halbinsel Oman handelt es sich um ein Grobgerüst, das ständigen Veränderungen unterworfen ist und eine genauere Untergliederung der einzelnen Perioden nur
ansatzweise zuläßt, vgl. Yule, PSAS 23, 1993, 148 mit Yule, Kervran, AAE 4, 1993, 71
und Yule, BaM 25, 1994, 520, Tab. 1. Anhand des Fundmaterials von Tell Abraq wurde
die Wadi Suq-Periode in vier Phasen untergliedert (vgl. Weeks, AAE 8/1,1997, 12, Tab.
1). Inwieweit die noch nicht eingehender publizierten Wadi Suq-zeitlichen Kleinfunde
von Tell Abraq mit der von Weisgerber, IA 6, vorgeschlagenen Untergliederung für den
Zentraloman übereinstimmen, kann momentan noch nicht gesagt werden. Auch für die
frühe Eisenzeit wurde erst kürzlich durch Peter Magee, AAE 7/3, 1996, 249, anhand der
Kleinfunde von Tell Abraq eine Dreiphasigkeit postuliert (iron I ca. 1300 - 1100, iron II
ca. 1100 - 600, iron III ca. 600 - 300 v. Chr.) Inwieweit diese Unterteilungen für die gesamte Halbinsel zutreffend sind kann nur durch weitere Forschungen (neue Grabungen,
Neubearbeitung älterer Funde anhand der neuen Erkenntnisse) erbracht werden. Aus diesem Grund wird hier für die frühe Eisenzeit die Bezeichnung Lizq/Rumeilah-Periode beibehalten. Präsentiert sich die Halbinsel bis zur frühen Eisenzeit als relativ einheitlicher
Kulturraum, haben in der späten Eisenzeit die Kulturen im Norden (sog.
hellenistisch/parthische Periode, bzw. neuerdings nach Mouton, Peninsule d'Oman, Preislamique Recente A - D) und Zentraloman (Samad-Periode) kaum noch Berührungspunk-
te; deswegen wird die späte Eisenzeit aus dieser Arbeit ausgeklammert.

[16] Nur die wenigsten der hier behandelten Fundstellen sind auf den meist unzureichenden
Karten zu lokalisieren. Daher soll anhand eines Kataloges die Lage der einzelnen Fundorte wenigstens so weit präzisiert werden, daß ihre ungefähre Lage zu bestimmen ist.

[17] Die Umschreibung weiterer Ortsnamen erfolgt nach folgenden Karten: GEOprojects,
The United Arab Emirates (M 1 : 750.000), 6. Auflage, Beirut und National Survey Au-
thority of Oman, Map of the Sultanate of Oman (M 1 : 1.300.000), Muscat 1994.

# II. Das 3. Jahrtausend v. Chr.

## II.1 Die Hafit-Periode

### II.1.1 Hili

Im nördlichen Teil der Oase von al-Ain / Buraimi (Abb. 2) konzentrieren sich eine Reihe von Siedlungen des 3. Jt. v. Chr. (Abb. 3), deren älteste die von H8 ist. H8 ist ein flacher, lediglich 2 m hoher Hügel mit einem Durchmesser von etwa 30 m. Hier wurden von 1977 - 1984 in insgesamt acht Kampagnen von der "Mission Archéologique Française en Abou Dhabi" unter der Leitung von Serge Cleuziou Grabungen durchgeführt. Die Grabungen konnten eine Siedlungsspanne von gut 1000 Jahren nachweisen, die sich in drei Hauptsiedlungsperioden und mehrere Unterphasen gliedert. Wenn auch die seit längerem angekündigte Endpublikation noch immer aussteht und Cleuziou selbst Schwierigkeiten bei der genauen Bestimmung der Phasen einräumt, [18] so ist die Grabung in H8 dennoch von großer Bedeutung, konnte hier doch erstmals eine stratigraphische Sequenz an einem Fundort der Halbinsel Oman nachgewiesen und in H8 (Periode 1) bisher die einzigen Hafitzeitlichen Siedlungsspuren entdeckt werden. Im Folgenden seien die architektonischen Reste anhand der bisher erschienenen Vorberichte kurz beschrieben: [19]

H 8 - Periode I:

Phase Ia (Abb. 4):
Periode I ist die früheste Siedlungsphase in H8, die durch die Reste eines annähernd quadratischen Lehmziegelturms (Building III) mit abgerundeten Ecken repräsentiert wird. Die Seitenlänge des Bauwerks beträgt ca. 16 m, die Abmessung der verwendeten, ungebrannten Lehmziegel ist 45 x 50 x 8 cm. Building III wurde direkt auf dem natürlichen Boden errichtet. Der erhaltene Gebäudeteil stellt eine solide Basis dar, die aus einer Ringmauer mit kammerartiger Innengliederung besteht.

Die 1,5 m starke Ringmauer ist in Schalentechnik errichtet, mit einer Füllung aus ganzen oder zerbrochenen Lehmziegeln und dicken Lagen Lehmmörtel. Wie auch in Bat 1145 sind die Innenmauern der Kammern nicht

---

[18] Die Stratigraphie von H8 folgt keiner vertikalen Schichtung wie etwa bei mesopotamischen Tells, sondern eher einer Art horizontal verlaufenden Bausequenz, Cleuziou, AUAE 5, 1989, 63. Daher mußte die Benennung der einzelnen Bauphasen und die Zuordnung einzelner Strukturen zu einer bestimmten Phase mehrmals korrigiert werden, Cleuziou, PSAS 12, 1982, 15 - 16, Tab. 1. Orchard, Iraq 56, 1994, 70, zweifelt die Einteilung in mehrere Unterphasen beim derzeitigen Wissensstand an.

[19] Die folgende Beschreibung richtet sich, soweit nicht anders angegeben, in erster Linie nach Cleuziou, AUAE 5, 1989, 63 - 66.

mit der Ringmauer verbunden und weisen keinen Verbund untereinander auf,
Durchgänge fehlen ebenfalls. [20] Die Kammern, deren Wände aus einzelnen
Reihen von Lehmziegeln bestehen, waren mit Kies, Geröll und Sand aufgefüllt. Die Konstruktionstechnik der Anlage entspricht der in Bat: Innerhalb
der bereits drei oder vier Lagen hochgezogenen Ringmauer wurden die
Trennwände errichtet und dann die Kammern gefüllt. Dieser Prozeß wurde
solange wiederholt, bis die gewünschte Höhe erreicht war.

Insgesamt ist der Innenraum in 16 Kammern gegliedert; in der mittleren
Kammer (Nr. 15) befindet sich ein Brunnen, der bis in eine Tiefe von 4 m
freigelegt wurde. Der Schacht ist auf eine Länge von knapp 3 m in Stein gefaßt und mündet in eine rechteckige Kammer (1,5 x 0,65 m, 1,5 m hoch). [21]
Holzkohle aus mehreren Herdstellen, die während der Errichtung des Bauwerks in Gebrauch waren, lieferte eine Radiocarbondatierung von 4400 +/-
100 BP, was (kalibriert) für die Errichtung von Building III einen Zeitpunkt
von etwa 3100 / 3000 v. Chr. ergibt. [22]

An die Nordostecke von Building III schließt sich das aus drei Kammern
bestehende Building V an, das aus Lehmziegeln des selben Formats wie in
Building III errichtet wurde. [23] Auch diese Kammern sind gefüllt, allerdings
mit strohgemagerten Lehmklumpen, bei denen es sich um ungeformte Lehmziegel handeln könnte, die in dicke Schichten von weißlichem Mörtel eingebettet sind.

Zu Phase Ia gehören auch zwei Gräben (T 1, T 2), die zwar durch spätere Bauten gestört sind, aber anscheinend um Building III (T 1) bzw. die gesamte Anlage (Building III, V) (T 2) laufen.

Phase Ib (Abb. 5):
Neu in dieser Phase ist Building VI, im Bereich der Südostecke von Building III sowie ein weiterer Graben (T 3).

Die erhaltenen Reste von Building VI ähneln denen von Building V, sind
aber von einem späteren Gebäude gestört, so daß der Grundriß nicht genau
kenntlich ist. Am besten erhalten ist die Nordmauer, die T 1 überbaut, bzw. in
ihm gründet. T 1 wurde also zu diesem Zeitpunkt nicht mehr benutzt und der
gesamte Grabenbereich zwischen Building V und VI wurde als Abfallgrube

---

[20] Die zwischen einigen Kammern festgestellten Öffnungen sind aufgrund ihrer Größe (30
- 40 cm) nicht als Türen anzusprechen, sondern haben wohl vielmehr konstruktionstech-
nische Gründe, Cleuziou, AUAE 5, 1989, 64.

[21] Cleuziou, AUAE 5, 1989, Taf. 21.

[22] Es handelt sich dabei um die Proben MC 2266 aus Kammer 6 und MC 2267 aus Kammer 10, Cleuziou, AUAE 2 - 3, 1980, 68, Tab. 1 bzw. Cleuziou, PSAS 10, 1980, 32,
Tab.1. Mit dieser Datierung fällt die Phase I von H8 etwas aus dem zeitlichen Rahmen
dieser Arbeit, dennoch erscheint es nötig auch diese frühe Phase mitheranzuziehen, da
Building III das bisher älteste Rundgebäude auf der Halbinsel Oman repräsentiert und
somit möglicherweise als Vorläufer oder Prototyp dieser Art von Bauwerken anzusprechen ist.

[23] Building V ist wohl jünger als Building III, es konnte aber nicht festgestellt werden,
wie groß der genaue zeitliche Abstand ist. Gebäude V wird deshalb von Cleuziou der
Phase Ia zugerechnet. Die auf dem Plan von Phase Ia (vgl. Abb. 4) abgebildete Mauer m
114 ist eher der Phase Ib zuzurechnen, Cleuziou, AUAE 5, 1989, 65.

verwendet, wie der zahlreich darin gefundene Siedlungsschutt zeigt.

Östlich der Anlage wurde ein neuer Graben (T 3) mit einer Durch-
schnittstiefe von 2,05 m angelegt. Wie bei T 1 und T 2 sind auch hier die Sei-
tenwände fast vertikal und die Sohle flach angelegt. Zwar konnte sein Verlauf
nicht überall verfolgt werden, aber dennoch ist anzunehmen, daß auch er
Building III einschloß.

Ein interessanter Befund dieser Phase zeigt, daß das gesamte Gelände
östlich des Grabens T 3 im Vergleich zu Phase Ia um ca. 0,8 m tiefergelegt
worden war. Die Gründe dafür sind jedoch noch nicht geklärt.

Phase Ic:
Die einzige Neuerung dieser Phase ist die Errichtung von Mauer m 80, die
Building V und VI verbindet. Sie ist ca. 1 m breit und steht noch 0,5 m hoch
an. Das Ziegelformat entspricht dem der vorhergehenden Phasen.

## II.2 Die Umm an-Nar-Periode

### II.2.1. Jebel Dhanna

Auf dem Jebel Dhanna, im Westteil des Emirats von Abu Dhabi gelegen,
wurden 1983 Umm an-Nar zeitliche Gräber (JD1) und möglicherweise Reste
einer Siedlung (JD3) entdeckt. JD3 gliedert sich in zwei Bereiche, die an der
Westseite des Berges liegen (Abb. 6).

JD3/1 besteht aus etwa 10 runden oder ovalen Strukturen, die sich entlang eines niedrigen Hügels erstrecken (1 - 10 auf der Karte) sowie eine unregelmäßige Konzentration von Steinen am Südende dieses Hanges (11 auf der
Karte). Es konnte jedoch nicht festgestellt werden, ob es sich dabei um Reste
von Gräbern oder Siedlungsstrukturen handelt. Über die Oberflächenkeramik
ist dieser Bereich zeitgleich mit dem westlich gelegenen JD3/2. Dort findet
sich eine dammartige, 32 m lange Mauer aus flachen, unbearbeiteten
Blöcken. Im Nordbereich der Mauer wurde eine kleine, halbkreisförmige ki-
stenartige Struktur (b) lokalisiert, die aus vier vertikal gesetzten Flußsteinen
besteht. Eine Untersuchung ergab, daß es sich dabei um eine 0,5 m tiefe
Steinkiste handelt, die als Feuerstelle diente und mit Asche und einigen Mu-
schelfragmenten gefüllt war. Ähnliche Strukturen finden sich weiter südlich.
Eine dieser Gruben ist fünfeckig und durch eine einzelne Steinreihe mit einer
achteckigen Grube verbunden (d).

Über die Funktion der langen Mauer läßt sich nur spekulieren. Möglicherweise diente sie als Schutz gegen den Nordwind, da die Siedlungsstelle
zum Meer hin keinen natürlichen Schutz aufweist. Die Installationen ähneln
denen von Gh1. Über die Keramik, die Parallelen zur Keramik von H8, Periode I aufweist, datiert JD3 in das frühe bis mittlere 3. Jt. [24]

---

[24] Vogt, Gockel, Hofbauer, Haj, AUAE 5, 1989, 55 - 57.

## II.2.2 Umm an-Nar

Die etwa 4,5 km² große Insel Umm an-Nar liegt direkt vor der Küste Abu
Dhabis (Abb. 7) und war der erste Fundort auf der Halbinsel Oman, an dem
Grabungen durchgeführt wurden. Neben einer großen Anzahl von Gräbern [25]
fanden T.G. Bibby und P.V. Glob 1958 während eines Surveys dort auch Spuren einer Siedlung, [26] die in insgesamt drei Kampagnen untersucht wurde. [27]
    Das Siedlungsareal von Umm an-Nar ist gekennzeichnet durch einen ca.
300 m langen, und ca. 200 m breiten, durchschnittlich nur 2 m hohen "Tell",
der sich 200 m östlich des Gräberfeldes direkt am Meer befindet (Abb. 8).
Die Grabungen konzentrierten sich auf vier Punkte:
    1. Die sog. Section 1014, bei der es sich um einen Schnitt durch den
Zentralbereich der Siedlung handelt, 2. den sog. House Complex 1014, einige
Meter nordöstlich von Section 1014 ebenfalls im Zentrum der Siedlung gele-
gen, 3. Schnitt 1019 [28] und 4. das sog. Warehouse 1013 am Südwestende des
"Tells". [29]

Section 1014:
Dieser Schnitt wurde an der höchsten Stelle direkt durch den Mittelpunkt der
Siedlung gelegt. Er ist 20 m lang, 2,25 m breit, max. 2,25 m tief und verläuft
in Nordwest-Südostrichtung. Die Ausgräber stellten insgesamt 37 Schichten
(oder besser Lagen) fest, die sich in drei Perioden bzw. Bauphasen [30] gliedern
lassen (Abb. 9). [31]
    Für die älteste Periode 0, die direkt auf dem gewachsenen Fels liegt, las-
sen sich keinerlei Bauwerke feststellen. Lediglich in Schicht 4 könnte eine
dünne Lage aus Lehm, die mit Steinen eingegrenzt war, einen Hinweis auf
ein Haus liefern. Mauerversturz fehlt jedoch völlig.
    Auf Periode 0 folgt ohne größeren Bruch Periode I, die durch sorgfält
gebaute Steinmauern (B, E, F, G, H, J) gekennzeichnet ist. Die etwa 80 cm

---

[25] Zu den Gräbern von Umm an-Nar vgl. zusammenfassend Frifelt, JASP 26:1. Eine kurze
Nachuntersuchung an einigen Gräbern fand 1975 durch ein Irakisches Team statt, Salman, Sumer 31, 1975, h - i.

[26] Thorvildson, Kuml 1962, 208; Bibby, Dilmun, 232,

[27] Bereits 1959 war ein Suchschnitt innerhalb des Siedlungsareals angelegt worden, der
sog. "Riisgaard Trench." Die Grabung wurde jedoch zugunsten der Gräber eingestellt und
nicht wieder aufgenommen. Die 1. Kampagne fand von Dez. 1962 - Jan. 1963, die 2.
Kampagne von Feb. - März 1964 und die 3. Kampagne von Feb. - März 1965 statt, Frifelt, JASP 26:2, 9.

[28] Der Testschnitt 1019 wurde 1965 begonnen. Da danach die Grabung in Umm an-Nar
eingestellt wurde, bleibt dieser Schnitt provisorisch, Frifelt JASP 26:2, 116. Da er kaum
Ergebnisse erbrachte, wird er hier nicht näher behandelt.

[29] Frifelt, JASP 26:2, 7, Plan 2.

[30] Die 37 Schichten werden von Frifelt den einzelnen Perioden folgendermaßen zugeordnet: Periode 0: 3, 4, 15, 19, wahrscheinlich auch 22, 28, 3; Periode I: 7, 12 - 14, 19, 21, 25
- 27, 29, 30, 34 - 36; Periode II: 1, 2, 5, 6, 8 - 11, 16 - 18, 20, 23, 24, 31 - 33, JASP 26:2,
40.

[31] Obwohl die Stratigraphie nicht klar ist, wird anscheinend zumindest die Dreiperiodig -
keit von Umm an-Nar durch die von den Franzosen 1976 durchgeführten Nachuntersu -
chungen bestätigt, Cleuziou, Paléorient 6, 1980, 242; Cleuziou, Oman Peninsula, 382.

starken Mauern sind aus 0,3 x 0,2 m großen und 0,15 m dicken Kalksteinen, wohl ohne Mörtel, errichtet. Zusammenhänge zwischen den Mauern können aufgrund des begrenzten Ausschnitts der Sondage nicht festgestellt werden. Zwischen Periode I und II läßt sich fast auf der gesamten Länge des Schnitts ein Bruch feststellen. Wahrscheinlich wurde das ganze Areal eingeebnet. Die Hausmauern von Periode II (C, D, I) sind weniger sorgfältig gebaut. Sie bestehen aus unregelmäßigen Steinen und zum Teil wurden Blöcke aus älteren Mauern wiederverwendet. Die Konsistenz der Schichten von Periode II mit großen Mengen von Asche und Holzkohle könnte nach Frifelt auf die Verwendung als Handwerksareal hindeuten. [32]

House Complex 1014:
Die oben beschriebenen Perioden finden sich auch im House Complex 1014 (Abb. 10 - 11). In einem 13 x 10 m großen Areal kamen in einer bis zu 2,25 m dicken Kulturschicht eine Reihe von Räumen / Arealen zutage, die allerdings keinen klaren Plan ergeben. Lediglich die Räume 227 und Raum 228 können als Einheit angesehen werden, auch wenn die Osthälfte zerstört ist. Die beiden annähernd quadratischen Räume 227 (jeweils ca. 2 x 2 m), sind durch eine noch andeutungsweise vorhandene Wand getrennt, in der wohl auch eine Tür vorhanden war. Von den Mauern sind noch 10 - 12 Lagen flacher, grob behauener Kalksteinblöcke erhalten, die mit Lehmmörtel vermauert sind. Raum 228 schließt südlich an die Räume 227 an und ist durch eine 80 cm breite Tür mit diesen Räumen verbunden. Der östliche Bereich von 228 ist durch eine große Grube gestört. In Raum 228 konnte die Dreiphasigkeit des Komplexes am besten nachgewiesen werden. Die älteste Periode ist repräsentiert durch eine etwa 25 cm dicke Schicht mit Brandspuren und wenig Siedlungsmaterial. Es folgt eine ca. 45 cm dicke Schicht aus sterilem Sand, auf der sich vor allem im westlichen Bereich Reste einer noch ein bis zwei Lagen anste-henden Mauer (A) fanden. Durch eine 10 cm dicke Sandschicht von A getrennt, wurde darauf die Mauer B, die die jüngste Periode repräsentierterrichtet. In Mauer B wurden zum Teil Steine der älteren Mauer A und bearbeitete Blöcke von Gräbern in wenig sorgfältiger Weise verbaut. Mauer A verläuft in nördlicher Richtung parallel zu bzw. unter der Westmauer von 227. Die Nordwestecke (Areal 283) von Mauer A konnte ebenfalls freigelegt werden und erweckt den Eindruck, als ob in Periode II (Mauer B) eine größere Anlage (Mauer A) durch eine kleinere überbaut wurde. Die Ostmauer von Raum 496 liegt auf dem selben Niveau wie die Westmauer (A) von 227/228 und muß wohl ebenfalls der Periode I zugerechnet werden. 496 gehört wahrscheinlich zu einem anderen Gebäude und war durch eine etwa 80 cm breite "Gasse" von 227 / 228 getrennt.

Während eine gesicherte Zuweisung von Raum 498 zu Periode I oder II nicht möglich ist, kann die fast 1 m dicke Trennmauer zwischen 498 / 283 und 499 wohl zu Periode I (Mauer A) und die, das Areal 499 in zwei Bereiche teilende Mauer zu Periode II (Mauer B) gerechnet werden. [33]

---

[32] Frifelt, JASP 26:2, 40 - 41 u. 77 - 80, Abb. 134 - 143.

[33] Frifelt, JASP 26:2, 92 - 97, Abb. 148 - 158.

Insgesamt gesehen ist das ausgegrabene Areal zu klein, um die architektonischen Zusammenhänge in Complex 1014 eindeutig zu klären oder eine Funktionszuweisung zuzulassen. [34]

Warehouse 1013:
Am Südende der Siedlung zeichnete sich ein Grundriß mit mehreren Lang-
räumen an der Oberfläche des an dieser Stelle nur noch 1 m hohen Hügels ab.
Die hier durchgeführten Ausgrabungen erbrachten insgesamt sieben Räume
innerhalb eines quadratischen Komplexes mit 16 m Seitenlänge (Abb. 12).
Die gesamte Anlage ruht auf dem gewachsenen Felsen, der nach Südosten
zum Strand hin teilweise ein Gefälle von bis zu 1 m aufweist. Dieses Gefälle
machte eine Nivellierung der Böden durch Ausgleichsschichten nötig. Eine
solche Ausgleichsschicht konnte in Raum 55 beobachtet werden, ist aber für
die anderen Räume ebenfalls anzunehmen, da etwa Raum 107 ein Gefälle
von 30 - 40 cm  hat und die Räume 56 und 3 sogar ein Gefälle von 50 - 60
cm aufweisen.
    Die Mauern des Gebäudes sind ca. 80 cm dick und durchschnittlich acht
Lagen hoch erhalten. Sie bestehen aus dem örtlichen Kalkstein, der in flache
Blöcke geschlagen mit Lehmmörtel verlegt wurde. Die Steine des Mauerwerks sind durchschnittlich 30 - 40 cm lang und 10 cm breit. In der untersten
Lage wurden größerformatige Steine (bis zu 55 x 20 cm) zur Fundamentierung verwendet, Bodenunebenheiten wurden mit kleineren Steinen ausgegli-
chen. Die Wände waren möglicherweise verputzt, wie die Spuren von Putz in
Raum 4 zeigen.
    Eine Eingangstür konnte für die Anlage nicht beobachtet werden, sie lag
wahrscheinlich im heute völlig erodierten Ostteil des Hauses. Innerhalb des
Gebäudes konnten mehrere Türen / Durchgänge beobachtet werden, die etwa
80 - 95 cm breit sind. Vier Türangelsteine befanden sich noch in situ, während zwei weitere im Schutt gefunden wurden.
    Raum 55 ist nur noch teilweise erhalten, eine ovale Grube unbekannter
Funktion ist 20 cm tief in den Boden des Raumes eingelassen. Von Raum 55
gelangt man durch eine Tür in den leicht unregelmäßigen, 8,5 x 3 m großen
Raum 54. Dieser Raum stellt den einzigen Zugang zu den Räumen 3, 4, 21
und vielleicht auch zu 56 und 107 dar. Von Raum 107 ist 54 allerdings durch
eine nachträglich eingezogene Mauer getrennt.
    Raum 56 ist 9,5 x 3,3 m groß, über seinen Boden verteilt finden sich sie-
ben Pfostenlöcher. In Raum 107 lassen sich die meisten Anzeichen für Umbauten erkennen. Der Raum ist 6 x 3 m groß, war aber wohl ursprünglich
größer bzw. bildete vielleicht eine Einheit mit Raum 54, da, wie schon erwähnt, die Trennmauer zwischen diesen beiden Räumen sekundär ist. Mit
Raum 56 ist Raum 107 durch eine nachträglich durchgebrochene, 1 m breite
Türe verbunden, deren Türangelstein noch in situ lag. Ein älterer Durchgang,
der 107 mit Raum 3 verband, war nischenartig zugesetzt worden. In der Nähe
davon befindet sich eine 38 cm tiefe Grube mit einen Durchmesser von etwa
33 cm.

---

[34] Frifelt möchte aufgrund der Funde im House Complex 1014 einen "workshop" sehen,
JASP 26:2, 97 - 99.

Raum 3 mit seinen zahlreichen Pfostenlöchern weist einen langrechteckigen Grundriß von 11 x 3 m auf und ist mit dem gleich großen Raum 3 durch eine Tür verbunden. Raum 21 ist 6,8 x 3 m groß und von Raum 3 her zugänglich. [35]

Wie der Aufbau des Hauses ausgesehen haben könnte, läßt sich nur schwer sagen. Im Schutt innerhalb der Räume fanden sich vereinzelt Mauersteine, die aber nach Frifelt kaum mehr als zwei bis drei weitere Lagen ergeben. Will man Steinraub ausschließen, so könnte der Aufbau des Hauses aus vergänglichem Material bestanden haben, vergleichbar den bis in neueste Zeit gebrauchten *barastis*. Diese Vermutung könnte durch gefundene Reste bzw. Abdrücke von Palmmatten in Raum 21 bestätigt werden. Eine weitere Möglichkeit könnte die Verwendung von Lehmziegeln sein, allerdings konnten nur zwei kleine Fragmente von Lehmziegeln nachgewiesen werden.

Innerhalb des Gebäudes waren zwei Brandhorizonte zu erkennen, wobei nach dem zweiten Brand das Gebäude nur noch teilweise genutzt und schließlich vor der letzten Siedlungsphase (Periode II) völlig aufgegeben wurde. [36] Von besonderer Bedeutung für die Datierung des Endes der Anlage ist dabei ein Siegelabdruck [37] syrischer Herkunft aus Raum 3, der in die zweite Hälfte des 3. Jt. datiert.

Wie die Bezeichnung "Warehouse" schon andeutet, sieht Frifelt in dem Gebäude kein Wohnhaus, sondern vielmehr eine Art Lagerhaus in dem auch handwerklich produziert wurde. Unter den Funden des Gebäudes sind zahlreiche Vorratsgefäße zu nennen, die zum Teil mit Bitumen ausgestrichen sind. Metallurgische Installationen wie etwa Schmelzöfenkamen zwar nicht zutage, dennoch deuten Funde [38] aus dem Warehouse auf die Verarbeitung von Kupfer (und Stein) hin - im Gegensatz zu M1 dürfte die Metallverarbeitung in Umm an-Nar jedoch kaum in größerem Umfang betrieben worden sein.

Die in Umm an-Nar gefundene Keramik weist die Siedlung eindeutig als Handelsstation aus, die mit Mesopotamien, Syrien, Ostarabien, Dilmun / Bahrain, Südostiran und dem Indus-Tal in Kontakt stand. Da Metallhandwerk in Umm an-Nar keine große Rolle spielte bzw. wohl nur den Eigenbedarf deckte, ist anzunehmen, daß die Siedlung für den Hauptexportartikel Kupfer nur als Zwischenhändler für die kupferproduzierenden Siedlungen des Landesinneren diente. Gegenstände wie Angelhaken, Netzsinker oder eine kupferne Harpunenspitze deuten neben Handel auf die zweite wirtschaftliche Basis der Siedlung hin: [39] Die Ausbeutung der Resourcen des Persischen Golfes. Zahlreiche Funde von organischen Resten belegen, daß intensiver Fisch-

---

[35] Frifelt, JASP 26:2, 11 - 24, Abb. 5 - 22.

[36] Frifelt, JASP 26:2, 24, 237.

[37] Amiet, EW 25, 1975, 425 - 426 mit Abb. 1; Amiet, L´âge des échanges, 172 - 173.

[38] Frifelt, SAA 1977, 572 mit Abb. 4 - 8.

[39] Frifelt, EW 25, 1975, Abb. 45 - 47.

fang betrieben wurde und vor allem Seekuh und Meeresschildkröte eine
große Rolle im Nahrungsangebot spielten. [40] Daß Fisch konserviert und gelagert, möglicherweise sogar exportiert wurde, zeigen Abdrücke von Fischgrä-
ten auf Gefäßscherben. [41]

Über das oben Gesagte hinaus, lassen sich für die Siedlungsarchitektur von
Umm an-Nar kaum Aussagen treffen, da insgesamt gesehen ein zu kleiner
Teil der Siedlung untersucht wurde. Da für Umm an-Nar ebenfalls keine $C_{14}$-
Daten vorliegen, kann eine Datierung nur über Fundvergleiche vorgenommen
werden. Danach beläuft sich die Siedlungsdauer von etwa 2700 - 2200 v.
Chr.:     U0 = ca. 2700 - 2600 v. Chr.
          UI  = ca. 2600 - 2400 v. Chr.
          UII = ca. 2400 - 2200 v. Chr. [42]


## II.2.3 Ghanada

Ghanada (ca. 4 km lang, 2 - 2,5 km breit) ist eine der zahlreichen Inseln vor
der Küste Abu Dhabis und liegt 65 km nordöstlich von Umm an-Nar. Ausgrabungen von 1982 - 1984 unter der Leitung von W.Y. al-Tikriti legten eine
Siedlung des 3. Jt. auf der Insel frei. Dieser Siedlungsplatz (Gh1) besteht allerdings lediglich aus einer ca. 10 - 30 cm dicken Siedlungsschicht, die in erster Linie durch steingesäumte Feuerstellen gekennzeichnet ist. Außer den
Resten einer Mauer aus Kalksteinblöcken fanden sich keine architektonischen Spuren (Abb.13). Da weder Gebäude noch Gräber gefunden wurden
und der Siedlungshorizont sehr dünn ist, handelt es sich bei Gh1 wohl nur um
eine Art Camp bzw. eine nur saisonal bewohnte Siedlung. [43]
    400 m südlich von Gh1 liegt die Fundstelle Gh3. Neben eisenzeitlichen
Spuren wurde dort eine annähernd rechteckige Struktur freigelegt, deren
dicke Mauern aus flachen Steinen errichtet waren und deren Funktion unklar
ist. Möglicherweise handelt es sich hierbei aber um den Unterbau eines *barastis*. Außer Muschelschalen war diese Struktur fundleer. Die wenigen archäologischen Funde stammen aus der Umgebung der Struktur, die von flachen
Feuerstellen gekennzeichnet (Abb.14) ist, und erlauben eine etwaige Datierung in das späte 3. oder das frühe 2. Jt. Die weiteren Ergebnisse der Grabung in Gh3 entsprechen denen von Gh1. Auch hier war der Nutzungshorizont sehr dünn (10 - 15 cm), bestehend aus Asche, Knochen, Kies und Feuerstellen, so daß möglicherweise auch für Gh3 nur eine zeitweilige Nutzung
anzunehmen ist. [44]

---

[40] Hoch, SAA 1977, 597 - 606. Daneben wurde aber auch die Jagd auf andere Tiere betrieben. Knochen von Kamel, Rind, Oryxgazelle, Schaf / Ziege, verschiedener Vogel- und
Fischarten, sowie Muschelschalen und andere Reste von Weichtieren wurden in der Siedlung gefunden, Hoch, SAA 1977, 607 - 631.

[41] Frifelt, JASP 26:2, 25, Abb. 27.

[42] Frifelt, JASP 26:2, 237 - 239.

[43] Tikriti, AUAE 4, 1985, 10 - 11, 16.

[44] Tikriti, AUAE 4, 1985, 15 - 16.

## II.2.4 Umm Saqim

Südlich von Jumeirah wurde bei Umm Saqim Keramik der Umm an-Nar-Zeit gefunden, Untersuchungen wurden bisher jedoch noch nicht durchgeführt. [45]

## II.2.5 al-Sufouh

Etwa 1 km vom heutigen Küstenverlauf entfernt liegt der Fundort al-Sufouh im gleichnamigen Vorort von Dubai. Obwohl seit 1988 bekannt, wurden Grabungen erst 1994 durch ein Team der Universität Sydney durchgeführt, nachdem bei Planierungsarbeiten Umm an-Nar-zeitliche Gräber auftauchten. [46]
Um die zu den Gräbern gehörige Siedlung zu finden, wurden an vier Stellen Probegrabungen durchgeführt (Areal A - D). [47] Areal A, ein flacher "Tell", in dem die Ausgräber ein Umm an-Nar-zeitliches Rundgebäude vermuteten, stellte sich als ein von Bulldozern zusammengeschobener, steriler Sandhügel heraus. Die Areale B und C, an der Oberfläche gekennzeichnet durch Ascheablagerungen, erbrachten ebenfalls keine architektonischen Reste. Die verschiedenen Lagen von Feuerstellen mit großen Mengen von verbrannten Tierknochen und Muschelschalen (terebralia palustris) in Vergesellschaftung mit Umm an-Nar-Keramik, repräsentieren aber den mit den Gräbern zeitgleichen Nutzungshorizont. Einige gefundene Barbar-Scherben deuten darauf hin, daß der Ort bis zu Beginn des 2. Jt. genutzt wurde.
Wie in den anderen Arealen fanden sich auch in Areal D keine baulichen Reste. Im Suchschnitt stießen die Ausgräber bereits 34 cm unter der Oberfläche auf Kalkstein (sog. *farush*) und identifizierten damit die Quelle des in den Gräbern verwendeten Baumaterials. [48]

## II.2.6 Mowaihat

Etwa 7 km vom heutigen Küstenverlauf landeinwärts, direkt an der Grenze zwischen den Emiraten Ajman und Sharjah, liegt der Fundort Mowaihat. Bei Aushubarbeiten wurden dort 1986 Umm an-Nar-zeitliche Gräber angeschnitten, die von W.Y. al-Tikriti 1986 bzw. E. Haerinck 1990 untersucht wurden. 300 m nordöstlich der Gräber wurde bei einem Survey die zugehörige Siedlung entdeckt, deren Oberfläche mit Muschelschalen und Scherben bedeckt war. Trotz Magnetometereinsatz konnten lediglich Feuerstellen, aber keine baulichen Reste festgestellt werden. [49]

---

[45] Tikriti, Ajman, AUAE 5, 96.

[46] Abiel I, 19 - 22.

[47] Abiel I, 23, Abb. 3.

[48] Iacono, Weeks, Davis, Abiel I, 24 - 33.

[49] Tikriti, Ajman, AUAE 5, 1989, 89 - 90; Haerinck, Gentse Bijdragen... 29, 1990 - 1991, 1-2.

## II.2.7 Tell Abraq

Der Fundort Tell Abraq im Emirat Umm al-Qaiwain, liegt heute einige Kilometer landeinwärts; geomorphologische Untersuchungen zeigten jedoch, daß
er zu seiner Blütezeit nur wenige hundert Meter von der Küste entfernt lag
und somit zu den Küstensiedlungen gezählt werden muß. Tell Abraq stellt auf
der Halbinsel Oman in gewisser Weise eine Besonderheit dar. Zum einen hat
er die für Südostarabien so seltene Form eines typischen Tells und zum anderen ist er der bisher einzige Siedlungsort, an dem eine vom 3. - 1. Jt. durchgehende Besiedlung stratigraphisch nachweisbar ist [50] - betrachtet man die anhand der Grabungsergebnisse und der Auswertung des Fundmaterials erstell-
te Periodeneinteilung, [51] so ist Tell Abraq mit Sicherheit der "key-site" der gesamten Halbinsel.

Eine kurze Untersuchung des Tells wurde bereits 1973 durch ein irakisches
Team vorgenommen, [52] regelmäßige Ausgrabungen finden aber erst seit 1989
unter der Leitung von D.T. Potts statt (Abb. 15). [53]
    Tell Abraq ist ein ovaler Hügel, der eine Fläche von etwa 4 ha einnimmt
und an der höchsten Stelle eine Höhe von ca. 10 m erreicht.
    Der überraschendste Befund der Grabung war die Freilegung eines-
Rundgebäudes, das sowohl von der Größe als auch von der Konstruktionstechnik her, bisher einmalig auf der Halbinsel ist. Der untere Bereich des Gebäudes besteht aus großen unbearbeiteten Steinen (0,3 x 0,4 m) und ruht auf
einem, ursprünglich wohl unterirdisch angelegtem Fundament aus drei Steinlagen (loc. 30), das etwa 0,5 m nach Westen hin hervorragt (Abb. 16). [54] Auf
Höhe des Turmfundaments und somit wahrscheinlich auf der damaligen
Oberfläche, fand sich eine bis zu 15 cm dicke Schicht aus verbranntem
Schilf, Holz und Reste verbrannter Pflasterung, was darauf schließen läßt,
daß sich um den befestigten Turm Bauten aus vergänglichem Material grup-
pierten. [55]
    Die Ringmauer des Gebäudes setzt sich aus zwei Schalen, einer Stein-
verkleidung und einem 2,5 m dicken Lehmziegelring zusammen. Die Stein-
verkleidung (loc. 36) besteht aus unbearbeiteten Blöcken, die im nördlichen
Bereich noch 6 - 7 Lagen und im südlichen Bereich des freigelegten Areals
noch 3 - 4 Lagen ansteht. Darauf folgen weitere 3 - 4 Lagen aus flacheren
Blöcken (30 x 50 x 20 cm), die von 20 - 40 cm starken, weichen Kalksteinblöcken (loc. 15) abgedeckt werden. Im Randbereich sind diese Blöcke zum
Teil aufrecht gesetzt, so daß sie eine gerade Kante bilden.

---

[50] Potts, Paléorient 15/1, 1989, 269, 271.

[51] Weeks, AAE 8/1, 1997, 12, Tab 1.

[52] Salman, Sumer 30, 1974, m. Ergebnisse wurden nicht publiziert.

[53] Leider sind bisher nur die beiden ersten Kampagnen ausführlicher publiziert, Potts, Tell
Abraq 1989; Potts, Tell Abraq 1990.

[54] Ursprünglich wurde angenommen, es handle sich um zwei aufeinanderfolgende, aber
durch eine ca. 1 m dicke Sedimentschicht getrennte Türme, Potts, Tell Abraq 1989, 22 -
24, Abb. 7, was sich jedoch im Laufe weiterer Grabungen als nicht richtig herausstellte,
Potts, PSAS 23, 1993, 118.

[55] Potts, Tell Abraq 1989, 24, Abb. 9 - 11.

Der innere Lehmziegelring besteht aus Ziegeln, deren Maße, soweit meßbar, 40 - 50 x 20 cm betragen, und in etwa dem Ziegelformat in H1 entsprechen. Von diesem Lehmziegelring verlaufen Lehmziegelmauern radial nach innen. Zwei dieser Mauern (loc. 33) konnten freigelegt werden. Die nördliche ist 1,5 m breit und noch 2,9 m hoch erhalten. Die 2,5 m breiten Freiräume zwischen den Stützmauern weisen eine homogene Füllung aus losem Material und Steinabschlägen auf und sind ansonsten fundleer (Abb. 17). [56] In der 1990er Kampagne konnte durch einen weiteren Schnitt die Ausdehnung des Gebäudes ermittelt werden. Der Durchmesser des Rundbaus beträgt 40 m (Abb. 18) und ist somit das größte bekannte Bauwerk seiner Art auf der gesamten Halbinsel.

In Areal 115/112 fand sich ebenfalls die Kalksteinabdeckung, wie man sie schon in der ersten Kampagne in Areal I beobachtet hatte. Darunter konnten mindestens 6 Steinlagen, die in hartem Kalkmörtel verlegt sind und mindestens drei weitere Lagen beobachtet werden, die jedoch etwa 70 cm herausragen und somit wohl als der obere Teil eines Fundaments anzusehen sind. Erst 1992/93 jedoch konnte die noch erhaltene Höhe des Turms von 8 m ermittelt werden. [57]

Nach den beiden ersten Kampagnen wurde angenommen, daß das Gebäude gegen Ende der Umm an-Nar-Zeit durch eine Reihe von spät Umm an-Nar-zeitlichen Installationen, die in den Arealen II und III beobachtet werden konnten, überbaut wurde. Es handelt sich dabei um eine 1,5 x 2,9 m große Grube (loc. 22) in Areal II, in die zwei Öfen gebaut wurden. Die Öfen ähneln dem in der Nähe von H1 gefundenen, und Potts vermutet, daß es sich um einen Backofen (loc. 5) und um einen Röstofen (loc. 14) handelt. Die Öfen schließen direkt an eine niedrige, noch ca. 24 cm hoch erhaltene und 30 cm breite Lehmziegelmauer (loc.7) an, die auf einem zweilagigem Steinfundament ruht. Sie verläuft 2,3 m in Ostwest-Richtung. Das gesamte Areal war wohl gepflastert, wie Reste nördlich der Mauer (loc. 12) belegen. In Areal III schließlich, wurde eine Feuerstelle (loc. 27) entdeckt. Sie besteht aus einer ca. 20 cm hohen Lehmwand, die eine rechteckige Fläche von etwa 1,5 x 1,3 - 1,5 m einschließt. [58] Wie sich jedoch in den folgenden Kampagnen durch eine horizontale Ausdehnung der Grabung herausstellte, überbauen diese Einrichtungen nicht das Gebäude, sondern sie befinden sich im Innern des Turms. Daneben konnte auch ein Brunnen gefunden werden, was ein typisches Merkmal der Umm an-Nar-zeitlichen Rundgebäude ist. [59]

Der natürliche Boden wurde in beiden Schnitten erreicht. Aufgrund der Keramik nahm Potts bereits nach der ersten Grabung 1989 für diese früheste Besiedlungsphase, in der noch keine architektonischen Reste festzustellen sind,

[56] Potts, Tell Abraq 1989, 29 - 33, Abb. 16 - 22.

[57] Potts, Tell Abraq 1990, 22 - 23; Potts, PSAS 23, 1993, 118.

[58] Potts, Tell Abraq 1989, 33, 36 - 38, Abb. 29 - 31; 42 - 43, Abb. 38 - 41.

[59] Potts, PSAS 23, 1993, 118.

den Zeitraum von etwa 2700 - 2500 v. Chr. an. [60] In Verbindung mit dem Fundament des Rundgebäudes wurden einige Scherben der Barbar City II redridged ware gefunden, "*that suggests that the construction of the building cannot been earlier than c. 2400 - 2200 B.C.*" [61] Diese Datierung kann nach Auswertung der Funde zweier weiterer Kampagnen (allein im Innern des Turms befanden sich über 2 m Siedlungsschutt mit großen Mengen Keramik), ergänzt durch mehrere $C_{14}$-Daten, in etwa bestätigt werden. [62] Die Siedlungsphasen für das 3. Jt. in Tell Abraq lassen sich wie folgt einteilen:

Umm an-Nar I          ca. 2300 - 2100 v. Chr.
Umm an-Nar II         ca. 2100 - 2000 v. Chr.
Umm an-Nar III        ca. 2000 - 1900 v. Chr. [63]


## II.2.8 ed-Dur

Ed-Dur liegt im heutigen Emirat von Umm al-Qaiwain, direkt an der Lagune gegenüber der gleichnamigen Hauptstadt des Emirats. Dieser bedeutende Fundort der späten Eisenzeit war bereits seit dem Neolithikum besiedelt. Im 3. Jt. müssen sich hier eine oder mehrere kleine Siedlungen befunden haben, die durch Muschelhaufen und Feuerstellen gekennzeichnet sind. Umm an-Nar-zeitliche Funde stammen vor allem aus dem südlichen Bereich von ed-Dur, architektonische Reste wurden bisher jedoch nicht beobachtet. [64]


## II.2.9 Shimal

Der Fundort Shimal liegt in Ras al-Khaimah, dem nördlichsten Emirat der Vereinigten Arabischen Emirate, und wurde 1968 während eines Surveys von de Cardi und Doe entdeckt, [65] die dort auf zahlreiche Gräber aufmerksam wurden und in den folgenden Jahren Shimal wiederholt besuchten. [66] Schließ-

---

[60] Potts, Tell Abraq 1989, 20 - 21. Flintklingen und -fragmente zeigen, daß der Ort wohl schon im frühen 4. Jt. besiedelt war, Potts, PSAS 23, 1993, 119.

[61] Potts, Tell Abraq 1989, 25.

[62] Potts, PSAS 23, 1993, 118.

[63] Weeks, AAE 8/1, 1997, 12, Tab. 1. Die zweite Phase ist vor allem durch ein großes Umm an-Nar-Grab gekennzeichnet, das etwa 10 m westlich des Turmes errichtet wurde, Benton, Orient-Express 1993/2, 13 - 14; Potts, PSAS 23, 1993, 119 - 120; Blau, AAE 7/2, 1996, 151, während es sich bei der dritten Phase um einen Übergang zwischen Umm an-Nar- und Wadi Suq-Zeit handelt.

[64] Phillips, ed-Dûr, 4; Boucharlat, Haerinck, Phillips, Potts, Akkadica 58, 1988, 2 - 3; Boucharlat, Haerinck, Lecomte, Potts, Stevens, Mesopotamia 24, 1989, 10 - 11.

[65] de Cardi, Doe, EW 21, 1971, 236 - 237, 246, 249, site 6f und 6g.

[66] Im Januar 1967, de Cardi, Antiquity 50, 1976, 216 und 1977, de Cardi, OrAnt 24, 1985, 176 - 178, site 40b, 40c, 40d.

lich wurden zwei Gräber eines bis dahin unbekannten Typs untersucht. [67]

Von 1984 bis 1990 wurden die Forschungen in Shimal durch ein Team der Universität Göttingen fortgesetzt. Zu den bedeutendsten Ergebnissen dieser Untersuchungen gehört die Identifizierung einer Siedlung des 2. Jt. v. Chr., die als die bisher größte dieser Zeit gilt.

Der Fundplatz Shimal beginnt etwa 8 km nordöstlich von Ras al-Khaimah Stadt und erstreckt sich über eine Länge von 3 km bis etwa 4 km südlich von Rams. Das prähistorische Siedlungsareal liegt auf einer Schotter- bzw. Geröllebene am Eingang des Wadi Haqil und wird im Norden, Osten und Süden von den Ausläufern des Rus al-Jabal begrenzt. Die genaue Ausdehnung des Areals nach Westen konnte nicht festgestellt werden, da in diesem Gebiet heute intensiv Landwirtschaft betrieben wird. Die Entfernung zum Meer beträgt etwa 3 km im Norden und 5 km im Süden, es ist jedoch anzunehmen, daß die Siedlung in prähistorischer Zeit nur etwa 1,5 km vom Meer entfernt lag und somit in die Küstensiedlungen einzureihen ist. Die Geröllebene wird von einigen Wadiarmen durchschnitten, die das Gelände natürlich unterteilen und von den Ausgräbern als Sh-Nord, Sh-Mitte und Sh-Süd bezeichnet werden (Abb. 19). [68] Eine Belegung des Platzes kann vom ausgehenden 3. Jt. (spät Umm an-Nar) bis in das frühe 1. Jt. v. Chr. nachgewiesen werden. Bei den archäologischen Resten handelt es sich in erster Linie um Gräber und Muschelhaufen, sog. shell mounds. Spuren einer Wohnsiedlung fanden sich für die späte Umm an-Nar-Zeit, die späte Wadi Suq-Zeit und die frühe Eisenzeit. [69]

Die Siedlung liegt in Sh-Mitte, neuerdings auch als Zentral Shimal bezeichnet, [70] und gruppiert sich um einen etwa 70 m hohen, pyramidenförmigen Berg. Vier Siedlungsbereiche lassen sich unterscheiden (Abb. 19):

Südlich des eben genannten Berges liegt das Areal SX, ein 60 x 30 m großes Gebiet, das durch terrassierte Steinmauern begrenzt wird. Östlich von SX, durch einen niedrigen Berg abgegrenzt, erstreckt sich Areal SY, das in etwa eine Fläche von 3200 m² umfaßt, abgesehen von einer Mauer an der Südgrenze des Platzes jedoch keine deutlichen Siedlungsspuren aufweist. Nördlich von SX liegt ein 7200 m² großes Areal (SW) mit Resten von rechteckigen Strukturen, das durch eine Mauer eingefaßt ist. Aufgrund der Größe dieses Areals ist SW wohl als Hauptsiedlung anzusprechen. Da Areal SW noch heute besiedelt ist, konnten dort keine Untersuchungen vorgenommen werden. Ausgrabungen wurden bisher in den Arealen SX und SY unternommen, das östlichste Areal SZ wurde nicht untersucht. [71]

---

[67] Es handelt sich dabei um die Gräber Sh1, Donaldson, OrAnt 23, 1984, 196 - 220 und Sh6, Donaldson, OrAnt 24, 1985, 95 - 96, die 1976 / 77 ausgegraben wurden.

[68] Vogt, Häser, Velde, AfO 34, 1987, 237; Vogt, Franke-Vogt, Introduction, BBVO 8, 7 - 8. Sh-Nord entspricht site 6g und Sh-Süd entspricht site 6f bei de Cardi, Doe, EW 21, 1971, 236 - 237, 246 - 249.

[69] Häser, IA 6, 230; Velde, IA 6, 270 - 272.

[70] Franke-Vogt, IA 6, 179, Anm. 1.

[71] Franke-Vogt, Settlement, BBVO 8, 69 - 71.

Das 1800 m² große Areal SX (Abb. 20) wird im Süden und Westen von Mauern eingefaßt, während die an der Nord- und Ostseite gelegenen Hügel einen
natürlichen Schutz bieten. Die Umfaßungsmauer ist etwa 1 m dick und besitzt in der Mitte des Südabschnitts einen Eingang, der durch flach verlegte
Steine angedeutet wird. Ein weiterer Eingang befindet sich in der Westmauer.
Die auffälligste, oberirdisch sichtbare Struktur ist ein großer aufrechtstehender Stein gegenüber dem Eingang der Südmauer, auf den eine halbkreisförmige Mauer zuläuft. [72]

   Eine eingehende Analyse der stratigraphischen Zusammenhänge innerhalb der Siedlung (SX-West und SX-Ost) wurde von C. Velde vorgenommen.
[73] Er arbeitete vier Siedlungsperioden heraus, von denen sich die beiden letz-
ten nochmals in einzelne Phasen unterteilen lassen. Abgesehen von einem
Umm an-Nar-Grab in der Nähe, [74] haben sich von der ältesten Siedlungsperiode nur wenige Reste erhalten. Im Ostteil der Siedlung wurden lediglich
Ascheschichten, durchsetzt mit Muschelschalen, Fischknochen und flachen
Feuerstellen, gefunden (Abb. 21). Ein nachkalibriertes $C_{14}$-Datum ergab für
Periode 1 einen Zeitraum von etwa 2420 - 2120 v. Chr. und fällt somit in den
Rahmen der späten Umm an-Nar-Zeit. [75] Ob die Siedlung dieser Zeit räum-
lich sehr begrenzt war oder die entsprechenden Schichten durch spätere Sied-
lungsaktivitäten zerstört sind, konnte nicht festgestellt werden. [76]

## II.2.10 al-Khatt / Nud Ziba

Die heißen Quellen von al-Khatt, südöstlich von Ras al-Khaimah, haben
wohl seit über 5000 Jahren Anziehung auf Siedler ausgeübt, wie eine durchgehende Besiedlung der Gegend vom Neolithikum bis in die heutige Zeit mit
insgesamt 163 Fundstellen belegt. [77]

1968 wurde von B. de Cardi und B. Doe westlich von al-Khatt auf einem
Hügel namens Nud Ziba Reste einer Lehmziegelstruktur mit einer Zisterne
an der Südseite entdeckt. Über die Hänge verstreut fanden sich Mauersteine
verschiedenster Größe sowie früheisenzeitliche Keramik, über die der Platz
entsprechend datiert wurde. [78] Obwohl davon ausgegangen wurde, daß es sich
zumindest bei einem Teil des Tells um eine natürliche Erhebung handelt,
wurde Nud Ziba aufgrund der großen Menge von Oberflächenkeramik stets
als einer der wichtigsten eisenzeitlichen Siedlungsplätze der Halbinsel be-

---

[72] Velde, Franke-Vogt, Vogt, BBVO 8, 73.

[73] Velde, Shimal, 9 - 51. Für eine vergleichende Periodisierung beider Siedlungsteile (Sh-
SX-West und Sh-SX-Ost), Velde, Shimal, Taf. 25.

[74] Velde, Settlement Pottery, 376.

[75] Franke-Vogt, IA 6, 197, Probennr. RAK 12.

[76] Velde, Shimal, 45, 81 - 82, 106.

[77] de Cardi, Kennet, Stocks, PSAS 24, 1994, 35.

[78] de Cardi, Doe, EW 21, 1971, 252, site 16b (ursprünglich Ard al-Busta), zur Keramik
vgl. Abb.17, 135 - 145; Boucharlat, AOMIM, 191.

trachtet. [79] Bei einem erneuten Besuch 1992 konnte festgestellt werden, daß
der obere Bereich des Hügel im Laufe der Jahre an mehreren Stellen durch
Planierungsarbeiten stark gestört worden und Lehmziegelmauern auf Steinfundamenten sichtbar geworden waren. Eine erneute Oberflächenbegehung
zeigte, daß sich zum einen unter der früheisenzeitlichen Keramik auch Scherben fanden, die gut datierte Parallelen zur Keramik des mittleren 2. Jt. in Tel-
lAbraq und Shimal aufwiesen, und zum anderen einige Funde für eine Besiedlung des Hügels über die frühe Eisenzeit hinaus sprachen. [80]

Die Grundfläche des Hügels weist einen Durchmesser von etwa 85 m auf.
Auf dieser 1,5 - 2 m hohen "Basis" erhebt sich ein zweiter, kleinerer Tell mit
einer Höhe von 4 m. 1993 wurde bei erneuten Planierungsarbeiten im oberen
Bereich des Tells fast die gesamte Südostflanke abgeschoben, so daß ein 4 m
hoher und 15 m langer Schnitt entstand (Abb. 22). Durch diese Störung des
archäologischen Dankmals war es möglich, ohne Grabung einen, wenn auch
nur begrenzten Einblick in das Innere des Tells zu erlangen (Abb. 23):
        Die unterste Schicht bestand aus einer etwa 1 m dicken Lage aus Lehm-
ziegelbruch und Kiesel (loc. 007), die an ihrer Westseite deutlich vertikal ab-
schließt; daran lehnt sich eine steil abfallende Rampe (loc. 008) aus ähnlichem Material an. Diese fast völlig fundleere Lage vermittelt den Eindruck
einer künstlich aufgeschütteten und planierten Plattform, die sich, soweit erkennbar, mindestens über eine Länge von 8 m erstreckt. Direkt auf dieser
Plattform ruhen sieben, ca. 60 cm starke Lehmziegelmauern, die teilweise
noch bis zu 1,7 m hoch anstehen. Diese Mauern bilden eine Reihe von ca. 2
m breiten Räumen, die im unteren Bereich Brandspuren aufweisen. Die
Lehmböden sind mit einer etwa 40 cm hohen Zerstörungsschicht bedeckt, die
sich aus Asche, Keramikscherben, Steinen und verkohltem organischen Material wie etwa Dattelkernen zusammensetzt. Diese Schicht wird unmittelbar
bedeckt von Mauerversturz und Sedimenteinschlüssen, was darauf hindeutet,
daß das Gebäude nach dem Brand längere Zeit offenstand und nicht mehr genutzt wurde.
        Die obersten zwei Meter des Tells weisen keine deutliche Stratigraphie
mehr auf. Sie bestehen aus einem Konglomerat aus Sediment und Siedlungsschutt, in dem vereinzelt Feuerstellen, Gruben und unregelmäßige Steinmauern erkennbar sind. [81]

---

[79] de Cardi, AOMIM, 203; de Cardi, OrAnt 24, 1985, 201 - 202. Auch Potts bestätigt die
großen Mengen eisenzeitlicher Keramik, Arabian Gulf, 363, Anm. 55.

[80] de Cardi, Kennet, Stocks, PSAS 24, 1994, 50 - 53. Die ursprüngliche Numerierung 16 b
wurde jetzt in Kh11 geändert. Belege für eine späteisenzeitliche Besiedlung sind insgesamt spärlich. Neben den Funden aus Kh11 konnten vierweitere Fundstellen entdeckt
werden (Kh4, 22, 100, 101). Das Inventar des freigelegten Grabes Kh22 ist zeitgleich mit
den Perioden II und IIIA in Mleiha (PIR A, PIR B), was etwa dem Zeitraum vom späten
3. - frühen 2. Jh. v. Chr. entspricht. Die Identifizierung von Kh22 als Grab legt es nahe,
daß ähnliche Erhebungen in der Umgebung als Gräber dieser Zeit anzusprechen sind, de
Cardi, Kennet, Stocks, PSAS 24, 1994, 53 - 54; de Cardi, AAE 7/1, 1996, 83 - 86.

[81] Kennet, Velde, AAE 6/1, 1995, 81 - 85.

Eine Radiocarbondatierung aus der Zerstörungsschicht setzt das Gebäude direkt an den Übergang vom 3. zum 2. Jt., [82] was durch die Keramik bestätigt wird - neben spät Umm an-Nar-zeitlicher Keramik treten auch Formen auf, die ihre Parallelen in den frühen Wadi Suq-Schichten von Tell Abraq finden. Betrachtet man die durchaus massive Bauweise der Anlage, so könnte sie möglicherweise als ein weiteres Rund- oder Turmgebäudeinterpretiert werden. Ähnlich wie in Hili oder Bat finden sich auch hier eine Reihe kleiner Kammern, wenn auch eingeräumt werden muß, daß wohl einige der Mauern einer anderen Phase zuzurechnen sind. [83] Eine eingehendere archäologische Untersuchung von Nud Ziba wäre in zweierlei Hinsicht wünschenswert. Zum einen, um Ausdehnung, Form und mögliche Funktion des Gebäudes festzustellen und möglicherweise ältere Schichten im unteren Bereich des Tells nachzuweisen, [84] zum anderen würde sich hier eine der wenigen Chancen bieten, den kulturellen Umbruch von der Umm an-Nar- zur Wadi Suq-Zeit genauer zu untersuchen.

## II.2.11 Asimah

Der 7 km² große Talkessel von Asimah liegt etwa 6 km westlich der Straße Dibba - Masafi. Erkundet wurde dieses Tal erstmals 1972 von B. de Cardi, die dort zahlreiche prähistorische Gräber vorfand. 1977 besuchte sie Asimah erneut, um das Areal genauer zu kartieren. Bereits zu diesem Zeitpunkt waren einige der Strukturen, die 1972 noch intakt gewesen waren, stark gestört oder gänzlich verschwunden. [85] Bis 1987 schritt die Zerstörung der archäologischen Denkmäler fort und wurde gegen Ende dieses Jahres so akut, daß B. Vogt mit Unterstützung des Department of Antiquities and Museums in Ras al-Khaimah eine zweimonatige Rettungsgrabung durchführte. [86]

Neben den Grabungen, die sich hauptsächlich auf Gräber und die sog. Alignments [87] konzentrierten, wurden bei Feldbegehungen erstmals auch Siedlungsareale aus verschiedenen Perioden erkannt (As-North und As 99 für das 3. Jt., As 97 für die frühe und As 98 für die späte Eisenzeit) und teilweise untersucht. [88]

As 99 (Abb. 24):
Vom Gebäude As 99 haben sich lediglich Reste der Fundamentmauern erhal-

---

[82] Beprobt wurden einige verkohlte Dattelkerne. Die kalibrierten Daten liegen bei 2035 - 1920 v.Chr. (1-sigma) bzw. bei 2130 - 2075 oder 2045 - 1885 v.Chr. (2-sigma), Kennet, Velde, AAE 6/1, 1995, 85.

[83] Kennet, Velde, AAE 6/1, 1995, 93 - 94.

[84] Beim Aushub eines kleinen Abwassergrabens im unteren Tell kamen einige Flintfragmente zutage, Kennet, Velde, AAE 6/1, 1995, 82 - 83, so daß wohl bereits mit einer sehr frühen Besiedelung zu rechnen ist.

[85] de Cardi, OrAnt 24, 1985, 186 - 191 (site 47).

[86] Vogt, Asimah, 5.

[87] Vgl. für die Gräber Vogt, Asimah, 9 - 96, bzw. 101 - 138 für die Alignments.

[88] Zur Lage der einzelnen Fundstellen vgl. Vogt, Asimah, 6, Abb. 3.

ten, die sich in Ost-West-Richtung erstrecken. Es weist einen rechteckigen Grundriß (8,9 m lang und maximal 6,55 m breit) auf und besteht aus zwei se- peraten rechteckigen Räumen, die durch eine 0,6 m breite Tür miteinander verbunden sind. Errichtet wurden die Fundamentmauern aus unbearbeiteten Steinen in Schalentechnik, deren Inneres mit Kieselsteinen aufgefüllt war. Die Stärke der Fundamente variiert zwischen 0,85 und 1,0 m. Zum Teil ist das Gebäude bis zu 0,55 m in den Wadikies eingetieft. Außer eines pilasterar- tigen Vorsprungs im Südraum - einer späteren Hin-zufügung, um möglicher- weise den östlichen Türstock zu verstärken - fanden sich im Innern keinerlei Installationen, die Aufschluß über die Funktion des Gebäudes geben könnten. Ob der Zugang zu dem Gebäude über die stark erodierte Nordostseite erfolg- te, ist ebenfalls ungewiß. Im Innern von As 99 ließen sich zwei Schichten nachweisen. Bei der oberen Schicht handelt es sich um eine Schuttschicht aus Kies, Sediment und Mauerversturz, die den Boden bedeckt. Die zweite (und leider fundleere) Schicht reicht etwa bis 10 cm unter den Fußboden und be- steht aus zwei Feuerstellen, die somit vor As 99 datieren. [89]

As-North (Abb. 25):
Gegenüber von As 99, auf der nördlichen Wadiseite gelegen, erstreckt sich das ausgedehnte Areal As-N. Dort fanden sich an der Oberfläche (neben ei- senzeitlicher und islamischer Keramik) hohe Konzentrationen von Umm an- Nar- und Harappa-Keramik. Deshalb wurde dieses Areal großflächig unter- sucht. 22 Quadranten (jeweils 4 x 5 m ) wurden freigelegt und ein zusätzli- cher Suchschnitt (T.II) östlich des Hauptgrabungsgebietes eingetieft.

     Dabei stellte sich heraus, daß die wenigen, an der Oberfläche sichtbaren Strukturen in keinem stratigraphischen Zusammenhang mit den darunter lie- genden Kulturschichten standen. Diese 0,3 - 0,6 m starken Kulturschichten enthielten keinerlei architektonische Reste, sondern zeigten vielmehr ein Bild, wie es aus den zeitgleichen Siedlungen JD3, HD1 oder Gh1 und Gh3 bekannt ist: Eine intensive Nutzung des Ortes, durch zahlreiche Installatio- nen, wie Gruben, Feuerstellen oder Öfen belegt, jedoch ohne dazugehörige Bauwerke.[90] Eine Auswertung der Kleinfunde und speziell der Keramik ergab zum einen eine zeitgleiche Nutzung von As 99 und As-N, und zum anderen eine starke Affinität zum Keramikinventar von H8, Phase $IIc_2$ - IIe, was für eine Datierung in die zweite Hälfte des 3. Jt. v. Chr. spricht. [91]

## II.2.12 Masafi

Einige Kilometer südlich von Asimah liegt Masafi, wo sich Reste eines Umm an-Nar-zeitlichen Turmgebäudes (Masafi 1) befinden sollen; nähere Angaben werden jedoch nicht gemacht. [92]

---

[89] Vogt, Asimah, 153.

[90] Vogt, Asimah, 157.

[91] Vogt, Asimah, 153 - 155, 157 - 181.

[92] Vogt, Asimah, 1, 184.

## II.2.13 Bidya

Etwa 38 km nördlich von Fujairah liegt der Fundort Bidya. Neben zahlreichen Gräbern fand dort ein Team aus al-Ain bei einem Survey Resteeiner
Struktur, die aufgrund ihrer Größe das Interesse der Archäologen erregten.
Obwohl oberirdisch keine Baureste mehr sichtbar waren, zeichneten sich
unter der Oberfläche deutlich Konturen eines Rundgebäudes ab. Im Februar
und März 1988 wurde die Struktur untersucht (Abb. 26).

Die Testschnitte in der südlichen Hälfte des Gebäudes Bid2 erbrachten Spuren von Lehmmauern, deren Verlauf in Richtung der steinernen Ringmauer
verfolgt werden konnte. Ein 2 m tiefer Suchschnitt im Zentrum der Anlage
lieferte keine Hinweise auf ältere Strukturen, da man unterhalb der Lehmmauern bereits auf den gewachsenen Boden stieß. Eine Identifizierung von
Lehmziegeln oder Fußböden war wegen des schlechten Erhaltungszustands
nicht möglich.
      Im Norden wurde, rechtwinklig zur Ringmauer, ein 8 x 2 m großes und
0,8 m tiefes Areal freigelegt, das später noch erweitert wurde. Dabei stießen
die Ausgräber in einem Abstand von 1,3 m zur inneren Ringmauer auf eine
zweite Ringmauer und auf Reste eines 4 m breiten und 0,8 m tiefen Grabens.
In dem "Korridor" zwischen den beiden Ringmauern lagen Überreste eines
Fußbodens auf einem tieferem Niveau als die Basen der Lehmmauern innerhalb der Struktur.
      Bei einem zweiten Schnitt südlich der Ringmauer traf man ebenfalls auf
die Fundamente der zweiten Ringmauer, die ca. 1,5 m von der inneren entfernt waren. Weitere 4 m südlich dieser Fundamente konnte der ursprüngliche Rand eines Grabens nachgewiesen werden. Zwischen innerer und äußerer Mauer lagen in rechtem Winkel die Fundamente einer weiteren Mauer,
deren Funktion vom Ausgräber als eventueller Unterbau für Stufen angegeben wird.
      Die äußere Ringmauer war an ihrer Außenseite aus größeren Steinen er-
richtet und verlief auf einem niedrigeren Niveau als die innere, was auf eine
Terrassierung hindeuten könnte. [93]

Ein Brunnen im Zentralbereich des Gebäudes und kleinere, sich an das Rundgebäude anschließende Bauten konnten nicht nachgewiesen werden. Ursache
dafür könnten die starken Störungen und die unmittelbar an das Gebäude her-
anreichende moderne Bebauung sein.
      Dennoch weist Bid2 mit einem Durchmesser von 26 m (innerer Mauer-
ring) bzw. 27,5 m (äußerer Mauerring), dem um das Gebäude herumlaufen-
den Graben und der wegen des schlechten Erhaltungszustandes nur ansatzweise erkennbaren Innengliederung durch Kammern, eindeutige Parallelen
zu H8 und Bat 1145 auf und läßt sich somit in die Typen der zeitgleichen
Rundgebäude einreihen. Diese Datierung wird auch durch die gefundene
Umm an-Nar Keramik bestätigt.

---

[93] Tikriti, Bidya, AUAE 5, 1989, 102,107 - 109, Taf. 90 a; Orchard, Iraq 56, 1994, 83.

An der nördlichen Wadibank, 300 m gegenüber von Bid2, liegt ein weiteres Rundgebäude, Bid4 (Abb. 27). Da Gräber eines modernen Friedhofs über diesem Gebäude errichtet wurden, konnte eine Grabung nicht durchgeführt werden.

Dennoch konnte die Struktur aufgenommen werden, da sie eine kleine Erhöhung bildete und Steine an der Oberfläche sichtbar waren. Der Durchmesser beträgt 20 - 22 m, die durchschnittliche Breite der steinernen Ringmauer beläuft sich auf 1,2 m. Auch hier könnte es sich um eine terrassierte Anlage handeln, da eine zweite, äußere Ringmauer ebenfalls vorhanden zu sein scheint. Im Westen und Süden wird die Ringmauer von einer rechteckigen Mauer eingefaßt, die aus zwei parallel zueinander verlaufenden Schalen besteht.

Eine genaue Datierung konnte wegen fehlender Oberflächenkeramik nicht vorgenommen werden, Bid4 zeigt jedoch dieselbe Anordnung wie die Anlage von al-Ghubra und dürfte daher ebenfalls in das 3. Jt. zu datieren sein. Die Vermutung von al-Tikriti, daß Bid 4 jünger als Bid 2 ist und somit einen Übergang vom späten 3. zum frühen 2. Jt. darstellen könnte, läßt sich ohne Grabung zur Zeit nicht bestätigen. [94]

## II.2.14 Die Oase von al-Ain / Bureimi

### II.2.14.1 Hili 1

Waren in der ersten Hälfte der 60er Jahre vorwiegend Gräber [95] untersucht worden, konzentrierten sich die Grabungen in H1 im Januar 1968 erstmals auf Siedlungsreste. [96] Leider ist bis heute kein abschließender Bericht erschienen und detaillierte Pläne fehlen ebenfalls, so daß man vorläufig auf die etwas unklaren und zum Teil widersprüchlichen Beschreibungen von Karen Frifelt angewiesen ist.

Freigelegt wurden Reste einer runden turmartigen Struktur aus Lehmziegeln (Maße 50 x 40 x 10 cm) mit einem Durchmesser von 24 m (Abb. 28). Annähernd im Zentrum der Anlage befindet sich ein mit Steinen eingefaßter, 7 m tiefer Brunnen, [97] *"um den sich nach symmetrischem Plan kleine Räume"* [98] gruppieren, die von einer 3 m starken und noch 0,5 m hoch anstehenden Ringmauer umgeben sind. Zwischen den insgesamt 24 Kammern im Inneren des Bauwerks konnten, ähnlich wie etwa in Bat, keine Durchgänge festgestellt werden. Vielmehr waren diese Kammern etwa 2 m hoch mit verbackenem Kies und Sand gefüllt, um die Standfestigkeit des Gebäudes zu erhöhen. In einem Abstand von etwa 3 m zur Ringmauer verläuft eine schmale Lehm-

---

[94] Tikriti, Bidya, AUAE 5, 1989, 109, Taf. 90 b; Orchard, Iraq 56, 1994, 83.

[95] Bibby, Kuml 1965, 149 - 150; Bibby, Kuml 1966, 94.

[96] Frifelt, Kuml 1968, 170 - 174.

[97] Cleuziou, Pottier, Salles, AUAE 1, 1978, 21.

[98] Frifelt, Antike Welt 6/2, 1975, 18.

ziegelmauer, an deren Außenseite ein Graben [99] angelegt war. In dem 3 m
breiten Zwischenraum zwischen Turm und äußerer Umfassungsmauer fand
Frifelt Spuren von zum Turm sekundären Gebäuden sowie Feuerstellen und
eine Brandschicht. [100]

Etwa 150 m West-Nordwest von H1 stieß man bei Bauarbeiten zufällig auf
einen prähistorischen Töpferofen, der dann ausgegraben wurde. Es handelt
sich dabei um eine kreisförmige Konstruktion mit einem Durchmesser von
ca. 2 m und einer "Zunge" in Nordnordwest-Richtung. In der Mitte des Ofens
befindet sich ein Pfeiler mit einem Durchmesser von etwa 80 cm. Das Innere
des Ofens war gefüllt mit Lagen aus schwarz verfärbtem Sand und Kies und
dünnen Lagen von verbranntem Lehm und Asche. Der Ofen war mehrmals
repariert worden, wie an mehreren Stellen zu beobachten war. So war die
Außenwand insgesamt viermal ausgebes-sert worden und auch an dem Pfeiler in der Mitte des Ofens konnten Ausbesserungsspuren nachgewiesen werden. Bei der sog. "Zunge" handelt es sich wohl um die Feuerungsöffnung.
Die Funktion einer kleinen Grube im Südosten des Ofens bleibt unklar. Möglicherweise handelt es sich um eine ältere und später zugesetzte Feuerungsöffnung. Die aus dem Ofen stammende Keramik wird von Frifelt innerhalb
der Hili-Sequenz in die Phase II e oder f (vgl. S. 27) eingeordnet, was in etwa
der zweiten Hälfte des 3. Jt. entspricht. Ein ähnlicher Töpferofen wurde in
der Nordsiedlung von M1 gefunden. [101]

### II.2.14.3 Hili 3

Bei H3 handelt es sich um ein weiteres Rundgebäude, das allerdings nur an-
satzweise untersucht wurde. Der 1,5 m tiefe Schnitt erbrachte lediglich zwei
Steinmauern im Sand an der höchsten Stelle der Erhöhung, die im rechten
Winkel aufeinandertreffen und Spuren von Lehmziegeln darunter. [102]

### II.2.14.4 Hili 4

H4 ist ein flacher Hügel, an dessen Oberfläche sich der Grundriß eines weiteren Rundgebäudes abzeichnet. Der Hügel mit seinem Durchmesser von 25 -

---

[99] Die Maßangaben des Grabens sind widersprüchlich. In Frifelt, Kuml 1970, 1971, 376
und Frifelt, Antike Welt 6, 1975, 18, wird seine Tiefe mit 4 m und seine Breite mit 5 m
angegeben, während in Frifelt, EW 25, 1975, 369; Frifelt, SAA 1977, 578 und Frifelt,
Das Altertum 25/4, 1979, 219 die Tiefe mit 5 m und die Breite mit 4 m angegeben wird.

[100] An Proben aus den Feuerstellen und der Brandschicht wurden $C_{14}$-Datierungen vorgenommen, die sich auf 1653 +/- 213, 1990 +/- 213, 1765 +/- 217 und 1653 +/- 213 v. Chr.
belaufen. Da weder die Kalibrierungsart angegeben wird und K. Frifelt sie aus etwas un-
einsichtigen Gründen um 400 Jahre zurückdatiert, sind diese Daten wohl mit Vorsicht zu
verwenden, Kuml 1970, 1971, 383, Fußnote 20. Zwei weitere Radiocarbondaten von
3196 +/- 156 und 3403 +/- 161 BP in Kuml 1968, 1969, 174, tauchen in den späteren Publikationen nicht mehr auf.

[101] Frifelt, AAE 1, 1990, 5 - 14, Abb. 1 - 5. Zu dem Töpferofen aus Maysar vgl. Weisgerber, Der Anschnitt 32, 1980, 86, Abb. 47.

[102] Cleuziou, Pottier, Salles, AUAE 1, 1978, 9; Cleuziou, AUAE 5, 1989, 82; Orchard,
Iraq 56, 1994, 69.

30 m wurde bisher zweimal kurz untersucht, ohne jedoch irgendwelche architektonischen Reste nachweisen zu können. [103]

### II.2.14.4 Hili 7

Ein Schnitt in H7 erbrachte lediglich Siedlungsschutt (mit typischer Umm
an-Nar-Keramik) über meterdickem, sterilen Sand. [104]

### II.2.14.5 Hili 8

H8 - Periode II:
Periode II von H8 ist die längste Siedlungsperiode innerhalb der Sequenz
überhaupt und entspricht vom Zeitraum her der Umm an-Nar-Zeit, wobei zu
Beginn dieser Periode eine völlige Umstrukturierung des Platzes stattfindet.
Periode II läßt sich in mindestens acht Phasen gliedern, die hauptsächlich im
Ostbereich der Anlage zu beobachten waren. [105]

Phase IIa (Abb. 29):
Bei Building IV in Phase IIa handelt es sich um ein neues Rundgebäude, dem
Building III und auch Building V zum Opfer fielen. Der neue Rundturm hat
einen Durchmesser von ca. 22 m und ist aus plankonvexen Lehmziegeln (ca.
50 x 30 x 12 cm) errichtet - das typische Baumaterial für die Phasen IIa und
IIb, das ein deutliches Unterscheidungsmerkmal gegenüber älteren oder jüngeren Phasen darstellt. Diese plankonvexen Ziegel sind immer mit ihrer flachen Seite nach unten in Lehmmörtel verlegt.
   Im Vergleich zu Building III ist die Anlage von Building IV leicht ex-
zentrisch verschoben, was auf das Neuanlegen eines Brunnens durch Kammer 25 in Building V zurückgeht. Dieser neue Brunnen mit einer Tiefe von
ca. 8,5 m war des öfteren nachgeteuft worden und wie die Funde aus der Füllung des Schachts belegen, etwa 1000 Jahre in Gebrauch.
   Neu entstanden in Phase IIa ist auch das rechteckige Building II, das östlich von Building IV errichtet wurde. Seine Abmessungen betragen ca. 5,5 x
6,5 m und es war noch etwa 2,5 m hoch erhalten. Gegründet ist dieses Gebäude auf einem 1,25 m starken Fundament aus gemörtelten Steinen, das z.
T. in die Kulturschicht von Periode I eingetieft ist, während das aufgehende
Mauerwerk aus den typischen plankonvexen Ziegeln in Läufer-und-
Bindertechnik besteht. Der Innenraum ist in vier Kammern aufgeteilt, die mit
Steinen in Lehmpackung aufgefüllt sind. Der Konstruktionsvorgang entspricht dem schon geschilderten von Building III, allerdings sind bei Building II die Kreuzmauern mit den Außenmauern verbunden.
   Wie schon in Periode I ist die gesamte Anlage in IIa von einem 4 - 5m
breiten und 1,75 m tiefen Graben umgeben, zu dem kleine, 0,4 m breite und
0,4 m tiefe Kanäle parallel verlaufen und schließlich in ihn münden. Es dürf-

---

[103] Cleuziou, AUAE 5, 1989, 82; Orchard, Iraq 56, 1994, 70.

[104] Nayeem, Prehistory and Protohistory of the Arabian Peninsula 3, 79

[105] Die Beschreibung folgt, wenn nicht weiter angegeben Cleuziou, AUAE 5, 1989, 67 -
71.

te sich dabei um ein Bewässerungssystem handeln, dessen genaue Funktionsweise noch ungeklärt ist.

Phase IIb (Abb. 30):
Diese Phase ist gekennzeichnet durch kleine Erweiterungen an Building II. Der südliche Lehmziegelanbau (die Mauern m48, 79, 81), direkt auf dem natürlichen Boden errichtet, ist annähernd quadratisch (ca. 2,6 x 2,6 m), mit einer Lehmpackung gefüllt und in derselben Technik aufgemauert wie Building II. Die Funktion dieses Anbaus ist unbekannt.

Auch nach Norden hin wird Building II erweitert (m26), allerdings ist diese Konstruktion aus Lehmziegeln zu stark gestört, um etwa einen Grundriß erkennen zu lassen.

In IIb wird Building II außerdem an der Außenseite der Ostmauer mit einer ca. 50 cm breiten Reihe von Steinen versehen, auf die eine ca. 50 cm hohe Lehmpackung aufgertragen wird. Eine ähnliche Verstärkung findet sich auch an der Nordwestecke des Gebäudes.

Phase $IIc_1$ (Abb. 31):
In Phase $IIc_1$ wird Building II wiederum erweitert. Im Norden durch m 121 und im Südosten durch m42. Der Anbau im Südosten bildet eine Art Terrasse, deren Einfassungsmauer m42 aus sechs bis acht Steinlagen ohne besondere Fundamentierung besteht. Auf diesen Steinlagen fanden sich zwei bis drei Lagen schlechterhaltener rechteckiger Lehmziegel (45 x 30 x 8 cm), die bisher einzigartig in H8 sind. Innerhalb von m42 wurde ein Nutzungshorizont mit wenigen Scherben und Knochen festgestellt (sol 8). [106]

Die Konstruktion von m121 weist Ähnlichkeit zu der von m42 auf. Auch m121 besteht aus einer ca. 60 cm hohen Steinbasis. Das aufgehende Lehmziegelmauerwerk konnte jedoch wegen zahlreicher Störungen nicht mehr nachgewiesen werden.

Phase $IIc_2$ (Abb. 32):
In dieser Phase erfolgt eine erneute Erweiterung von Building II (m37), sowie die Errichtung eines kleinen Gebäudes im mittlerweile aufgefüllten Graben. Dieses Gebäude besteht aus zwei rechteckigen Räumen, die durch eine Mauer (m73) aus plankonvexen Ziegeln (50 x 30 x 10 cm) getrennt sind. Die östliche Begrenzungsmauer m77 bezieht zum Teil die ehemalige Grabenwand mit ein.Im Süden wird der Raum 21 (mit Begehungshorizont sol41) von Mauer m75 begrenzt. Raum 20 (mit Boden sol39) wird im Osten von m 73 begrenzt und im Westen von m37. Die 1,30 m starke Mauer m37 ist direkt an Building II angebaut und bedeckt die Steinverstärkung aus Phase IIb. Im Norden wird Raum 20 von m 65 zwischen m 7 und m73 begrenzt, ohne jedoch mit diesen verbunden zu sein. [107]

Phase IId (Abb. 33):
Die Phase zeigt Ausbesserungen an m42 und eine Ergänzung durch zwei

---

[106] Cleuziou, AUAE 2 - 3, 1980, 32.

[107] Cleuziou, AUAE 2 - 3, 1980, 32 - 33; Cleuziou, PSAS 10, 1980, 21 - 22.

halbkreisförmige, bastionartige Strukturen (m43, m78). Südlich von m 42 wurde m43 massiv aus plankonvexen Lehmziegeln (45/50 x 30 x 10 cm) errichtet. Im unteren Teil der Fassade wurden abwechselnd Ziegel- und Steinlagen verbaut. [108]

Building II wurde im Norden ebenfalls erweitert (m21). Diese Mauer besteht aus plankonvexen Ziegeln (45 x 30 x 10 cm), die sich von den flacheren der vorherigen Phase unterscheiden. Die Stärke der Mauer beträgt 2 m und sie steht noch 1,8 m hoch an. Sie verläuft 6,5 m nach Norden, knickt dann rechtwinklig nach Westen ab, wo sie weitere 4 m zu verfolgen ist (m 24). Am westlichen Ende ist die Mauer durch spätere Bauten gestört.

Da sich in IId sowohl Scherben der Phase IIc$_2$ als auch der Phase IIe fanden, handelt es sich möglicherweise um eine kurze Übergangsschicht zwischen diesen beiden Phasen.

Phase IIe (Abb. 34):
In der Phase IIe treten große Veränderungen auf. Fast sämtliche Anbauten und Erweiterungen von Building II verschwinden zugunsten von Handwerksarealen. Diese Areale finden sich sowohl nördlich als auch südlich von Building II. Dort wurden zahlreiche Installationen (Öfen) beobachtet, deren Funktionen im einzelnen zwar nicht näher bestimmbar waren, die aber dennoch keinen Zweifel an der industriellen Nutzung der Anlage lassen. Die interessanteste Struktur dieser Phase ist eine Terrasse, die östlich an Building II anschließend, über dem ehemaligen Graben und die Bauten der früheren Phasen errichtet wurde. Die Mauern (m63, 65, 69) bestehen aus plankonvexen Ziegeln. Es bleibt fraglich, ob diese Mauern lediglich zur Terrassierung dienten, oder über die oberfläche von Boden 31 hinausstanden. Auch auf dieser Terrasse konnte Handwerk nachgewiesen werden, da sich auch hier zahlreiche Öfen und Feuerstellen finden. Mindestens ein Ofen deutet auf die Verarbeitung von Kupfer hin. Proben aus zwei Feuerstellen ergaben die kalibrierten C$_{14}$ - Daten von 2470 + / - 150 und 2400 + / - 150 v. Chr. [109]

Phase IIf (Abb. 35):
Phase IIf bringt eine erneute Umgestaltung mit sich, die sich vor allem in der Errichtung von Building I, einem dritten Rundgebäude zeigt. Building I ist stark gestört und nur der östliche Teil der Ringmauer ist erhalten. Der Durchmesser des Gebäudes, das über den Ruinen von Building II und IV errichtet wurde, beträgt ca. 25 m. Der Brunnen im Zentrum von Building III wird in dem neuen Gebäude wieder benutzt. Die etwa 4 m starke Ringmauer besteht aus plankonvexen Ziegeln (45 x 25 x 10 cm), die nur noch in drei Lagen erhalten sind. Zugehörig zu Building I sind die Mauern m28 und m49, durch eine enge Passage getrennt. Am südlichen Ende von m28 fanden sich Reste von drei Steinstufen, so daß es sich hierbei vielleicht um eine Treppe handelt, die den Zugang zu Building I ermöglichte.

Östlich von Building I ist von Building II kaum mehr erhalten als eine niedrige Terrasse, die weiterhin Spuren von industrieller Nutzung (Kupfer-

---

[108] Cleuziou, AUAE 2 - 3, 1980, 33.

[109] Cleuziou, AUAE 2 - 3, 1980, 34 u. 68, Tab. 1; Cleuziou, PSAS 10, 1980, 22 - 23.

verarbeitung) aufweist. Auch für Phase IIf liegen Radiocarbondaten vor:
2225 + / - 135 und 2200 + / - 110 v. Chr. [110]

Phase IIg:
Diese letzte Phase der Umm an-Nar-zeitlichen Besiedlung [111] von H8 ist so
stark erodiert, daß sie kaum noch architektonische Reste aufweist. [112]


### II.2.14.6 Hili 10 und 11

Beide Fundstellen wurden bereits Anfang der 60er Jahre kurz von Karen Frifelt untersucht. Spuren von Lehmziegelmauern und Öfen, in Verbindung mit
Umm an-Nar-Keramik wurden freigelegt. [113] Die kürzlich in H 11 wieder auf-
genommenen Grabungen unter al-Tikriti erbrachten ein weiteres Rundgebäude, dessen Dimensionen denen von H1 und H8 entspricht. [114]


### II.2.15 Zahra

Bei dem östlich von Sohar gelegenen Fundort Zahra1 handelt es sich um
zwei kleine Siedlungen, die sich am Ost- (R) und Westrand (U) des Wadi
Bani Umar al-Gharbi gruppieren (Abb. 36). Das etwa 2700 m² große Areal
wurde nur durch Oberflächenbegehung untersucht und anhand der gefundenen Keramik in das späte 3. Jt. datiert. [115]
    Die Gebäude der Siedlung haben sich als flache Steinhaufen erhalten,
die die zum Teil noch sichtbaren Fundamente bedecken.
Im Siedlungsbereich U waren drei größere Gebäude (8 - 12 m breit, 14 - 15
m lang) mit mehreren Räumen und Höfen erkennbar, sowie zwei oder drei
kleinere Strukturen (Abb. 37). Einige Funde (Ofenbruch, Hammersteine)
deuten auf Kupferverarbeitung hin.
    Etwa 100 m östlich der Häuser liegt eine stark gestörte Struktur unbe-
kannter Funktion - möglicherweise ein befestigter Zugang zur Siedlung.
    Der Siedlungsbereich R wird von einem großen Gebäude beherrscht, das
im Zentrum der Siedlung liegt (Abb. 37). Der Kernbau ist 18 x 20 m groß
und weist im Norden zwei Anbauten auf (15 x 10 m). Costa und Wilkinson
meinen, bei diesem Anbau zwei Bauphasen unterscheiden zu können, wobei
der nördlichste Anbau der jüngere sei. Die Mauern des ersten Anbaus sind
0,70 - 1,10 m breit und sind aus großen, nur grob bearbeiteten Steinen (0,60 -
0,80 m lang) errichtet. Um diesen "Zentralbau" gruppieren sich ohne be-

---

[110] Cleuziou, AUAE 2 - 3, 1980, 34 - 35 u. 68, Tab. 1; Cleuziou, PSAS10, 1980, 23.

[111] Die letzte Besiedlungsphase (Periode III) von H8 wird in dem Abschnitt über das 2. Jt.
behandelt.

[112] Cleuziou, AUAE 2 - 3, 1980, 35; Cleuziou, PSAS 10, 1980, 24.

[113] Die Grabungen sind unpubliziert, Nayeem, Prehistory and Protohistory of the Arabian
Peninsula 3, 79.

[114] Eine Publikation liegt ebenfalls noch nicht vor, Orchard, Iraq 56, 1994, 71.

[115] Costa, Wilkinson, JOS 9, 1987, 173 - 174, 175, Abb. 86.

stimmte Ordnung mehrere kleinere Gebäude, die wohl als "workshops" anzusprechen sind. [116]


## II.2.9 Wadi Fizh

Knapp 20 km nördlich von Zahra 1 befindet sich mit dem Fundort Wadi Fizh
1 eine weitere kupferverarbeitende Siedlung. Auf einer Fläche von ca. 150 x
75 m liegen niedrige Steinhaufen, die Reste eingestürzter Gebäude darstellen.
Einzelne Mauern sind nur noch teilweise zu erkennen. Wie auch in Zahra 1
wurde diese Fundstelle nur durch Begehung untersucht und aufgrund der
Oberflächenkeramik in das 3. Jt. datiert. [117]


## II.2.17 Yanqul / as-Safri

Während der Grabungskampagne von 1997 in Raki 2 durch die Deutsche Archäologische Oman-Mission wurden auch ausgedehnte Surveys in der Umgebung durchgeführt, die zu der Entdeckung einer bisher unbekannten Siedlung
des 3. Jt. führten. Westlich der Oase von Yanqul (ca. 50 km nordöstlich von
Ibri gelegen) bei as-Safri wurde ein Umm an-Nar-zeitlicher Rundturm (Turm
A) gefunden, dessen Basis noch mehrere Meter hoch anstand. Der Turm besitzt einen Durchmesser von 19 m und war aus großen bearbeiteten Steinblöcken errichtet. Wie bei anderen Bauwerken dieser Art, fand sich auch hier
ein Brunnen (noch 7 m tief), der allerdings nicht im Zentrum der Anlage
liegt, was möglicherweise durch den gewachsenen Felsen, auf dem das Gebäude ruht, bedingt ist. Reste von Lehmziegeln aus der Umgebung des Bauwerks könnten darauf hindeuten, daß das aufgehende Mauerwerk aus Lehmziegeln bestand.

Neben typischer Umm an-Nar-Keramik fanden sich um die Basis des
Turmes auch Wadi Suq-Scherben - wie in Tell Abraq oder al-Khatt könnte
also auch hier das Rundgebäude bis in die Wadi Suq-Periode hinein genutzt
worden sein.

500 m westlich von Turm A konnte die eigentliche Siedlung lokalisiert
werden, die sich um einen weiteren Turm (Turm B) gruppiert. Der Erhaltungszustand dieses Gebäudes war nicht mehr so gut, wie der des „Außenpo-
stens" Turm A. Die großen Quadersteine der Basis standen nur noch etwa 1
m hoch an. Der Brunnen, ebenfalls etwas außerhalb des Zentrums gelegen,
war komplett verfüllt.

Südwestlich von Turm B liegt ein relativ gut erhaltenes Umm an-Nar-
Grab, während sich die Reste der Häuser entlang der flachen Hänge um das
Turmgebäude herum erstrecken. Von diesen Häusern haben sich jedoch nur
zweischalige Fundamentmauern erhalten. Ausgehend von der großen Zahl

---

[116] Costa, Wilkinson, JOS 9, 1987, 97 - 98, Taf. 35 - 36.

[117] Costa, Wilkinson, JOS 9, 1987, 105.

der Fundamentmauern, muß die Siedlung relativ groß gewesen sein. [118]


## II.2.18 Araqi

Dieser Fundort im Wadi Tayyib, etwa 3 km südöstlich der modernen Siedlung Araqi gelegen, der ursprünglich durch ein Team des `University of Dur-
ham Oman Research Project´ entdeckt wurde, konnte während des Surveys
im Winter 1974/75 von Beatrice de Cardi, Stephen Collier und Brian Doe
kurz untersucht werden.

Neben der auf der Oberfläche gefundenen Keramik, [119] deuten Bienen-
korbgräber und auch ein Umm an-Nar Grab in der Nähe der Siedlung auf
eine Datierung ins 3. Jt. hin.

Der Fundplatz ist gekennzeichnet durch zahlreiche, oberirdisch noch
sichtbare rechteckige Fundamentstrukturen, die sowohl zu einfachen Häusern
als auch zu größeren Gebäuden gehören. Die Außenmauern dieser Gebäude
bestehen teilweise aus zweischaligem Mauerwerk, sind in der Regel aber aus
flachen Steinen aufgeschichtet.

Eine dieser Strukturen wird von Doe als ein langrechteckiges Gebäude
mit einer Seitenlänge von annähernd 20 m und einer Breite von 8 m beschrieben. Die Stärke der Außenmauer variiert zwischen 70 und 60 cm, während
die das Gebäude unterteilenden Innenwände aus 50 cm breiten, bearbeiteten
und eng aneinandergefügten Steinblöcken bestehen (Abb. 38).

Die interessanteste Struktur befindet sich an der Ostseite des Platzes, ungefähr 50 m vom eben beschriebenen Gebäude entfernt. Auf einem niedrigen
Felsen finden sich Reste eines Steingebäudes, das die Umgebung beherrscht.

Diese Konstruktion weist ebenfalls einen langrechteckigen Grundriß auf
(ca. 20 x 12 m), an der Südostseite schließt sich jedoch noch eine Plattform
an, deren Länge 8 bis 9 m und deren Breite 6,18 m beträgt. Somit ergibt sich
für das Gebäude eine Gesamtlänge von etwa 29 m und eine durchschnittliche
Breite von 12 m für den Hauptbereich. Die Ecken der nordwestlichen Mauer
sind durch Rücksprünge (1,5 m) gestaltet, so daß die Breite des Gebäudes
hier nur ca. 10 m beträgt.

Im Innern des Bauwerks befindet sich eine Art Kammer mit einer inneren Breite von 3,90 m, bzw. einer äußeren Breite von 4,28 m. Diese Kammer
erstreckt sich rechteckig in der Hauptrichtung des Gebäudes, wobei der
südöstliche Abschluß durch eingestürztes Mauerwerk nicht mehr zu erkennen
ist. Zwischen Kammer und Außenmauer bleibt somit ein 1,60 m breiter Gang
frei (Abb. 38).

Gegenüber dem Boden des Gebäudes, der sich 3 m über dem gewachsenen Boden erhebt, ist die Kammer 1,5 m eingetieft. Sie liegt somit auf derselben Höhe, wie die im Südosten angeschlossene, aus 60 cm langen behauenen
Steinen errichtete Plattform. [120]

---

[118] Yule, Weisgerber, in Vorbereitung.

[119] de Cardi, Collier, Doe, JOS 2, 144, Abb. 25, 295 - 309.

[120] Doe, JOS 2, 1976, 174 - 175, 187, Taf. 27; Doe, Monuments, 82 - 83.

Diese Art von Bauwerk ist bisher einzigartig auf der gesamten Halbinsel. Zwar ist die langrechteckige Form des Gebäudes nicht unbekannt, doch die Angliederung einer Plattform konnte bisher nur bei einigen Rundbauten beobachtet werden.

Aussagen über eine Funktion des Gebäudes lassen sich zwar nur bedingt machen, doch weisen einige Merkmale auf die Bedeutung dieser Anlage hin: Die Struktur wurde in exponierter Lage errichtet, von wo aus sie die Siedlung überblickt. Die noch erhaltenen Reste der Steinmauern zeigen, daß sie aus großen, sorgfältig bearbeiteten Blöcken errichtet wurden, und die Ecken der Anlage sind genau nach den Haupthimmelsrichtungen ausgerichtet. Diese Anlage, kann mit großer Wahrscheinlichkeit als öffentliches Gebäude oder Kultanlage angesprochen werden.

## II.2.19 Bat

Das heutige Dorf Bat liegt etwa 25 km östlich von Ibri, am Ausgang des Wadi Hawasinah, einem wichtigen Durchgang durch das Hajjar-Gebirge, der die Küstenebene Batinah mit dem Landesinneren verbindet.

Erste Untersuchungen in Bat wurden 1972/73 durch ein dänisches Archäologenteam unter der Leitung von Karen Frifelt durchgeführt. Konzentrierte sich diese erste Kampagne noch in erster Linie auf die ausgedehnte Nekropole von Bat, [121] so hatten die folgenden Kampagnen von 1975/76 und 1977/78 auch die prähistorische Siedlung zum Ziel.

Schon während der ersten Untersuchungen vermutete K. Frifelt, daß zu einer so ausgedehnten Nekropole eine entsprechende Siedlung gehören müsse. Als Reste einer solchen Ansiedlung identifizierte sie mehrere niedrige Erhebungen, die in und um die moderne Oase verstreut liegen. Dabei handelt es sich um drei annähernd runde Hügel mit einem Durchmesser von etwa 20 m und einer Höhe von 1 - 4 m. Eine dieser Strukturen weist eine vier Lagen hohe Umfassungsmauer aus großen unbearbeiteten Steinen auf, während die Mauern der beiden anderen aus bis zu 1 m langen Kalksteinblöcken bestehen.

Das vierte und größte Beispiel findet sich direkt innerhalb des heutigen Dorfes, im sog. "Sheik´s garden". Dieses Gebäude mit einem Durchmesser von 20 m ist aus bearbeiteten, monolithischen Blöcken (2,45 x 0,85 x 0,50 m) errichtet und steht noch 5 - 6 m hoch an. An der nordöstlichen Seite ist eine Terrassenanlage sichtbar. [122]

Wegen der Lage dieses Gebäudes innerhalb kultivierten Geländes und aufgrund der enorm großen Blöcke, wich man auf ein anderes, unmittelbar südlich der Nekropole an der Wadikante und außerhalb des Anbaugebiets gelegenes Objekt (Bat 1145) aus, an dem im Winter 1975/76 die Grabungsarbeiten begannen. [123]

---

[121] Frifelt, EW 25, 1975, 383 - 389.

[122] Frifelt, EW 25, 1975, 390; Frifelt, JOS 2, 1976, 71 - 72, Taf. 12 - 13.

[123] Dieses Gebäude war bereits im Jahr zuvor bei einem Survey von B. Doe kurz untersucht und skizziert worden, Doe, JOS 2, 173, Abb. 40.

Nach der Oberflächenreinigung präsentierte sich die Struktur als ein Rundgebäude (Durchmesser 20 m) mit einer genischten Ringmauer aus 1 x 1 x 0,8 m großen Blöcken, deren Inneres durch eine Reihe von Kammern fast symmetrisch gegliedert war (Abb. 39). In der Mitte der Anlage verlaufen zwei gerade Mauern im Abstand von 2 m parallel zueinander. Diese sind etwa im Zentrum auf einer Länge von 3 m durch eine Steinkonstruktion verbunden, die einen Brunnenschacht (a) einfaßt, der aus an der Innenseite sorgfältig bearbeiteten, abgerundeten Blöcken besteht. Er wurde bis in eine Tiefe von 3 m freigelegt. Es fand sich eine Mixtur aus Sand, Lehm und verstürzten Steinen aus den obersten Lagen des Brunnens sowie Umm an-Nar-Keramik. Dieser innere Kern (Brunnen a und die Kammern i und k) teilt das Gebäude in zwei Hälften, die jeweils aus mehreren Kammern (b - g in der Westhälfte und l - p in der Osthälfte) bestehen. Von diesen insgesamt 13 Kammern wurden drei freigelegt: Kammer k im Zentrum sowie die Kammern e und n, um einen Kreuzschnitt des Gebäudes zu erhalten. [124]

Diese Untersuchung ergab mehrere interessante Punkte: Obwohl die Mauern noch 2 - 5 m hoch anstanden, konnten keine Böden, Türen oder Durchgänge nachgewiesen werden, weder zwischen den einzelnen Kammern noch durch die äußere Ringmauer. Die Innenmauern befanden sich weder im Verbund mit der äußeren Ringmauer noch mit dem inneren Kern. Sie wurden auf einer künstlich aufgeschütteten Erhöhung errichtet, so daß sie auf einer höheren Ebene lagen als die Ringmauer. Die Ringmauer bestand aus zwei Schalen, deren Kern mit Geröll, Steinen und kleineren Blöcken gefüllt war, also einer Konstruktionsweise, die der der Gräber entspricht. Die innere Schale der Ringmauer war auf demselben Niveau errichtet worden, wie die Innenmauern der Kammern, so daß sie höher lag als die äußere Schale. Die oberste, etwa 0,5 m dicke Schicht aus Sand und Sediment wies mehrere Störungen auf und enthielt Funde wohl jüngerer Datierung, die für eine spätere Nutzung des Gebäudes lange nach seiner Aufgabe sprechen. [125] Unterhalb dieser Schicht waren die Kammern fundleer und wiesen lediglich eine Füllung aus Sediment und verstürzten Steinen auf.

Westlich des Rundgebäudes ließen sich keine Außenanlagen nachweisen, sie konzentrieren sich im Osten. Am besten erhalten ist der Eingangsbereich im Südosten. Er besteht aus einer Plattform oder Rampe t, die auf einer 2 m hohen, aus grob bearbeiteten Steinblöcken errichteten Fundamentmauer ruht. Dazu war eine 2 m tiefe Grube ausgehoben, der Boden mit Oberflächenmaterial eingeebnet und darauf dann die Steine des Fundaments geschichtet worden. Gegenüber dem Eingangsbereich befindet sich eine ebenfalls gut erhaltene und aus Kalksteinblöcken errichtete Mauer s mit einem weiteren Brunnen (aa), an die sich weiter östlich drei weitere Mauerzüge anschließen (u, y, z). Diese drei Mauerzüge sind nur noch zwei bis drei Lagen hoch erhalten und sind aus kleineren Blöcken errichtet, liegen jedoch auf dem selben Ni-

---

[124] Die Länge der inneren Schmalseiten der Kammern beträgt zwischen 1,60 - 1,80 m und die der Langseiten zwischen 2,50 - 6,20 m. Lediglich Kammer b mit einer Größe von nur 1,10 x 1,70 m fällt aus dem Rahmen. Die Stärke der Trennmauern zwischen den einzelnen Kammern variiert zwischen 0,70 - 1,00 m. Frifelt, SAA 1977, 583, Abb. 15.

[125] Frifelt, JOS 2 , 1976, 65, Abb. 4.

veau wie die äußere Ringmauer und Mauer s.[126]

In der Kampagne von 1977/78 wurde die Arbeit in diesem Bereich fortgesetzt. Es wurde ein Areal von 15 x 26 m untersucht, in dem lange Schnitte
mit Halbmeterstegen angelegt wurden.[127]

2 m hinter der Verkleidung von Mauer s wurde eine Mauerecke ae / af
freigelegt, die aus kleineren, roher bearbeiteten Blöcken besteht. Auf demselben Niveau wie Mauer s gelegen, steht sie noch vier Lagen, also etwa 1,
20 m hoch an. Zwischen diesen beiden Mauerkonstruktionen fand sich eine
Anhäufung von Sand, Steinblöcken und Schutt, die direkt in Mauer s über-
ging, ohne daß eine eindeutige Trennung zu erkennen gewesen wäre.

Neben diesem Komplex fand sich ein weiterer unmittelbar nordöstlich
davon: Die Mauerzüge y und ag, im rechten Winkel zu s und direkt parallel
aneinandergebaut. Während y aus kleineren, wenigstens grob bearbeiteten
Steinen besteht, wurden, wie die noch drei erhaltenen Lagen zeigten, zur Errichtung von ag zum Teil sehr große, aber unbearbeitete Steine verwendet.
Mauer y ist mit der Ringmauer des Rundgebäudes verbunden und verlief in
südöstlicher Richtung auf das Wadi zu, wo sie dann abbrach, so daß der weitere Verlauf nicht verfolgt werden konnte. Beide Mauern s und ag werden
durch die quer zu ihnen bzw. über sie verlaufende, aus unbearbeiteten Steinen nachlässig errichtete Mauer ag gestört.

Nordöstlich von Bat 1145 fällt das Gelände leicht zu einer Senke hin ab,
in der sich ein künstlich angelegter Graben befindet. In einer Entfernung von
etwa 10 m zum Rundgebäude zieht sich eine Mauer ak von Südosten nach
Westen hin. Zwar wurden nur etwa 6 - 7 m dieser Mauer untersucht bzw.
freigelegt, ihr Verlauf war aber an der Oberfläche weitere 10 - 15 m erkennbar. Mauer ak ist ebenfalls aus unbearbeiteten Kalksteinblöcken mittlerer
Größe errichtet, wobei die größeren Blöcke an der Basis der Mauer verwendet worden waren. An der Südwestseite der Mauer zum Graben hin, sind die
Blöcke in die Verkleidung eingepaßt, die zumindest einen Vorsprung aufweist. Im Südosten geht die Mauer ak in eine rechteckige, 2 x 4 m große und an
drei Seiten verkleidete Konstruktion ad über, deren Basisblöcke über 1 m
lang sind. Während die östliche Außenseite von ad nicht untersucht wurde,
konnten an der westlichen Innenseite 10 erhaltene Lagen festgestellt werden.
Die Blöcke der äußeren Umfassungsmauer ak reichen direkt an den steilen
Rand des Grabens heran. Südlich von ak / ad war die Oberfläche zu stark gestört, um eine Fortsetzung von ak / ad erkennen zu können.

Der 2 m tiefe und 4 m breite Graben westlich von ak / ad ist an der Innenseite durch die Mauer ai begrenzt, die einige Meter annähernd parallel zu
ak / ad verläuft. Ihr nordwestliches Ende biegt dann Richtung Rundgebäude
ab, während das Südwestende wieder stark gestört war, aber noch erkennbar
wie ak / ad auf einer Pflasterung ruhte. Diese Mauer wurde aus ca. 0,5 x 0,5
m großen Blöcken errichtet, die für die Verblendung leicht bearbeitet waren
und einen Kern aus etwa handgroßen Steinen, Sand und Geröll aufwies. Ein
Vorsprung konnte auch an ai beo-bachtet werden, gegenüber dem Vorsprung
von ak. An der tiefsten Stelle, am Wadiende, ruht die Mauer auf einer Steinpflasterung.

---

[126] Frifelt, JOS 2, 1976, 58 - 59; Brunswig, JOS 10, 1989, 26 - 27; Doe, Monuments, 64.

[127] Frifelt, JOS 7, 1985, 95, Abb.3.

Zwischen ai und Rundgebäude waren schon in der vorhergegangenen Kampagne die Reste eines schlecht erhaltenen Mauersystems (z) freigelegt worden. Die Arbeiten dieser Kampagne zeigten lediglich, daß z in eine Art "Pflasterung", die zumindest zum Teil auf den Versturz oder die Zerstörung von ai zurückgeht, übergeht. [128]

Datierbare Keramik kam vor allem in der Außenanlage zutage. Auf und zwischen den Pflastersteinen am südöstlichen Ende von ai und ad / ak fanden sich Scherben der feinen black-on-red Umm an-Nar-Ware, wie sie auch aus den Gräbern bekannt ist. [129] Ein Schnitt durch den Graben zwischen ai und ad / ak zeigte mehrere Schichten aus verwittertem Lehm mit Einlagerungen aus Sand und Kies. In Schicht II, etwa 0,5 m unter der heutigen Oberfläche fand sich in Vergesellschaftung mit zwei Feuerstellen (am, an) weitere Umm an-Nar-Keramik, die sich leicht von der aus dem Sohlbereich des Grabens (Schicht X, ca. 1,0 m unter der heutigen Oberfläche) unterscheidet. Es läßt sich innerhalb der Keramiksequenz kein Umbruch feststellen, vielmehr muß von zwei Besiedlungsphasen ausgegangen werden, die zeitlich nicht weit auseinanderliegen. [130] Im Inneren des Rundgebäudes, aber auch außerhalb zwischen den Mauerzügen fanden sich sowohl an der Oberfläche als auch in tieferen Schichten (also sekundär zum Gebäude) mehrere Gruben bzw. Feuerstellen, deren Inhalt $C_{14}$-datiert wurde. Von besonderer Bedeutung dabei ist die Datierung von Feuerstelle q aus dem Inneren des Gebäudes. Diese Feuerstelle wurde unmittelbar unter der Mauer der Südwestecke der Kammer n gefunden. Da sie direkt in das Material vom Aushub des Brunnens gebaut worden war, mußte diese Feuerstelle kurz vor oder zeitgleichmit der Errichtung des Gebäudes datieren. Das kalibrierte $C_{14}$-Datum beträgt 2570 v. Chr. [131]

Die Grabungsergebnisse lassen sich folgendermaßen zusammenfassen:
Auf einer niedrigen Erhebung wurde eine zweischalige Ringmauer um einen mit Steinblöcken eingefaßten Brunnen errichtet, der noch 5 - 6 m über dem Boden ansteht. Im Inneren wurde ein kammerartiges System angelegt und an der Südostseite eine Rampe auf einer 2 m hohen Fundamentmauer errichtet - vielleicht war diese Fundamentmauer nötig, um den Höhenunterschied zwischen der auf einer niedrigen Anhöhe gelegenen Ringmauer und der niedrigeren Umgebung auszugleichen.
Präsentiert sich das Rundgebäude als einheitlicher Komplex, lassen sich über die "Außenanlage" nur bedingt Aussagen treffen. Zwar liegen einige Mauern (s, ae / af, y und ag) auf demselben Niveau wie das Rundgebäude und sind zum Teil in derselben Technik gebaut, die Grabungsergebnisse zei-

---

[128] Frifelt, JOS 7, 1985, 94 - 96.

[129] Frifelt, JOS 7, 1985, 97, Abb. 5.

[130] Leider ist die Keramik aus dem Graben nicht publiziert, eine Beschreibung findet sich bei Frifelt, JOS 7, 1985, 98. Zum Profil des Grabens vgl. Frifelt, JOS 7, 1985, 96, Abb. 4.

[131] Die kalibrierten Daten für die Feuerstelle w und die Grube x, beide außerhalb des Gebäudes und direkt unter der modernen Oberfläche gelegen betragen 1610 und 1920 v. Chr Die kalibrierten Daten der Feuerstellen am und an aus dem Graben belaufen sich auf 2455 und 2400 v. Chr. Frifelt, JOS 7, 1985, 104 "Appendix".

gen jedoch, daß nicht alle Mauern innerhalb dieses Komplexes zeitgleich sind. Mauer ah war deutlich später errichtet worden als y und ag, da sie beide stört bzw. schneidet. Alle Mauern scheinen auf demselben grünlichen, leicht verwittertem Lehm errichtet worden zu sein, bei dem es sich nicht um den natürlichen, sondern um einen künstlich geschaffenen Untergrund zur Ebnung des Geländes handeln dürfte. Weiterhin ist anzunehmen, daß die Mauerzüge ( s zu ae / af und y zu ag) nicht exakt gleichzeitig sind, aber in derselben Periode entstanden. Nur die beiden Mauern ai und ad / ak [132] liegen auf einer tieferen Ebene und sind zumindestens an ihrem südöstlichen Ende auf eine Pflasterung gestellt.

Insgesamt sind in Bat fünf solcher Rundgebäude erhalten, die ein Areal von 40 - 50 ha "eingrenzen". Das noch 5 - 6 m hoch erhaltene Rundgebäude 1148 im "Sheik´s garden" in der heutigen Oase, ebenfalls mit einem Durchmesser von 20 m, seinen stufenförmigen Einziehungen der Ringmauer, einem Brunnenschacht in der Mitte der Anlage und einer angebauten Plattform, kommt, abgesehen von der Größe der als Baumaterial verwendeten Kalksteinblöcke dem ausgegrabenen Gebäude 1145 am nächsten (vgl. oben). Diesem unmittelbar gegenüber auf der anderen Wadiseite, am Rande der Siedlung, liegt das etwas kleinere Rundgebäude 1156. Ein 17 m langer und 2 m breiter Schnitt zeigte, daß es sich um ein Gebäude mit zwei konzentrischen Ringmauern handelt. Zwischen dem knapp 1 m breiten äußeren und dem 2 m starken inneren Mauerring lag eine Pflasterung aus Kieseln. Im Gegensatz zu 1145 war das Mauerwerk der Innenkammern im Verbund mit der Ringmauer errichtet worden. Zwischen den verstürzten Steinen im Inneren des Gebäudes, die entweder von den inneren Fundament- bzw. Stützmauern oder von einem ehemaligen Überbau stammen, fanden sich Reste von Lehmziegeln, was bei den anderen Rundgebäuden in Bat bisher nicht beobachtet werden konnte. Über die Keramik datiert Bat 1156 zeitgleich mit Siedlung 1157 und Rundgebäude 1145.
   Die Rundgebäude 1146 und 1147 wurden nicht untersucht, weisen aber ebenfalls eine Kalksteinverkleidung und einen Durchmesser von 20 m auf. [133]

Die Siedlung:
Etwa 100 m südöstlich von Bat 1145, auf der gegenüberliegenden Wadiseite erhebt sich ein ca. 40 m hoher und 500 m langer Hügel (Jebel Shuwê`î), an dessen Westflanke sich die prähistorische Siedlung auf einem 200 x 50 m großen Areal erstreckt ("Habitation Slope 1157"; Abb. 40). Aufgrund des starken Hanggefälles, das sowohl Erosion als auch Deflation starken Spielraum ließ, sind an der Oberfläche kaum mehr als Mauerreste und vereinzelte Türsockelsteine zu erkennen. Die nur punktuell durchgeführten Probegrabun-

---

[132] Ob es sich bei ad um eine Störung oder eine Verstärkung von ak handelt, konnte von den Ausgräbern nicht eindeutig festgestellt werden, Frifelt, JOS 7, 1985, 95.

[133] Frifelt, SAA 1977, 582, 584; Frifelt, Das Altertum 25/4, 1979, 222; Frifelt, JOS 7, 1985, 101; Orchard, Iraq 56, 1994, 71 - 72. Ein sechstes, etwa 2 km westlich von Bat gelegenes Gebäude bei Khutm / an-Nabaghia, wird, obwohl es wohl im Zusammenhang mit der Siedlung in Bat zu sehen ist, an anderer Stelle als eigener Fundort behandelt (vgl. S. 36).

gen erbrachten daher (im mittleren Bereich der Siedlung, Hauskomplex Bat 1155) nur einen sehr dünnen Besiedlungshorizont, der durch steinerne Fundamentmauern gekennzeichnet war. Die gefundene Keramik entspricht der aus dem Rundgebäude 1145 und der Nekropole, so daß sich für Siedlung, Rundgebäude und Nekropole eine Gleichzeitigkeit postulieren läßt. [134]

Da bisher keinerlei Grundrisse publiziert wurden, lassen sich weder Aussehen, Konstruktionsweise oder geschweige denn Funktionen der Gebäude rekonstruieren. Sicher dürfte jedoch anzunehmen sein, daß die langrechteckigen Häuser wegen der steilen Hanglage terrassenartig angelegt waren und das aufgehende Mauerwerk oberhalb der steinernen Fundamentmauern zumindestens zum Teil aus Lehmziegeln / Lehm bestanden, wie die Lehmanschwemmungen am Fuße des Hanges belegen. Am nördlichen Ende der Siedlung, fast in Gipfelhöhe gelegen befinden sich einige Mauerreste aus großen rohbearbeiteten, noch zwei bis drei Lagen in situ befindlichen Steinen, die von Frifelt als Befestigung angesprochen werden. [135]

## II.2.20 Khutm / an-Nabaghia

In der Nähe des Weges von Bat nach al-Wahrah erhebt sich auf einem natürlichen Felsvorsprung die ovale Struktur von Khutm [136] (Abb. 41), die wohl noch zum Siedlungsgebiet von Bat gehört. [137] Ihre drei konzentrischen, terrassenartig abgestuften Ringmauern nehmen eine Fläche von ca. 20 x 40 m ein. Die Mauern aus sorgfältig behauenen Blöcken stehen in mehreren Lagen noch ungefähr 1,5 m hoch an. Die Höhe der gesamten Anlage beträgt etwa 5 - 6 m. Der Durchmesser der obersten Ringmauer beläuft sich auf ca. 21 x 18 m. Innerhalb des obersten Mauerrings findet sich ein weiteres Oval mit 5 m Durchmesser, das eventuell die Reste eines kleinen, an der höchsten Stelle der Erhebung gelegenen Gebäudes repräsentiert.

Die nach Nordwesten hin ausbauchenden beiden unteren Ringmauern erreichen dort eine Breite von 8 m für die mittlere und 12 m für die unterste Terrasse. Sie bilden in diesem Bereich eine Plattform, die wohl als Eingang gedient hat. [138]

---

[134] Dies gilt jedoch nur für die Umm an-Nar-Gräber der Nekropole, für die älteren Hafit - Gräber konnte bisher keine zeitgleiche Siedlung oder sonstige siedlungsarchitektonischen Reste nachgewiesen werden. Die Bodenuntersuchungen von Brunswig in einem Testschnitt von Mauer 1162 im nördlichen Bereich der Siedlung ergaben eine spät Umm an-Nar / früh Wadi Suq-zeitliche Datierung für diese Struktur , Brunswig, JOS 10, 1989, 12 - 17, Abb. 3 - 9. Für eine Besiedlung im 2. Jt. sprechen auch die Radiocarbon- Daten aus der Außenanlage des Rundgebäudes 1145 (vgl. Anm. 132). Einen zweiphasigen Horizont erbrachte die Sondage durch Objekt 1163 (Mauerreste). Über der ersten, Umm an-Nar-zeitlichen Phase lag ein wahrscheinlich eisenzeitlicher Horizont, Frifelt, JOS 7, 1985, 99, was für eine durchgehende Besiedlung spricht.

[135] Frifelt, JOS 2, 1976, 60; Frifelt, JOS 7, 1985, 99.

[136] de Cardi, Collier, Doe, 186, Taf. 24.

[137] Orchard, Iraq 56, 1994, 80. In Orchard, Iraq 56, 1994, 72, läuft dieser Fundort nicht mehr unter dem Namen Khutm, sondern an-Nabaghia.

[138] Doe, JOS 2, 1976, 172; B. Doe, Monuments, 63 - 64.

Die wenigen und unspezifischen Scherben erlauben keine eindeutige Datierung, [139] dennoch ist anzunehmen, daß die Struktur von Khutm Umm an-Nar-
zeitlich ist, da in der unmittelbaren Umgebung eine ganze Reihe von Bienen-
korbgräbern liegen und die Bearbeitung der Blöcke große Ähnlichkeit zu den
Rundgebäuden in Bat aufweist.

## II.2.21 ad-Dariz

Westlich von Bat liegt das moderne Dorf ad-Dariz, an dessen südwestlichem
Außenbezirk zwei Steinkonstruktionen stehen, die den Türmen von Bat
ähneln. Die Oberflächenkeramik datiert sowohl in das 3. als auch in das 1. Jt.
1984/85 wurde eine große Steinkonzentration in der Ebene außerhalb der
Felder teilweise untersucht. Es handelt sich dabei um eine 9 m lange Mauer,
die in Ost-West-Richtung verläuft und in einem Steinhaufen endet. Die Funktion dieser Struktur bleibt unklar, möglicherweise sind das die Überreste
eines weiteren Rundgebäudes. [140]

## II.2.14 al-Banah

al-Banah liegt unmittelbar östlich von Bat. Dort befinden sich die Reste einer
runden Struktur mit einem Durchmesser von etwa 20 m. Obwohl die Oberflächenkeramik in das 1. Jt. datiert, kann für die Konstruktion aus großen unbearbeiteten Felsblöcken eine Datierung in das 3. Jt. angenommen werden,
da sie anderen Anlagen, wie etwa Firq ähnelt und sich zahlreiche Bienen-
korbgräber und ein Umm an-Nar-Grab in der Umgebung von al-Banah konzentrieren. [141]

Ob ein weiteres rechteckiges Gebäude mit den Seitenlängen von 50 x 20
m und den noch 5 m hoch erhaltenen Mauern aus Flußsteinen ebenfalls in das
3. Jt. datiert werden kann, bleibt aufgrund fehlender Oberflächenfunde ungewiß. [142]

## II.2.15 ˋAmlah

Dieser im Wadi al-Ain gelegene Fundort besteht aus mindestens 16 einzelnen
Fundstellen, die sich in erster Linie an der Ostseite des Wadis konzentrieren
(Abb. 42). Handelt es sich beim Großteil dieser Fundstellen um Gräber bzw.
Gräbergruppen, so können an sechs Fundstellen Siedlungsreste nachgewiesen
werden (ˋAmlah 3a - c, 4, 5b, 11, 12, 13b, davon wurden 3a und 4 durch B.de

---

[139] de Cardi, Collier, Doe, JOS 2, 1976, 145 - 146; Doe, Monuments, 63 - 64.

[140] Frifelt, JOS 7, 1985, 92; Gentelle, Frifelt, S.O.R. 63, 123 - 124.

[141] Doe, JOS 2, 1976, 170, site 51; Doe, Monuments, 68.

[142] Doe, JOS 2, 1976, 170, site 52.

Cardi untersucht). [143]

Im östlichen Bereich des Areals befinden sich fünf niedrige, unscheinbare Erhebungen, die nur aufgrund der Oberflächenkeramik (Umm an-Nar-Keramik [144]) als Siedlungsplätze erkennbar waren: `Amlah 3b mit einem Durchmesser von 14 - 16 m und eine Höhe von 2 m, 3c mit einem Durchmesser von 20 m und 2,5 m Höhe, sowie `Amlah 12 (Durchmesser 20 m, Höhe 0,5 m) und 13b (Durchmesser 15 m, Höhe 0,75 m).

Der größte dieser Hügel, `Amlah 3a (50 m Durchmesser und an der höchsten Stelle etwa 1,5 m hoch), wurde archäologisch untersucht, da neben zahlreichen Scherben und Flintabschlägen noch Reste einer Ringmauer, bestehend aus fünf großen Kalksteinblöcken, sichtbar waren.

Nach der Grabung zeigte sich `Amlah 3a als eine runde Struktur (Abb. 43), die von einem Mauerring (Durchmesser 6,5 m) aus unbehauenen Kalksteinblöcken (ca. 20 x 20 cm), ohne erkennbaren Eingang, eingefaßt wird. Die Umfaßungsmauer ist noch eine Steinbreite erhalten, an zwei Stellen fand sich jedoch ein Hinweis darauf, daß sie aus zumindest zwei Schalen bestand. Die innere Fläche war mit großen Flußkieseln gepflastert, die in einem Bett aus kleineren Kieselsteinen verlegt waren, um ein ebenes Bodenniveau zu erhalten.

Der gesamte Bau war auf eine künstliche Aufschüttung gestellt, die aus einer 20 - 50 cm dicken Lage weichen Materials bestand, auf die eine weitere 10 cm dicke Lage aus Kies gesetzt wurde, um einen ebenen Untergrund zu erhalten (Abb. 44). Ein direkt östlich der Umfassungsmauer angelegter 3 x 2 m großer und 0,85 m tiefer Schnitt erbrachte keinen Hinweis auf ältere Strukturen.

Beatrice de Cardi vermutet, daß die starke Störung des Bodens und der Ringmauer im südlichen Bereich auf Steinraub bis auf die Grundmauern zurückzuführen ist, was zugleich das Fehlen von Schutt erklären würde. Möglicherweise diente die Anlage auch als Unterbau für ein Gebäude aus vergänglichem Material, von dem dann natürlich auch nichts mehr erhalten wäre.

Die Erhöhung der Struktur durch eine künstliche Aufschüttung erscheint ihr wegen der Hochwassergefahr nötig, da die Ebene keinen natürlichen Schutz vor Überschwemmung bietet.

Die Konstruktion von `Amlah 3a unterscheidet sich kaum von einem Teil der Gräber, die ebenfalls aus einer (wenn auch stärkeren) Ringmauer aus Kalkstein bestehen, die einen gepflasterten Boden einfaßt [145] - eine Zuweisung als Profanbauwerk erfolgte nur aufgrund des Fehlens der in den Gräbern üblichen Keramik und den großen Mengen Siedlungskeramik. [146]

---

[143] de Cardi, JOS 1, 1975, 110 - 111.

[144] de Cardi, Collier, Doe, JOS 2, 1976, 129 - 137, Abb. 19 - 21.

[145] de Cardi, Collier, Doe, JOS 2, 1976, 109 - 111; Doe, JOS 2, 1976, 166. Zur Konstruktion der Gräber `Amlah 1aa und 2a vgl. de Cardi, Collier, Doe, JOS 2, 104 - 109, Abb. 5 - 7.

[146] de Cardi, JOS 1, 1975, 111.

Bei `Amlah 4 handelt es sich um eine große Anlage, bestehend aus einer annähernd runden Einfassung mit einer Plattform an der südöstlichen Seite und einem Komplex aus rechteckigen Strukturen, die ein Areal von etwa 80 x 70 m einnimmt (Abb. 45).

Die Ausmaße der Ringmauer aus bis zu 1 m großen Felsblöcken betragen 30 m in Nord-Süd- und 27 m in Ost-West-Richtung. Der Bereich innerhalb des Mauerrings ist bis auf eine Höhe von 3 m aus einem Gemisch aus Erde, Kies und Stein gefüllt. Die Ausgrabung im Nordostbereich konnte allerdings nicht klären, ob es sich bei dem Hügel um eine natürliche Gegebenheit oder eine künstliche Aufschüttung handelt. [147]

Südwestlich der eben beschriebenen Anlage sind eine Reihe von rechteckigen (Räume und Höfe?) Grundrissen (zwei Anlagen mit 15 x 24 und 14 x 13 m) und eine halbkreisförmige Struktur erkennbar, die im Nordwesten von einer ca. 40 m langen Mauer begrenzt werden. Leider wurde dieser Bereich nicht eingehender untersucht, so daß es sich bei dem veröffentlichten Grundriß um kaum mehr als eine Skizze handelt. Während der kurzen Testgrabung konnte nur festgestellt werden, daß die ungefähr 70 cm dicken, nur noch aus einer Steinlage bestehenden Mauern direkt auf dem gewachsenen Boden errichtet wurden. Möglicherweise handelt es sich hierbei um Fundamente für Lehmziegelwände, ohne daß diese nachzuweisen gewesen wären. [148]

Kann die Rundstruktur trotz fehlender eindeutig datierbarer Keramik oder Kleinfunde zeitlich in das 3. Jt. eingeordnet werden, so kann ein Zusammenhang zwischen der rechteckigen Anlage und dem Rundgebäude bzw. den Gräbern oder den Siedlungsarealen von `Amlah 3 bisher nicht angenommen werden. [149]

Auf der westlichen Wadiseite liegt `Amlah 5b, eine Anlage mit unregelmäßigem Grundriß, die in etwa `Amlah 4 ähnelt. Auch sie ist aus Flußsteinen errichtet, die an einigen Stellen noch vier Lagen hoch anstehen. [150] Auch von `Amlah 5b liegt nur eine grobe Skizze vor (Abb. 46), die Datierung ist nicht gesichert.

Etwa in der Mitte der Siedlung befindet sich eine Kombination aus Rund- und Rechteckstruktur (`Amlah 11, Abb. 47). Die erhaltenen Fundamentmauern bestehen aus kleinen Flußsteinen und roh bearbeiteten Steinen. Die Rundstruktur hat einen Durchmesser von ca. 10 m und in ihrem Inneren möglicherweise Reste einer weiteren kleineren Rundstruktur. Die sich im Südosten anschließenden langrechteckigen Fundamentstrukturen fassen ein Areal von

---

[147] de Cardi, Collier, Doe, JOS 2, 1976, 113, Abb. 11 - 12.

[148] de Cardi, Collier, Doe, JOS 2, 1976, 111 - 114; Doe, Monuments, 69 - 70, 79 - 80.

[149] Aufgrund äußerer Merkmale, wie z. B. die Plattform (vgl. Bat) oder der inneren Aufschüttung (vgl. Firq) erscheint diese Datierung durchaus wahrscheinlich. Doe, Monuments, 80 spricht sich gegen eine Zeitgleichheit von Rundgebäude und den rechteckigen Strukturen sowohl bei `Amlah 4 als auch 11 aus. Er datiert die rechteckigen Strukturen jünger, nämlich in das 1. Jt., ohne diese Datierung jedoch zu begründen.

[150] de Cardi, Collier, Doe, JOS 2, 1976, 115.

etwa 10 x 6 - 8 m ein. [151] Als Datierung dürfte aus den oben genannten Gründen ebenfalls das 3. Jt. anzunehmen zu sein.


## II.2.24 al-Ligma

1997 wurde während der Grabungsarbeiten am späteisenzeitlichen Friedhof
von al-Fueda in der Nähe von `Amlah ein weiteres Rundgebäude der Umm
an-Nar-Zeit entdeckt. Es weist einen Durchmesser von etwa 30 m auf und
ähnelt den entsprechenden Gebäuden in `Amlah. [152]


## II.2.25 al-Ghubra

Der Fundort al-Ghubra wurde bereits Mitte der 70er Jahre von Humphries
entdeckt (BB-6) und aufgrund der Oberflächenkeramik dem 3. Jt. zugeordnet. Er beschreibt den Fundort als eine Siedlung von etwa 500 m Durchmesser, die sich an der höchsten Stelle weniger als 1 m über die gegenwärtige
Ebene erhebt. Weiterhin erwähnt er die Existenz von Steinfundamenten für
Häuser und Fundamentreste einer Mauer im Nordosten, die die Siedlung eingefaßt haben könnte. [153]
    Das Team von B. de Cardi besuchte den Platz kurze Zeit später. In sei-
nem "Gazeteer" verzeichnet Doe einen 1,5 - 2 m hohen Hügel, auf dem eine
Struktur aus behauenen Steinen liegt, ohne jedoch eine Skizze zu veröffentli-
chen. Die Struktur ist rund und besteht aus einer zweischaligen Mauer (0,9 m
breit) mit einer 2,7 m breiten Öffnung im Westen. [154]
    Die in jüngster Zeit von der University of Birmingham durchgeführten
Magnetometervermessungen (Abb. 48) verdeutlichen immerhin soviel, daß
es sich um die eingestürzte Basis eines Turmes mit einer weiteren runden
Struktur (Brunnen?) an der höchsten Stelle handelt. Umgeben war diese Anlage von einem komplexen System von Gräben sowie von einer rechteckigen
Einfassung. In der Umgebung des Turmes verteilen sich Reste von Hausplattformen ohne bestimmtes System, die möglicherweise wiederum jeweils von
einem eigenen Graben umgeben sind. [155] Die Anordnung eines runden Gebäudes, das von einer rechteckigen Einfassung umschlossen ist, findet sich auch
in Bid4 wieder.


## II.2.26 Wihi al-Murr

Auf einer Ebene, 4 km südwestlich von Bahla, befindet sich die Kreisanlage
von Wihi al-Murr. Die Anlage mit einer Ost - West-Ausdehnung von etwa 20

---

[151] Doe, JOS 2, 1976, 166; Doe, Monuments, 80.

[152] Yule, Weisgerber, in Vorbereitung.

[153] Humphries, PSAS 4, 1974, 50 u. 62.

[154] Doe, JOS 2, 1976, 162, Site 33.

[155] Orchard, Iraq 56, 1994, 82.

m und einer Nord-Süd-Ausdehnung von 21 m besitzt eine Ringmauer aus
großen unbearbeiteten Felssteinen. Innerhalb der Anlage, ca. 4,5 m von der
Westseite der Ringmauer entfernt, liegt ein kleinerer Kreis (Durchmesser 4
m). 1,5 m östlich dieses kleineren Kreises war eine rechteckige Zisterne in
einen natürlichen Felsvorsprung geschlagen worden (Abb. 49). [156]

## II.2.27 Bisya

Bereits Mitte der 70er Jahre durchgeführte Surveys im Wadi Bahla zeigten
ein über mehrere Kilometer ausgedehntes Siedlungsareal, das dem 3. Jt. zuzuordnen ist. Es erstreckt sich von den Außenbezirken der Oase Bisya in die
nördlich und westlich gelegenen Bezirke von Sallut und östlich bis in die
Umgebung von az-Zabi (Abb. 50), wobei sich die bedeutendsten Monumente
auf vier Hügeln östlich und nordöstlich dieses Dorfes gruppieren. [157]

Jabal Sulaymân `Alî (b) (Abb. 51):
Die gesamte Kuppe dieses schmalen ovalen Hügels war im 3 Jt. von einer
Plattform mit einer doppelschaligen Mauer bedeckt. Der Durchmesser der
noch erhaltenen Ringmauer beträgt 32 m von Nordwesten nach Südosten und
30 m von Südwesten bis zur erodierten Fläche des Nordosthangs.
Die Ringmauer ist aus grob quadratischen (ca. 40 x 40 cm) Blöcken in
Läuferverband errichtet, die beiden Schalen sind durch einen weniger als 0,5
m großen Hohlraum voneinander getrennt. Den Kern der Plattform bildete
eine Füllung aus Bruchsteinen, zusätzlich verstärkt durch stei-nerne Innenwände, von denen noch Reste erhalten sind.
Am südöstlichen Abhang von Jabal Sulaymân `Alî (b) befinden sich
Reste einer Mauer, die den Eindruck einer halbterrassenartigen Struktur vermittelt. Diese Struktur und zum Teil verschüttete Mauerreste deuten eventuell
auf eine Rampe oder eine Treppenkonstruktion hin. Die Mauer steht noch
etwa 1,80 m hoch an und besteht aus Blöcken, die in Läufertechnik verlegt
sind. Die verbauten Blöcke sind etwa 30 cm hoch und 80 cm lang. [158]
Obwohl keine Keramik gefunden wurde, steht eine Datierung dieses
Komplexes in das 3. Jt. aufgrund der Beschaffenheit seines Mauerwerks und
seiner Konstruktionstechnik außer Frage. [159]

---

[156] Doe, JOS 2, 1976, 163; Doe, Monuments, 68.

[157] 1973 und 1975 war das Harvard Archaeologcal Survey in dieser Gegend tätig. Es ver-
zeichnete die Fundorte BB-16 und BB-19 - BB-22 als dem 3. Jt. zugehörig, Humphries,
PSAS 4, 1974, 50; Meadow, Humphries, Hastings, Explorations in Omân, 112 - 113, 120
mit Abb.1; Hastings, Humphries, Meadow, JOS 1, 1975, 12 - 13. 1974/75 führten auch B.
de Cardi und B. Doe im Wadi Bahla Surveys durch (site 37, Zabi), Doe, JOS 2, 1976,
163. Seit 1980 werden die Untersuchungen durch die Universität von Birmingham fortgesetzt, Orchard, Orchard, LIAO 6, 1983, 25 - 26. Die oben genannten Fundstellen werden
heute unter dem Ortsnamen Bisya zusammengefaßt.

[158] Orchard, Iraq 56, 1994, 67, Abb. 3.

[159] Orchard, Iraq 56, 1994, 73. Dieser Fundort entspricht BB-20 bei Humphries, PSAS 4,
1974, 50, bzw. site 37/1 bei Doe, JOS 2, 1976, 163.

Ca. 50 m südlich von Jabal Sulaymân `Alî (b) erhebt sich auf der flachen Ebene eine weitere runde Plattform mit einem Durchmesser von 22 m, deren Ringmauer noch etwa 1,5 m hoch ansteht (Building 1, Abb. 52). An die Anlage sind im Nordosten und Südwesten rechteckige Terrassen gesetzt, die wohl als Zugang dienten. Innerhalb des Rings haben sich Spuren von Mauern erhalten, die rechteckige Räume um einen zentralen Hof bilden und möglicherweise Reste eines früheren Gebäudes sind, das auf der Plattform stand. [160]

Qarn Qantarat Nizwa (Abb. 53):
Dieser längliche Hügel liegt etwa 1 km nordöstlich von ad-Dabi. An seinem südöstlichen Ende finden sich Reste eines Rundturmes, dessen erhaltene Fundamentmauern ein Areal von 25 m Durchmesser einfassen. An die West- und Südseite der Umfassungsmauer schließen Stützmauern an, von denen noch Reste erhalten sind. Der Zugang zu dem Gebäude erfolgte wohl über eine Rampe oder eine Treppe, die von der Ostseite des Hügels nach Südosten verläuft.

Das Trockenmauerwerk aus massiven Kalksteinblöcken ist teilweise noch 1,8 m hoch erhalten. Die Blöcke sind 1 m lang, 0,50 m hoch und 0,8 m breit, erreichen aber vereinzelt auch eine Länge von 2 m; verlegt sind sie als Läufer mit einem gelegentlichen Binder. [161] Die Verstär-kungsmauern im Inneren der Anlage bestehen ebenfalls aus Kalksteinblöcken, es sind aber lediglich die Fundamentsteine erhalten. Die Innengliederung erweckt den Eindruck, als seien Räume / Kammern um einen zentrale, rechteckigen Hof gruppiert. [162]

Qarn Qarhat la-Hwîd (Abb. 54):
400 m östlich der eben beschriebenen Fundstelle befindet sich ein große Erhebung mit drei Kuppen, auf denen sich zahlreiche architektonische Reste erhalten haben. Der größte Komplex liegt auf der Ostkuppe. Es handelt sich dabei um eine terrassierte Anlage, von der nur noch die Fundamentmauern erhalten sind. Die oberste erhaltene Terrasse hat einen Durchmesser von 45 m, die wohl als Unterbau für ein Gebäude diente. Die Fundamentsteine sind etwa 1 m lang, 0,50 m hoch und 0,60 m breit und bestehen aus lokalem Kalkstein. Vom Kern bzw. der Füllung der Terrasse hat sich kaum etwas erhalten, Spuren eines inneren Stützmauersystems sind jedoch erkennbar.

Etwas tiefer gelegen haben sich in einem gleichmäßigen Abstand von 2 m die Mauerreste einer zweiten Terrasse erhalten, die in derselben Technik errichtet wurde. Im Osten baucht diese Mauer etwa 8 m aus, so daß sie dort ein größeres Areal einschließt. Hangabwärts deuten Spuren einer weiteren Mauer auf eine mögliche dritte Terrasse hin. Das Aussehen dieser Anlage entspricht dem ähnlicher Anlagen wie etwa Khutm / a n-Nabaghia bei Bat

---

[160] Humphries, PSAS 4, 1974, 50; Hastings, Humphries, Meadow, JOS 1, 1975, 13; Doe, JOS 2, 1976, 163. Dieser Fundort ist in der Karte von Orchard (Abb. 51) als Building 1 verzeichnet.

[161] Orchard, Iraq 56, 1994, 77, Abb. 8.

[162] Orchard, Iraq 56, 1994, 73, 75. Qarn Qantarat Nizwa entspricht dem Fundort BB-22 des Harvard Archaeological Survey, Hastings, Humphries, Meadow, JOS 1, 1975, 12 - 13 bzw. site 37/3 bei Doe, JOS 2, 1976, 163.

(vgl. S. 36) oder einer weiteren in Bisya (vgl. unten, Jabal Juhêlat).

Neben den Fundamentsteinen zweier kleinerer Türme (Durchmesser 6,20 m bzw. 6,50 m) aus radial verlegten Kalksteinblöcken (0,8 x 0,45 x 0,3 m), konzentrieren sich am südlichen und südöstlichen Abhang sowie östlich der großen Terrassenanlage zahlreiche Reste von Häusern. Dabei handelt es sich um rechteckige Plattformen auf denen einst Gebäude gestanden haben müssen. Diese Plattformen erstrecken sich weiter in die Ebene nördlich des Hügels, sichtbar als niedrige Erhebungen. [163] An einer dieser Hausplattformen am Fuße des Südosthanges von Qarn Qarhat la-Hwîd wurde ein Testschnitt vorgenommen. Er zeigte, daß die Plattform direkt auf einem Graben, der mit sterilem Sand gefüllt war, gründete. Die Verwendung eines derartigen Fundamentgrabens konnte bisher nirgendwo sonst auf der Halbinsel Oman beobachtet werden. [164]

Jabal Juhêlat:
Auf dem nördlichsten der vier Hügel ist eine ähnliche Anlage erkennbar wie auf Qarn Qarhat la-Hwîd, die allerdings sehr stark gestört ist . Lediglich etwa 9 m und 6 m unterhalb der Kuppe sind noch Reste der Fundamentmauer erhalten. Die Blöcke sind in Läufertechnik verlegt und ihre Größe variiert zwischen 0,65 - 1,20 m x 0,60 - 1,10 m x 0,50 - 0,55 m. [165]

Bei BB-16 handelt es sich um ein weiteres Rundgebäude mit einer Mauer aus großen Blöcken, deren Innengliederung der von Qarn Qarhat la-Hwîd vergleichbar ist. [166]

Im nördlichen Bereich von Sallût liegt eine weitere Rundanlage aus großen Steinblöcken. [167] Sie besteht aus zwei Ringmauern, die einen Abstand von 2,5 m zueinander haben (Abb. 55). Der Durchmesser der inneren Ringmauer beträgt 19 m, der der äußeren 24 m. Die Ringmauer steht noch 2 m hoch an. Im Süden schließt eine Plattform an, die 19 m breit und 9 m tief ist. [168]

## II.2.28 Firq

Außerhalb des kleinen Ortes Firq, südlich von Nizwa gelegen, wurden von de Cardi, Collier und Doe die Fundamente zweier Rundgebäude gefunden.

[163] Orchard, Iraq 56, 1994, 75, 77 - 79, Abb. 9 - 10. Hierbei handelt es sich um den Fundort BB-19 bei Humphries, PSAS 4, 1974, 50 bzw. site 37/4 bei Doe, JOS 2, 1976, 163.

[164] Die errichtung von Bauwerken auf Fundamentgräben ist etwa aus Mesopotamien oder Bahrain bekannt. Orchard verweist jedoch darauf, daß diese unpraktische Methode mit religiösen Vorstellungen (Reinigungszeremoniell) verbunden sein muß. Der Testschnitt ist allerdings zu klein, um eine verbindliche Aussage zuzulassen, weitere Untersuchungen sind angekündigt, Orchard, Iraq 56, 1994, 79 mit Anm. 31.

[165] Orchard, Iraq 56, 1994, 79.

[166] Humphries, PSAS 4, 1974, 50.

[167] Auf der Karte von Orchard sind im Bezirk von Sallut drei Rundgebäude eingezeichnet (vgl. Abb. 51). Möglicherweise handelt es hier um das nördlichste der drei.

[168] Doe, JOS 2, 1976, 164.

Etwa 1 km östlich von Firq liegt die kleinere der beiden Strukturen. Sie hat einen äußeren Durchmesser von 20 m und ist noch 2 m hoch erhalten. Der Mauerring besteht aus großen unbearbeiteten Felsblöcken (zum Teil mit über 1 m Durchmesser), das Innere ist mit Lehm und Geröll bis auf eine Höhe von ca. 1 m aufgeschüttet.

Die Ringmauer des zweiten Bauwerks, direkt südlich von Firq, ist aus großen unbehauenen Steinblöcken errichtet und steht, abgesehen von einer Störung an der Nordseite ebenfalls noch 2 m hoch an. Der äußere Durchmesser ist jedoch mit 28 m deutlich größer und der innere Kern erhebt sich 7 m über das Bodenniveau (Abb.56).

Weitere 200 m südlich liegen einige Kies- und Geröllanhäufungen, die eventuell auf Reste einer Siedlung hinweisen.[169]

Eine exakte Datierung über Keramikfunde ist nicht möglich, da sie fehlen bzw. neueren Datums sind. Die Konstruktion der Bauten spricht aber für eine Datierung in das 3. Jt.

## II.2.29 Rawdah

Südlich des Dorfes Rawdah liegt ein aus großen, unbearbeiteten Felsen errichteter Rundbau auf einem niedrigen natürlichen Hügel. Die Anlage hat eine doppelte Ringmauer, der Durchmesser der inneren Ringmauer beläuft sich auf 20 m, der Abstand zwischen beiden Ringmauern beträgt 3 m. Das Innere der Ringmauer ist bis auf eine Höhe von etwa 2 m mit Lehm und Steinen aufgefüllt, darauf sind Reste zweier kleiner halbkreisförmiger Strukturen aus Kieseln erkennbar. Im Norden und Westen der äußeren Ringmauer schließen sich zwei kleinere Steinkreise an, die einen Durchmesser von etwa 3 - 4 m haben (Abb. 57).[170]

## II.2.30 Andam

Im Wadi Andam wurden durch das Harvard Archaeological Survey mehrere Siedlungspätze lokalisiert: Andam 1, 16, 19 und 28. Auf der etwa 1200 m² großen Siedlungsfläche von Andam 1 sind jedoch nur zwei oder drei sehr schlecht erhaltene rechteckige Strukturen oberirdisch sichtbar (Abb. 58). Gebäudereste von Andam 28 erstrecken sich dichtgedrängt über etwa 250 m Länge entlang eines Seitenkanals des Wadi Andam. Die Zahl der Gebäude dürfte sich auf weniger als 20 belaufen.[171] Genauere Aussagen zur Architektur können ohne Grabung nicht gemacht werden.

---

[169] Doe, JOS 2, 1976, 159 - 160; Doe, Monuments, 67; Orchard, Iraq 56, 1994, 82.

[170] Doe, JOS 2, 1976, 161; Doe, Monuments, 67 - 68.

[171] Meadow, Humphries, Hastings, Explorations in Omân, 1 13 - 114.

## II.2.31 Bilad al-Ma`idin

Der Verhüttungsplatz von Bilad al-Ma`idin liegt etwa 25 km nördlich von Maysar (Abb. 60) und ist durch Schlackehalden der islamischen Kupferverarbeitung gekennzeichnet. Daneben weisen aber Gräber auf eine Nutzung in der Eisenzeit hin und aufgrund von Keramikfunden konnte eine große bronzezeitliche Siedlung identifiziert werden.

In dem Siedlungsareal wurden drei Schnitte gelegt. Der erste Schnitt im sog. Haus 1, einem oberirdisch sichtbaren rechteckigen Steinbau mit Anbauten, erbrachte weder einen Begehungshorizont, noch ließen die Funde eine Funktionszuweisung zu. Schnitt 3 wurde durch das sog. Haus 2 gelegt. Hier konnten eindeutig zwei Phasen festgestellt werden. Schicht 1 ist repräsentiert durch die an der Oberfläche sichtbaren Mauern, ein zugehöriger Begehungshorizont fehlt jedoch. Der Begehungshorizont von Schicht 2 ist identisch mit dem gewachsenen Boden in etwa 0,5 m Tiefe und gekennzeichnet durch mehrere steingesetzte Feuerstellen. [172]

## II.2.32 Maysar

Bereits 1973 und 1975 waren im Wadi Samad durch das Harvard Archaeological Survey erste Untersuchungen angestellt worden, die Hinweise auf eine Siedlung (S5) in Verbindung mit Kupferverarbeitung lieferten. [173]
Die anschließenden intensiven Forschungen im Tal von Maysar durch das Deutsche Bergbaumuseum Bochum in den Jahren 1977 - 81 brachte eine Reihe weiterer wichtiger Ergebnisse. So konnte die Anzahl der Fundstellen (Abb. 59 u. 60) erheblich erweitert und durch die Grabungen in M1 (das frühere S5), der ungenaue Surveyplan der Briten korrigiert werden. [174]

Das Siedlungsareal von M1 gliedert sich in drei Teilbereiche. Die Hauptsiedlung mit einer Fläche von etwa 90 x 300 m wird durch ein Nebenwadi des Wadi Samad von der Nordsiedlung und durch eine rezente Piste von der Westsiedlung getrennt, von der allerdings kaum mehr als Reste einer langen Mauer erhalten war. Zusätzlich sind die Tagebaugruben M2 und der Friedhof M3 der Siedlung M1 zuzuordnen (Abb. 61).

Bis zur Einstellung der Grabungen 1981 wurden insgesamt sieben Häuser / Hauskomplexe an- bzw. ausgegraben. Die zum Teil oberirdisch noch sichtbaren Fundamentmauern dieser Häuser bestehen aus Schalenmauerwerk mit einer Füllung aus kleinen Steinen, Keramik, Schlacke oder Ofenbruch. Des öfteren wurden die Fundamentmauern zur Nivellierung des Bodens auch direkt auf Schlacke und Ofenbruchstücke gebaut (vgl. unten M1:31). [175]

---

[172] Kroll, Bilad al-Maaidin, Der Anschnitt 33, 1981, 209 - 210.

[173] Hastings, Humphries, Meadow, JOS 1, 1975, 12; Meadow, Humphries, Hastings, Explorations in Omân, 116 - 117.

[174] Vgl. Hastings, Humphries, Meadow, JOS 1, 1975, 19, Abb. 5 mit Weisgerber, JOS 6, 1983, 273, Abb. 2.

[175] Weisgerber, Der Anschnitt 32, 1980, 79.

Bei Haus M1:1 handelt es sich um einen langrechteckigen Raum von 5 x
7,30 m, der an der Ecke der Schmalseite von Norden her zugänglich war. Die
erhaltenen Mauerstümpfe waren bis zu 0,4 m in den Boden eingetieft und so
sorgfältig ausgeführt, daß sie fast im rechten Winkel zueinanderstehen.

An diesen Raum schließt sich eine 5,20 m lange Hofmauer an, zu der
nach einer kurzen Unterbrechung eine weitere, weniger gut fundamentierte
Mauer quer verläuft. Innerhalb des Raumes fand sich die ovale Plattform
eines Schmelzofens, die aus geglätteten Geröllsteinen errichtet worden war,
zwei Gruben mit Schlackeresten, Holzkohle und Wandungsfragmenten eines
Ofens, ein mit Mauerwerk eingefaßter Werkplatz und Feuerstellen im Hof.
Neben diesen Installationen sprechen die Funde aus M1:1 (Amboßstein,
Schlacke- und Kupferreste, Holzkohle usw.) für die Ansprache des Gebäudes
als Werkstatt eines Kupferschmiedes. Da sowohl die Mauern als auch die Installationen direkt auf oder im Wadikies errichtet worden waren, ist für dieses
Gebäude eine einzige Nutzungsphase anzunehmen. [176]

Am östlichen Rand der Hauptsiedlung, auf einem ca. 30 m langen und 1,5 m
hohem Hügel liegt Haus M1:3, das an der Ostseite so stark erodiert ist, daß
kaum Aussagen über den Grundriß des Bauwerks gemacht werden können.
Die Oberfläche der niedrigen Erhebung war mit einer Packlage aus mittelgroßen Steinen versehen worden, auf die eine Lage harten Stampflehms aufgetragen wurde, um einen ebenen und festen Begehungshorizont zu erhalten.
In kurzer Entfernung dazu verläuft eine sorgfältig gefügte, in Lehm verlegte
Steinmauer, die sich von den ansonten üblichen Fundamentmauern durch ihre
sorgfältige Ausführung unterscheidet. Aufgrund des Versturzes schätzt Weisgerber ihre urprüngliche Höhe auf mindestens 1,40 m und nimmt an, daß darauf noch Lehmmauerwerk saß.

Der wichtigste Befund von M1:3 ist ein Brunnen im östlichen Abhang
zum Wadi hin, dessen wadiseitige Wand um etwa 70 cm erodiert ist. Die Ge-
samttiefe des Schachts beträgt 14,20 m. Die obersten 2,5 m des Brunnens
sind aus großen Steinen in Trockenmauerwerk errichtet; der unterste, fundie-
rende Mauerrring besteht aus fünf langen, fünfeckig angeordneten Steinen
und führt durch den Wadikies. Es folgen 7,5 m lehmiger Wadigrund bis die
Brunnenröhre den gewachsenen Felsen erreicht. Obwohl der Brunnenquer-
schnitt nicht regelmäßig und lotgerecht verläuft, ist er doch annähernd senk-
recht. In einer Tiefe von 13,20 m wurde der Schacht an seiner Südseite erweitert, um das Fassungsvermögen zu steigern. Alle bedeutenden und für die
Datierung des Gebäudes wichtigen Funde stammen aus diesem Brunnen. [177]

M1:4 ist ein großer Gebäudekomplex mit ca. 29 m Seitenlänge, von dem allerdings nur noch die Nord- und Ostmauer erhalten war. Die Stärke der Schalenmauer beträgt 1,40 m. Die Steine sind in Lehmmörtel verlegt und auch die
Füllung zwischen beiden Schalen besteht aus Lehm, eine Konstruktionstechnik, die bisher von keinem anderen Gebäude in M1 bekannt ist.

---

[176] Weisgerber, Der Anschnitt 32, 1980, 82; Weisgerber, Der Anschnitt 33, 1981, 192.

[177] Weisgerber, Der Anschnitt 32, 1980, 82 - 86; Weisgerber, AVA - Beiträge 2, 73; Weisgerber, JOS 6, 1983, 270.

Wegen der starken Mauer und der Größe des umbauten Raumes von 11 x 17 m wird es sich wohl um einen Hof handeln. Die in der Südwestecke nachgewiesene Treppe diente vielleicht als Zugang zu einem Turm. Die Ausgrabung konnte für diesen Gebäudekomplex zwei Besiedlungsphasen nachweisen:

Die jüngere Phase umfaßt eine ca. 0,25 m dicke Schicht aus Sand und Lehm, die das Gebäude im Inneren bedeckte, und den dazugehörigen Begehungshorizont. Die meisten Funde stammen aus dieser jüngeren Phase. Diese Sedimentschicht und die Mauern überlagern die ältere Phase, die durch zahlreiche Feuerstellen auf dem Wadikies und einem Backofen repräsentiert wird. [178]

Die in M1:4 gefundene Zisterne mit einem kleinen Graben als Zulauf ist chronologisch interessant, da in ihrer Wandung bearbeitete Steine der frühen Umm an-Nar Gräber verbaut waren und solche Steine auch als Abdeckung des Zulaufs dienten. Leider wird aus dem Grabungsbericht nicht ersichtlich, welcher Phase diese Installation zuzurechnen ist.

Die Funktion dieses Komplexes ist nicht gesichert, die zahlreichen Installationen (Feuerstellen, Öfen, Werkplätze) und Funde (Kupferbarren) deuten aber auch hier auf handwerkliche Nutzung hin. Dennoch wird es sich bei M1:4 nicht um ein "Haus" gehandelt haben, sondern um einen eingefriedeten Hof, da die zahlreichen Feuerstellen und Öfen eine Überdachung nicht wahrscheinlich erscheinen lassen. [179]

Die Grabung in M1:5 erbrachte keinen klaren Grundriß, da auch dieses Gebäude stark gestört ist. Es konnte lediglich geklärt werden, daß es auf einem flachen Buckel aus Wadikies errichtet worden war und auch einige Feuerstellen vorhanden waren. Auch für dieses Bauwerk ist eine industrielle Nutzung anzunehmen, da zwei flache, in den Wadikies eingetiefte, durch Feuer verfärbte Mulden auf die Existenz von Schmelzöfen hinweisen. [180]

Haus M1:6, durch eine 3 m breite Straße von M1:1 getrennt, war das erste mehrräumige Gebäude, das wenigstens zum Teil ausgegraben wurde und bei dem zum ersten Mal zwei Bauphasen an den Gebäuderesten selbst zu Tage kamen. Diese Zweiphasigkeit konnte an fast allen Mauerresten nachgewiesen werden: Eine ältere Mauer war bis auf die Füllung der Schalen abgetragen worden, und auf dieses kleinsteinige Material waren die jüngeren Mauern errichtet worden, wobei die jüngeren Fundamentmauern, zumindest in den westlichen Räumen, durch eine leichtere, weniger sorgfältige und unregelmäßigere Bauweise gekennzeichnet sind. Wie in fast allen übrigen Gebäuden in M1 waren auch in M1:6 Spuren von metallurgisch-handwerklicher Tätigkeit zu erkennen. So fanden sich etwa im nordöstlichen Raum eine große ovale Feuerstelle mit Ofenbruch, Kupferschlacke und Asche sowie weitere kleinere Feuerstellen zwischen denen ein Amboß- und ein Hammerstein lagen. Der handwerklich genutzte Teil des Raumes, war durch eine kurze

---

[178] Weisgerber, Der Anschnitt 32, 1980, 88; Weisgerber, AVA - Beiträge 2, 73; Weisgerber, Der Anschnitt 33, 1981, 192.

[179] Potts, Arabian Gulf, 101.

[180] Weisgerber, Der Anschnitt 33, 1981, 192, 208.

Stichmauer vom übrigen Bereich abgetrennt. Zwischen den beiden Westräu-
men konnte erstmalig für M1 eine Türöffnung beobachtet werden. Ihr Fundament war ausgespart worden und mit dicken Steinen begrenzt. [181]

Bei M1:28 handelt es sich um ein weiteres, durch Steinraub und Erosion so
stark gestörtes Gebäude, daß die Grabung hier eingestellt wurde. Der Befund
bleibt somit unklar. [182]

Der Grundriß von M1:31 ist wie der von M1:1 ein langrechteckiger Raum,
der von starken Mauern umschloßen wird, jedoch mit seinen etwa 100 m²
größere Ausmaße aufweist. Eine der Mauern ist, vielleicht als eine Art Hof-
grenze nach Norden hin, verlängert; der Eingang befindet sich zwischen dieser Hofmauer und der dazu rechtwinkelig verlaufenden. Innerhalb des Gebäudes konnten zwei Phasen nachgewiesen werden, wobei es sich bei der ersten und älteren Phase wiederum um eine Werkstatt gehandelt haben muß. 34
Feuerstellen, direkt auf dem Wadikies gelegen, sowie in den Kies eingelasse-
ne Gruben und ein ebenfalls eingelassenes Gefäß bestätigen dies. Dieser ersten Phase konnte keine Bebauung zugewiesen werden, es bleibt aber ungeklärt, ob das auf einen zu kleinen Untersuchungsausschnitt zurückzuführen
ist oder wirklich keine Bebauung vorhanden war.
	Eine Funktionszuweisung für die zweite Nutzungsphase von M1:31
kann nicht vorgenommen werden, da keine aussagekräftigen Funde bzw. Befunde zu Verfügung stehen. So ist etwa unklar, ob ein Mauersockel, der in
das Hausinnere ragt, als Treppe anzusprechen ist. Die Grabung machte aber
deutlich, daß nach Einebnung der älteren Schicht mit Lehm, die Abfallpro-
dukte dieser ersten Phase (Schlacke, Ofenbruchstücke, Fragmente von Guß-
tiegeln und -formen) sowohl zur Fundamentierung als auch zur Füllung der
Fundamentmauern der zweiten Phase verwendet wurden. [183]

Das Haus M1:20 liegt in der sog. Nordsiedlung. Aufgrund der zahlreichen
und interessanten Oberflächenfunde wurde hier eine kurze Grabung durchgeführt, die allerdings lediglich erkennen ließ, daß das schlecht erhaltene Gebäude in etwa dem Grundriß von M1:1 und M1:31 entspricht. Die Funde, wie
Töpferofen und Halbfabrikate von Steingefäßen legen eine Deutung von M1-
Nord als ein weiteres Handwerkerviertel nahe. [184]

Der Siedlungsplatz M6:
Bei M6, ca. 1 km südwestlich von M1 gelegen, handelt es sich um einen 0,5
m hohen, leicht ovalen Hügel mit einem Durchmesser von 20 m. Da sich das
Oberflächenmaterial (Keramik, Seemuscheln, Flint, aber keine Schlackenreste oder Ofenbruch) deutlich von M1 unterschied, wurde in M6 eine kurze

---

[181] Weisgerber, Der Anschnitt 33, 1981, 193.

[182] Weisgerber, Der Anschnitt 33, 1981, 195.

[183] Weisgerber, Der Anschnitt 32, 1980, 88 - 89; Weisgerber, Der Anschnitt 33, 1981, 196;
Weisgerber, JOS 6, 1983, 271.

[184] Weisgerber, Der Anschnitt, 32, 1980, 89; Weisgerber, Der Anschnitt 33, 1981, 194 -
195.

Testgrabung unternommen, da eine andersgeartete Funktion zu erwarten war.

Insgesamt konnten vier deutlich stratifizierbare Bauphasen festgestellt werden, in denen jeweils kleine, rechteckige Räume (3 - 6 m²) gebaut wurden. In den beiden ersten Phasen wurden Lehmziegelmauern (Ziegelmaß: 25 x 15 x 5 cm) auf einem einfachen Geröllfundament errichtet oder an der Außenseite verblendet. Die Lehmziegelmauern der beiden jüngeren Phasen waren fast überall mit Steinen verblendet, zusätzlich errichtete man nun auch Steinmauern. Statt eine Fundamentierung zu verwenden, wurden die Mauerzüge dem Gelände bzw. der vorhergehenden Bebauungsphase angepaßt. Brandspuren in der untersten und obersten Phase der Siedlung deuten auf eine Zerstörung hin.

Die gefundene Keramik spricht für eine zeitliche Gleichstellung von M6 und M1. Zahlreiche Tierknochen, die eindeutig als Nahrungsreste zu deuten sind, dürften trotz der Vorläufigkeit dieses Befundes die oben genannte Vermutung bestätigen, daß es sich bei M6, im Gegensatz zu M1, um eine reine Wohnsiedlung handelte. [185]

Rundgebäude M25:
1 km südwestlich von M1 liegt auf einem natürlichen Felssporn errichtet das Rundgebäude M25, das in den Kampagnen 1980 und 1981 untersucht wurde (Abb. 62). [186]

Das Bauwerk, das direkt über zwei Hafit-Gräbern errichtet worden war, besteht aus einer sorgfältig ausgeführten zweischaligen Ringmauer. Das Fundament bilden riesige Steinblöcke, die zusätzlich in einen künstlich in den Fels gehauenen Graben gesetzt sind. Die Mauerstärke schwankt, teilweise beträgt sie bis zu 1,60 m, und an der Innenseite ist die Mauer nicht immer abgerundet. Der äußere Durchmesser der Anlage beträgt 21,60 m, der innere 17,70 m, so daß sie eine Fläche von 237,60 m² umfaßt. An den höchsten Stellen steht sie noch bis zu 3 m an, während sie etwa im Nordosten nur eine Höhe von 0,6 m aufweist.

Das Mauerwerk selbst ist sorgfältig von unten nach oben aufgemauert. Auch im Inneren sind die Steine sorgfältig in Lehm vermauert. Die an der Maueraußenseite zu erkennenden Fugen oder Baunähte haben keinen stratigraphischen Charakter, sondern sind bautechnischen Ursprungs. Die Unregelmäßigkeit des anstehenden Felsens machte bestimmte Ausgleichsschichten bzw. verschiedene Steinhöhen oder Mauerlängen nötig.

Die unebene Oberfläche im Inneren der Anlage war 2 m hoch mit Geröll, Steinen und Lehmziegeln gefüllt und anschließend mit Stampflehm nivelliert worden, ohne wirklich ein einheitliches Niveau zu erreichen. Im Norden befindet sich ein Rechteckbau, der aus drei Räumen be-steht und dessen Lehmziegelmauerwerk auf Steinfundamente gestellt ist. Der größte Raum im Westen ist mit den beiden kleineren durch eine kleine Treppenanlage verbunden, da sie auf einem niedrigeren Niveau liegen. Dieser Raum wurde direkt über dem planierten Grab M25:1 auf einer 10 - 15 cm dicken Lehmschicht mit einer Lage dickerer Steine errichtet. Seine schlecht erhaltene Ost-

---

[185] Kroll, Maysar -6 Der Anschnitt 33, 1981, 205.

[186] Weisgerber, Der Anschnitt 32, 1980, 94 - 95, Abb. 58 - 60; Slotta, Der Anschnitt 33, 1981, 198 - 204.

mauer dagegen sitzt in ihrem Nordteil direkt auf dem gewachsenen Fels auf. Türdurchlässe fanden sich im Nordbereich der Ost- und Westmauer. Die Tür-schwelle des auf die Freifläche führenden Durchgangs in der Westmauer war noch erhalten - sie bestand aus Lehmziegeln, während die Türe der Ostmauer den Zugang zu den beiden tieferliegenden Räumen über eine 1 m breite und vierstufige Treppe (Stufenhöhe 10 - 15 cm) ermöglichte. Die Südmauer er-reicht wegen des Gefälles eine Höhe von 0,50 m. Die kurzen, nach Norden reichenden Stichmauern bilden zwei kleine Räume, die nach Norden hin of-fenstehen. Auch von diesen Räumen aus war die Freifläche zu erreichen, wie eine noch erhaltene Türschwelle zeigt. Im direkten Anschluß an das Gebäu-de, annähernd im Zentrum der Anlage, befindet sich ein Brunnen, der von einem rechteckigen Podest aus großen Steinblöcken umschlossen war. Die obersten 2,80 m des Schachts sind aus Steinen aufgemauert, die auf über 1 m langen Quadern ruhen. Die Brunnenröhre, deren Weite schwankt, war dann bis in eine Tiefe von knapp 14 m in den gewachsenen Fels geschlagen und zu einem späteren Zeitpunkt noch etwa einen weiteren Meter nachgeteuft wor-den. [187] Unmittelbar südwestlich des Brunnenpodests befindet sich ein mit Lehm ausgestrichenes Wasserbecken, bei dem es sich wohl um eine Viehtränke handeln dürfte.

Für eine weitere Baulichkeit im Inneren der Anlage war Grab M25:2 zum Teil eingeebnet worden. Hatte man im Norden und Osten die Steine des Grabes weitgehend belassen, um sie als Fundament für Lehmziegelmauern zu verwenden, waren die Süd- und Westmauern des Grabes bis auf die unter-ste Steinlage abgetragen und mit Stampflehm bzw. mit fast quadratischen Lehmziegeln (ca. 36 x 40 cm) bedeckt worden.

Die noch erhaltene Mauer des Bauwerks besteht aus kleinen, in Lehm verlegten Steinen und befindet sich nicht im Verbund mit der Ringmauer. Diese Mauer geht in eine Lehmziegelmauer (vier erhaltene Lagen) über, die erst nach Ost/Nordost, dann rechtwinklig nach Ost/Südost verläuft und schließlich noch ein kurzes Stück nach West/Südwest abknickt und nur einen kleinen Raum umschließt.

An der nördlichen Außenseite der Ringmauer schließt sich ein Vorbau, vielleicht eine Art Rampe an. Dieser Vorbau besteht aus zwei in Lehm ver-legten Bruchsteinmauern, die auf den natürlichen Felsen aufgesetzt sind und stumpf an den Mauerring der Anlage stoßen. Der Zwischenraum der beiden Mauern war mit Lehm aufgefüllt und planiert. Nach Norden hin weisen die beiden Mauern so starke Erosionsschäden auf, daß nicht festgestellt werden kann, ob es sich nun um einen befestigten Aufgang oder gar um einen regel-rechten Torbau handelt. Interessant ist jedenfalls, daß die Ringmauer zwi-schen diesen beiden Mauern nicht sonderlich sorgfältig ausgeführt ist, da man von Anfang an davonausging, daß sie an dieser Stelle nicht zu sehen sein wird. [188]

Insgesamt erbrachte die Grabung in M25 nur wenige Funde, die Kera-mik spricht jedoch für eine Gleichzeitigkeit mit M1. Die von den Ausgräbern gewählte Bezeichnung "Fluchtburg" dürfte für dieses Gebäude zutreffend sein.

---

[187] Slotta, Der Anschnitt 33, 1981, 202, Abb. 31.

[188] Slotta, Der Anschnitt 33, 1981, 198 - 204 mit den entsprechenden Abbildungen.

## II.2.33 al-Khashbah

10 km südlich von Maysar liegt der Ruinenkomplex von al-Khashbah oder
auch Lakhsheba (Abb. 60). Das 800 m breite Wadi Samad wird hier von zwei
Türmen flankiert, die einen Durchmesser von 24 m haben. Das Rundgebäude
am nördlichen Wadirand steht noch ca. 1,80 m hoch an, während beim südlichen Rundbau nur noch die Fundamente im Boden erkennbar sind.

Die Besonderheit dieses Fundortes ist ein annähernd quadratisches Gebäude mit den Ausmaßen von 28 x 30 m (Abb. 63), das etwa 300 m südlich
des schlechterhaltenen Südturmes bei al-Hind liegt. Wie die beiden Türme ist
auch dieses Bauwerk aus bis zu 2,0 x 0,65 x 0,45 m großen Steinquadern errichtet und ist zum Teil noch 2 m hoch erhalten. An drei Außenseiten ist die
Mauer durch asymmetrische, 0,5 m starke Vorsprünge unregelmäßig gegliedert. In der Umgebung des Gebäudes wurde ein Türangelstein gefunden, der
mit einem Volumen von ca. 0,5 m³ und einem 25 cm tiefen Loch auf ein
großes Tor in der Anlage hinweist. Leider wurde diese interessante und impo-
sante Anlage bisher nicht näher untersucht und der bisher nur skizzenhaft publizierte Grundriß läßt kaum Aussagen zur Funktion des Gebäudes zu.

Unmittelbar westlich dieses Monumentalgebäudes liegt ein niedriger
Hügel, um den eine Ringmauer aus kleineren Steinblöcken verläuft, die der
von M25 gleicht. Im Wadi zwischen dieser nur schlecht erhaltenen Anlage
und dem quadratischen Komplex sind Reste von Schalenmauern zu erkennen.

Westlich des zuerst beschriebenen Turmes und nördlich des zweiten, erhebt sich ein weiterer Hügel mit Rundmauern.

Über die Oberflächenkeramik sind die beiden ersten Türme und das quadratische Bauwerk zeitgleich, d.h. Umm an-Nar-zeitlich anzusetzen. Bestärkt
wird dieser Ansatz zusätzlich durch die Bearbeitungstechnik der Quadersteine und einige Umm an-Nar-Gräber in der unmittelbaren Umgebung.

In den beiden anderen Rundgebäuden fanden sich keine bzw. nur wenige, wohl islamische, Scherben. Trotz des Fehlens von Keramik kann davon
ausgegangen werden, daß zumindest das westlich des Gebäudes von al-Hind
gelegene Bauwerk diesem zugehörig ist. Dafür spräche die Ähnlichkeit zu
M25 und die zwischen beiden Gebäuden durch das Wadi verlaufenden Mauerreste. Erinnert das Vorhandensein von zwei (möglicherweise vier) Rundgebäuden an andere Siedlungen dieser Zeit, ist das quadratische Gebäude, das
man wohl mit Recht als Monumentalbauwerk ansprechen kann, bisher einzigartig und ohne Parallelen. [189]

## II.2.34 Fath

Auf einem kleinen Hügel bei Fath (Abb. 60) gruppieren sich zahlreiche Bie-
nenkorbgräber. Südlich dieses Hügels befindet sich nach Weisgerber das
Fundament eines Rundturmes. Im Aushub von der Tieferlegung der Oase ge-

---

[189] Weisgerber, Der Anschnitt 32, 1980, 99 - 100; Weisgerber, JOS 6, 1983, 274; Yule,
PSAS 23, 1993, 143; Orchard, Iraq 56, 1994, 82.

fundene Keramik deutet auf eine bronzezeitliche Siedlung hin. [190]


## II.2.35 Ithli

Der im Wadi Ithli gelegene Fundort Ithli 4 ist stark gestört. An der Oberfläche sind nur noch einige wenige rechteckige Strukturen sowie runde Steinkreise erkennbar. [191]


## II.2.36 Khafifah

Der nördlich der modernen Stadt Ibra gelegene Fundort Khafifa ist eine kleine Siedlung von etwa 600 m², die heute durch zahlreiche Seitenarme bzw.
Verzweigungen des Wadi Khafifah gestört ist. [192]


## II.2.37 Ibra

Ibra 2 entspricht mit seinen ebenfalls sehr schlecht erhaltenen Grundrissen
von rechteckigen Gebäuden Andam 28. Die Häuser waren direkt an der Wadikante und auf kleinen Erhöhungen im Wadi selbst errichtet. [193]


## II.2.38 Batin

Bei Ba 1 handelt es sich, wie bei Zahir 2, 3 und Wadi Far 1, um einen Platz
an dem Metall verarbeitet wurde. Gekennzeichnet sind diese Fundstellen
durch Schlackenhalden sowie entsprechende Gerätschaften (Hammersteine,
Amboßsteine). Gebäudestrukturen konnten jedoch an keinem der Orte nachgewiesen werden. [194] Haus- und Terrassenmauern finden sich allerdings beim
„Eisernen Hut" von Batin, 2 km östlich der Oase, wo zahlreiche Umm an-
Nar-Scherben auf eine Datierung in das 3. Jt. hinweisen. [195]


## II.2.39 Tawi Hulays

In Tawi Hulays 1, östlich von Mintirib, haben sich im 1 - 1,5 m hohen Kul-
turschutt nur wenige architektonische Reste erhalten. Der Fundort liegt in un-

---

[190] Leider werden keine näheren Angaben gemacht, Weisgerber, Der Anschnitt 33, 1981, 180.

[191] Meadow, Humphries, Hastings, Explorations in Omân, 113.

[192] Meadow, Humphries, Hastings, Explorations in Omân, 114.

[193] Meadow, Humphries, Hastings, Explorations in Omân, 114, 121, Abb. 2, 127, Abb. 9.

[194] Meadow, Humphries, Hastings, Explorations in Omân, 114, 116 - 117.

[195] Yule, Weisgerber, MDOG 128, 1996, 141.

mittelbarer Nachbarschaft einer modernen Siedlung, was der Grund für den schlechten Erhaltungszustand sein dürfte. [196]

## II.2.40 Ras al-Junayz [197]

Ras al-Junayz liegt auf der östlichsten Landzunge der Arabischen Halbinsel. Von 1981 bis 1984 wurden bei ausgedehnten Surveys im Talkessel von Ras al-Junayz zahlreiche Siedlungsspuren entdeckt, die bis in das Neolithikum zurückreichen. [198] Der bedeutendste Fund dieses Surveys war eine Scherbe mit vier Indus-Schriftzeichen im Gebiet von RJ2, nur etwa 150 m vom Meer entfernt, [199] wo seit 1985 Grabungen durch ein französisch-italienisches Team (Joint Hadd Project) durchgeführt werden.

Im Siedlungsareal von RJ2 konnten drei Siedlungsperioden beobachtet und zum Teil $C_{14}$-datiert werden.

Periode I:
Die früheste Siedlungsphase konnte in einigen Bereichen unter den Gebäuden der Periode II und in einem Testschnitt (TT2) nördlich und westlich (TT1) der eigentlichen Siedlung festgestellt werden. Diese sandig-aschige Schicht weist teilweise eine Stärke von etwa 10 cm auf und ist gekennzeichnet durch Feuerstellen, Gruben und Pfostenlöchern; Keramikoder Kupfergerät fehlt völlig. [200] Die beiden $C_{14}$-Daten für diese Periode liegen grob zwischen 3700 - 3000 v. Chr. [201]

Periode II (2500 - 2300 v. Chr.):
Hauptmerkmal der Periode II ist die Existenz großer Lehmziegelgebäude, von denen bisher sieben freigelegt wurden. [202]

Gebäude 1 (Abb. 64):
Das große Bauwerk (30 x 10 m) besteht aus mindestens 12 Räumen. Die Räume I und II sind relativ klein (Raum I ca. 0,7 x 3 m, Raum II ca. 0,7 x 2

---

[196] Meadow, Humphries, Hastings, Exploration in Omân, 114.

[197] Ras al-Junayz wurde von Sultan Qabus bin Said in Ras al-Jins umbenannt, pers. Mitteilung P. Yule. Da in der Literatur aber bisher die Bezeichnung Ras al-Junayz verwendet wird, wird der alte Name hier beibehalten.

[198] Tosi, EW 31, 1981, 195 - 196. Die ursprünglich 22 kartierten Fundstellen teilen sich folgendermaßen auf: Siedlungen (RJ1 - 4, 7, 8, 10, 13, 18, 19, 21, 22), Gräberfelder (RJ 6, 9, 11, 12, 14, 15, 20) und "Flintsites" (RJ5, 16, 17), Cleuziou, Tosi, Joint Hadd Project 1, 5 - 7. Mittlerweile sind etwa 50 Fundstellen vom Neolithikum bis in die Eisenzeit belegt, Cleuziou, Gnoli, Robin, Tosi, Cachet inscrits, 453.

[199] Tosi, BTA, 105 - 106, Abb. 24.

[200] Cleuziou, Tosi, Joint Hadd Project 2, 11, 13; Méry, Soundings, Joint Hadd Project 2, 27; Cleuziou, Tosi, Joint Hadd Project 3, 1 1.

[201] Cleuziou, Tosi, Joint Hadd Project 3, 11; Cleuziou, Gnoli, Robin, Tosi, Cachets inscrits, 453, Anm. 2.

[202] Pers. Mitteilung S. Cleuziou. Publiziert sind aber bisher nur die Gebäude 1 - 3.

m) und durch Türen mit Raum IV verbunden. [203] An Raum IV schließen sich die Räume V - XI an, die in etwa alle die gleiche Abmessung (ca. 2 x 6 m) aufweisen. Zugänglich waren diese Räume wahrscheinlich über Raum XII, der wohl als eine Art Korridor (2,2 m breit und 15 m lang) diente. [204] Wo der Zugang zu dem Gebäude erfolgte, konnte bisher nicht geklärt werden. Über Raum XVIII ist Gebäude 1 mit Gebäude 2 verbunden und eine weitere Tür findet sich in der Südost-Ecke von Raum XII, die aber später durch den Anbau von Raum XV blockiert wurde. Zwar wurde in Raum VII ein Türangelstein gefunden, ob sich der Eingang aber hier befand, konnte nicht festgestellt werden, da die äußere Lehmziegelmauer in diesem Bereich stark gestört war und auch der Türangelstein nicht mehr in situ lag. [205]

Gebäude 2 (Abb. 64):
Bei Gebäude 2 handelt es sich eigentlich um einen Anbau oder eine Erweiterung von Gebäude 1 an seiner Südostmauer. Wie schon erwähnt, war Gebäude 2 über Raum XVIII mit Gebäude 1 verbunden. Außerdem gelangte man von Raum XVIII in "Raum XIII". Dieser Raum war kurz nach seiner Errichtung mit Lehmziegeln und Steinen aufgefüllt worden, die wahrscheinlich als Unterbau für eine Treppe dienten. Raum III an der Südwestseite des Gebäudes ist durch eine Tür mit Raum XIV verbunden. In einer späteren Phase wurde diese Tür zugesetzt und die äußere Mauer eingerissen, so daß dieser Raum nicht mehr zum inneren Gefüge des Bauwerks gehörte und wohl eher als eine Art Hof diente. Die sich anschließenden Räume XIV, XVI und XVII weisen etwa die gleichen Ausmaße (2,1 x 5,6 m) auf wie Raum III; auch diese Räume sind durch Türen miteinander verbunden. [206]

Eine Besonderheit, die bisher in keiner anderen Siedlung beobachtet werden konnte, sind Topfbestattungen von Säuglingen unter den Fußböden der Gebäude (Raum II, V, VII, XI und XIV, vgl. Abb. 64). [207]

Beide Gebäude sind aus Lagen flacher, nur etwa 8 cm hoher Lehmziegel errichtet, die mit Lehm vermauert wurden. Die für Gebäude 1 verwendeten Lehmziegel (52 x 38 cm) sind etwas größer, als die des Gebäudes 2 (ca. 42 x 32 cm). Die Errichtung derartiger Gebäude ohne steinerne Fundamentmauern ist, abgesehen von den Rundbauten in Hili, für diese Zeit nirgendwo sonst zu beobachten - diese Technik erinnert vielmehr an die eisenzeitlichen Bauwerke in Rumeilah oder H14, so daß hier möglicherweise das bisher älteste Beispiel dieser Art vorliegt. [208]

---

[203] Türschwellen aus Lehmziegel oder Stein fanden sich noch zahlreich in situ, vgl. Abb. 64.

[204] Cleuziou, Tosi, Trial excavation, Joint Hadd Project 1, 9, 11; Cleuziou, Tosi, Joint Hadd Project 2, 1 1 - 12.

[205] Cleuziou, Tosi, Joint Hadd Project 3, 12.

[206] Cleuziou, Tosi, Joint Hadd Project 2, 11 - 12; Cleuziou, Tosi, Joint Hadd Project 3, 11 - 13.

[207] Ob diese, für die Omanische Halbinsel bisher niegends nachgewiesene Bestattungssitte von Außen (etwa Mesopotamien) beinflußt ist, läßt sich nicht klären.

[208] Cleuziou, Tosi, Joint Hadd Project 3, 11.

Westlich der beiden Gebäude wurden fünf parallel verlaufende Mauern freigelegt, die ca. 3 m lang sind und aus deutlich unterscheidbaren Lehm- und
Steinlagen bestehen. Zwischen den beiden nördlichsten Mauern kam ein
großer Herd zutage, die Funktion des Ensembles bleibt jedoch ungeklärt.
Über Fundvergleiche sind diese Mauern mit der letzten Phase von Gebäude 1
und 2 gleichzusetzen.

Gebäude 3:
Südlich von Gebäude 2 wurde ein weiteres Lehmziegelgebäude freigelegt,
dessen Raumabmessungen denen der ersten beiden Gebäude entsprechen. [209]
Wie Gebäude 7 ist wohl auch Gebäude 3 der spätesten Siedlungsphase von
Periode II zuzurechnen. [210]

Die Datierung der Gebäude bzw. der gesamten Periode II erfolgte über die
zahlreichen Kleinfunde innerhalb der Gebäude in die Zeit um 2500 - 2300 v.
Chr. Ursprünglich wurden zwei Siedlungsphasen für diese Periode angenommen, [211] anhand der Keramik und speziell der Importwaren [212] kann jedoch
mittlerweile eine Vierphasigkeit der Periode postuliert werden. [213] Innerhalb
der Stratigraphie finden sich Hinweise darauf, daß die Siedlung möglicherweise nicht ganzjährig genutzt wurde, sondern nur in den Wintermonaten von
Oktober bis März. [214]

Abgesehen von der Bauweise weist RJ2 starke Parallelen zu der Siedlung auf
Umm an-Nar auf. Wie dort können die Gebäude als "warehouses" oder Lagerhäuser angesprochen werden, darauf deutet etwa die Raumaufteilung in
mehrere gleichgroße Räume hin (Raum IV - XI). Nachgewiesen werden
konnte auch handwerkliche Produktion, deren Haupttätigkeit in der Herstellung von Muschelringen (Raum IV - VI, XII) bestand. Weitere Aktivitäten in
Raum IV waren das Bearbeiten von Metall (wenn auch nur
Kaltbearbeitung)und die Herstellung von *khol*, worauf Muschelschalen hindeuten, in denen sich Reste von zerstoßenem Manganerz erhalten haben. Ein
großer Ofen ist in Raum XV belegt, es wurde jedoch kein Hinweis auf die
Art seiner Verwendung gefunden. [215]
    Daß RJ2 eine Küstensiedlung ist, spiegelt sich auch in den materiellen

---

[209] Cleuziou, Tosi, Joint Hadd Project 3, 13.

[210] Cleuziou, Gnoli, Robin, Tosi, Cachets inscrits, 457 - 458.

[211] Cleuziou, Tosi, Trial excavation, Joint Hadd Project 1, 9, 11. Bereits nach der 2. Kampagne wies Pracchia, Joint Hadd Project 2, 31, darauf hin, daß "Instead of just two suc-
cessive phases ... the building history consists of much more stages."

[212] Méry, Ceramics, Joint Hadd Project 2, 41 - 42.

[213] Cleuziou, Tosi, Joint Hadd Project 3, 13.

[214] Pracchia, Joint Hadd Project 2, 31; Cleuziou, Gnoli, Robin, Tosi, Cachets inscrits, 454.
Diese Annahme könnte durch die Beobachtung unterstützt werden, daß heute noch die
Bewohner von Ras al-Junayz zu bestimmten Zeiten ihr Dorf verlassen, um den Fisch-
schwärmen nach Norden (Ras al-Hadd) zu folgen, bzw. während des Südwest-Monsuns,
wo Fischen nicht möglich ist, ins Landesinnere ziehen, um sich dort als Erntehelfer zu
verdingen, Lancaster, Lancaster, Joint Hadd Project 3, 58.

[215] Cleuziou, Tosi, Joint Hadd Project 2, 11 - 13.

Hinterlassenschaften wider. Neben der schon erwähnten Bearbeitung von Muschelschalen, brachten die Grabungen Fischereigerät (steinerne Netzgewichte, Harpunenspitzen aus Bein und eine große Anzahl kupferner Angelhaken [216] ), sowie enorme Mengen an organischen Resten der unterschiedlichsten Meerestiere zutage. Besonders Raum III muß nach seiner Auflassung als Areal für die Fischverarbeitung gedient haben. [217]

Daß die Bewohner von RJ2 auch Fernhandel betrieben, zeigen zahlreiche Kleinfunde, die Kontakte zur Indus-Kultur, Mesopotamien und dem Landesinneren der Halbinsel belegen. Ein deutlicher Hinweis sowohl auf Seefahrt als auch auf Handel sind Bitumenreste, die sich in fast allen Räumen fanden, besonders häufig jedoch in den Räumen II und IV - VI, wo sie wahrscheinlich gelagert wurden. Diese Bitumenstücke ermöglichtendie Rekonstruktion eines Bootes. [218]

Periode III:
Wie auch in anderen Orten (Tell Abraq oder Hili) findet in RJ2 gegen Ende des 3. Jt. ein Umbruch in der Siedlungsweise statt - die befestigten Häuser werden zugunsten von Hütten oder Zelten aufgegeben. So ist auch die letzte Siedlungsperiode in RJ2 gekennzeichnet durch einen Horizont von Pfostenlöchern, Gruben, Feuerstellen und Fundamentgräben. Obwohl nicht immer eindeutig geklärt werden konnte, ob die gefundene Keramik in situ lag oder durch das Ausheben der Gruben und Pfostenlöcher an die Oberfläche gelangte, wird diese Periode an das Ende der Umm an-Nar-Zeit gesetzt, etwa von 2300 - 2150 v. Chr. [219]

---

[216] Allein innerhalb der ersten drei Kampagnen fanden sich 21 erhaltene Stücke, sowie zahlreiche Fragmente, Cleuziou, Tosi, Joint Hadd Project 3, 15.

[217] Cleuziou, Tosi, Joint Hadd Project 3, 12.

[218] Allein in den beiden ersten Kampagnen wurden 130 Bitumenstücke gefunden, die formal in drei Gruppen eingeteilt werden können. Einige weisen Abdrücke von Matten, Schnüren und Schilf auf, während andere an einer Seite mit Muscheln bedeckt sind, die im Indischen Ozean vorkommen und bekannt dafür sind, sich am Bug von Schiffen festzusetzen. Die Ausgräber gehen deshalb davon aus, daß die gefundenen Bitumenstücken benutzt wurden, um Bootsrümpfe innen und außen abzudichten, Bacquart, Cleuziou, Joint Hadd Project 2, 51 - 52. Für die zeitgleiche Periode II auf Umm an-Nar sind ebenfalls zahlreiche Bitumenstücke belegt, Frifelt, JASP 26:2, 226. Eine Analyse des Bitumens aus RJ 2 ergab, daß es aus Mesopotamien importiert wurde, Méry, Schneider, PSAS 26, 1996, 79. Anhand der Bitumenstücke aus Periode III konnte eine Änderung der Konstruktionstechnik der Boote beobachtet werden, Cleuziou, Orient-Express 1997/2, 51.

[219] Cleuziou, Tosi, Joint Hadd Project 2, 11; Cleuziou, Tosi, Joint Hadd Project 3, 13 - 14. Die angegebene Datierung stammt aus Cleuziou, Orient-Express 1997/2, 50. Die in Cleuziou, Tosi Joint Hadd Project 3, 14 und Cleuziou, Gnoli, Robin, Tosi, Cachets inscrits, 459 publizierten Radiocarbondaten reichen bis in das 2. Jt. hinein.

## II.2.41 Ras al-Hadd

Konzentrierten sich die ersten Aktivitäten des Joint Hadd Projects auf die un-
mittelbare Umgebung von Ras al-Junayz, wurde schon bald begonnen, Fundplätze entlang der Küste nördlich und südlich [220] von Ras al-Junayz, sowie im
Hinterland der Ja´alan Region [221] systematisch durch Surveys zu erfassen.

Die bedeutendste Entdeckung dieser Surveys dürfte die Identifizierung
einer bronzezeitlichen Siedlung bei Ras al-Hadd, ca. 20 km nördlich von Ras
al-Junayz sein. Bei diesem Fundort (HD1) handelt es sich um einen niedrigen
Hügel, der etwa eine Fläche von 250 m² einnimmt und an dessen Oberfläche
sich ungewöhnlich viele Indus-Scherben fanden. [222]

Die Grabungskampagne 1987 konzentrierte sich auf den westlichen
Hang des Hügels, wo zwölf 2 x 2 m Quadranten freigelegt wurden, und auf
einen Quadranten in der Nähe des Zentrums des Hügels (KJ10). Offensicht-
lich diente das Areal des Westhanges durchgehend als Küchenbereich. Aus
Steinen und Korallen gesetzte runde Herdstellen treten bereits in der untersten Schicht zutage und setzen sich, getrennt durch sterilere Sandschichten,
bis in die obersten Schichten fort. Die zahlreichen Flintabschläge in KJ10
sprechen eher für eine Nutzung des Areals als "workshop".

Eine weitere bronzezeitliche Siedlung (HD5) wurde etwa 1 km südwestlich der modernen Siedlung von Ras al-Hadd entdeckt. Sie besteht aus zwei
niedrigen Erhebungen. Auf dem, dem Meer näherliegenden Hügel sind Spuren von Mauerresten sichtbar. Leider wurde hier bisher keine Grabung durchgeführt. [223]

Über die zahlreichen Kleinfunde und Importstücke läßt sich HD1 in den
Zeitraum von etwa 2500 - 2000 v. Chr. datieren und ist damit zeitgleich mit
RJ2. Diese Datierung ist auch für HD5 anzunehmen, da die dortigen Ober-
flächenfunde denen von HD1 entsprechen. [224]

Im Januar 1997 wurde eine weitere Fundstelle untersucht: HD6, südlich
von HD5 gelegen, an deren Oberfläche eine Reihe von Flintwerkzeugen aufgesammelt worden waren. [225] Bei der Ausgrabung wurden die Reste eines
Turmes freigelegt, der an den Anfang des 3. Jt. v. Chr. datiert und mit den
frühen Phasen von H8 zu den ältesten Gebäuden dieser Art zählt. Zwar ist
der Durchmesser dieses Turms mit 13 m erheblich kleiner, seine Bauweise
aus Lehmziegeln ist jedoch identisch mit der des Rundgebäudes in Hili. [226]

---

[220] Biagi, Maggi, Joint Hadd Project 2, 56.

[221] Edens, Joint Hadd Project 2, 64 - 68; Edens, Joint Hadd Project 3, 44; Charpentier,
Paléorient 17, 1991, 127 - 131.

[222] Reade, Méry, Joint Hadd Project 2, 75.

[223] Reade, Joint Hadd Project 3, 33 - 35.

[224] Reade, Joint Hadd Project 3, 33 - 34, 37.

[225] Reade, Joint Hadd Project 3, 34.

[226] Cleuziou, Orient-Express 1997/2, 50.

# III. Das 2. Jahrtausend v. Chr. (Wadi Suq-Periode)

## III.1. Tell Abraq

In der ersten Hälfte des 2. Jt. wurde das Rundgebäude weiterhin genutzt, in fast allen Quadranten (außer in IV) stießen die Ausgräber auf entsprechendes Material. Das ist insofern von Bedeutung, da (vor allem in den Quadranten 0I und 0II) erstmalig eine Keramiksequenz vom frühen bis zum späten 2. Jt. in gesichertem stratigraphischen Zusammenhang vorliegt. [227]

Architektonische Reste dagegen sind rar. Ein Pflaster, möglicherweise in Verbindung mit Lehmziegeln in Areal III, kann dem 2. Jt. nicht eindeutig zugeordnet werden. Lediglich in 0II wurde in einer Tiefe von -6,41 bis -6,25 m die Ecke eines Hauses (loc. 31) freigelegt, deren Mauern sorgfältig aus Steinen errichtet waren. [228]

Einen ganz anderen Befund erbrachte die Grabung im östlichen Bereich von Tell Abraq. Dort befindet sich eine große Mauer (loc. 40), die diagonal durch die Quadranten 115/137, 120/137, 120/132 und 125/132 von Nordwesten nach Südosten verläuft und am Ostende eventuell eine Ecke bildet. Die Stärke von loc. 40 beträgt 1 - 1,2 m und besteht aus Lehmziegeln, die an der Außenseite mit Steinen verblendet sind. Für die Verkleidung wurden große, ungleichmäßige Blöcke und zum Teil bearbeitete Blendsteine des Umm an-Nar-Grabes verwendet. In Verbindung mit loc. 40 und somit zeitgleich mit diesem, konnten mehrere Begehungshorizonte bzw. Fußböden festgestellt werden. Da der ausgegrabene Bereich zu klein ist, kann nur schwer gesagt werden, ob es sich dabei um den Innenraum eines Gebäudes handelt oder nicht. Fraglich bleibt auch, ob das Mauerfragment loc. 62 in Areal 115/142 zu loc. 40 und somit zu ein und derselben Struktur gehört. Betrachtet man allerdings loc. 60, den obersten zu loc. 40 gehörigen Boden, mit seinen zahlreichen Pfostenlöchern und Gruben (Abb. 65), so entsteht der Eindruck, daß es sich bei loc. 40 wohl am ehesten um eine Einfaßung handelt, innerhalb derer Häuser oder Hütten (*barastis*) aus vergänglichem Material standen. [229]

1993 wurde eine massive, ca. 2 m breite Steinmauer freigelegt, die in der frühen Wadi Suq-Zeit auf dem Turm errichtet wurde. Sie ist vom Zentrum des Gebäudes etwas nach Westen versetzt und schließt ein ovales Areal von ca. 30 m ein. In der mittleren oder späten Wadi Suq-Zeit wurden sowohl das Rundgebäude als auch die gerade erwähnte Mauer von einer Lehmziegelplattform überbaut, die fast die gesamte Oberfläche des Umm an-Nar-Gebäudes bedeckt. Ein kleiner Bereich dieser Lehmziegelplattform (loc. 26) war 1989 schon untersucht worden. [230] Die ovale Plattform mißt in etwa 16 x 18 m und besteht aus 30 x 60 cm großen und 5 cm starken Ziegeln, die in

---

[227] Potts, Tell Abraq 1989, 58, 60 - 77.

[228] Potts, Tell Abraq 1989, 58, Abb. 66.

[229] Potts, Tell Abraq 1990, 36 - 41.

[230] Potts, Tell Abraq 1989, 96 - 102, wo sie ursprünglich in die Eisenzeit datiert wurde.

weißlichem Mörtel verlegt sind, wie die 1 - 2 cm breiten Fugen zwischen den
einzelnen Ziegeln zeigen. Es konnte beobachtet werden, daß die Lehmziegel
an der Nordwestseite des Turmes, wo sie am besten erhalten waren, als Basis
der Plattform dienten. Ein 1 x 5 m großer und 5 m tiefer Schnitt im Zentrum
der Anlage ließ außerdem erkennen, daß das Innere des Turms mit Ziegelbruch und anderen Materialien aufgefüllt worden war, um eine einheitliche
Höhe und einen ebenen Begehungshorizont zu erhalten. [231]

Die einzelnen Siedlungsphasen für die Wadi Suq-Periode in Tell Abraq lau-
ten: [232]

| | |
|---|---|
| Wadi Suq I | 2000 - 1900 v. Chr. |
| Wadi Suq II | 1900 - 1600 v. Chr. |
| Wadi Suq III | 1600 - 1400 v. Chr. |
| Wadi Suq IV | 1400 - 1300 v. Chr. |

## III.2 Shimal

Die Auswertung der Grabungsbefunde durch C. Velde zeigt, daß die Besiedlung zu Beginn des 2. Jt. unterbrochen wurde und nicht, wie ursprünglich angenommen, weiterbestand. [233] Periode 2 (ca. 2000 - 1700 v. Chr.) ist zwar lediglich gekennzeichnet durch das Grab SH 95 in SX-West (Abb. 66), [234] betrachtet man aber die enorme Zahl an Gräbern dieser Zeit, [235] so ist dennoch
von einer relativ dichten Besiedlung auszugehen - möglicherweise liegen die
zugehörigen Siedlungsspuren in einem der bisher nicht freigelegten Areale.

Die Wiederbesiedlung von SX erfolgte etwa in der Mitte des 2. Jt. (Periode 3,
ca. 1550 - 1350 v. Chr.). Periode 3, die sich vor allem im Ostteil [236] der Siedlung findet und gekennzeichnet ist durch Gruben und Mauern sowie Füll-
und Zerstörungsschichten, läßt sich in drei Phasen gliedern:
    Zu Phase 3a gehören in SX-Ost zahlreiche Pfostenlöcher und Gruben.
Außerdem wurden die Mauern M 9 und M 10 errichtet. Während M 10 wohl
zur Stabilisierung des steil ansteigenden Osthangs diente, konnte die Funktion von M 9 nicht ermittelt werden, da sie durch spätere Schichten stark gestört war. Eine Ascheschicht über den Schichten dieser Phase spricht für eine
Zerstörung der Siedlung. [237]

---

[231] Potts, PSAS 23, 1993, 118 - 119.

[232] Weeks, AAE 8/1, 1997, 12, Tab. 1

[233] Franke-Vogt, IA 6, 199.

[234] Velde, Shimal, 11 - 13, 52, 106.

[235] Mit über 200 Gräbern gehört Shimal zu den größten Nekropolen der Wadi Suq-
Periode, Velde, Shimal, 106, von denen (neben Sh 95) z. B. Sh 99 - 103, BBVO 8, 17 - 54
oder Sh 404, Sh 501 - 502, Kästner, Interim Report, freigelegt wurden.

[236] Der Westteil diente wohl während der gesamten Periode 3 als Abfallhalde, wie große
Mengen Muschelschalen zeigen, die das Grab Sh 95 und weite Teile dieses Siedlungsbe-
reichs überlagerten, Velde, Shimal, 26.

[237] Velde, Shimal, 45 - 46.

Phase 3b ist gekennzeichnet durch stärkere bauliche Aktivitäten (Abb. 67). In dieser Phase entsteht die Umfassungsmauer der Siedlung, die aus drei parallelen Reihen aufrechtstehender Steine errichtet wurde - diese früheste Bauphase der Siedlungsmauer ist jedoch nur noch in Resten nachweisbar. [238] Daneben wurden einige weitere Mauerzüge (M 13 - 15) im Nordbereich von SX-Ost errichtet, die wahrscheinlich den Nordhang sichern sollten. Das Gelände zwischen einigen Mauern (z.B. M 11 - 12), die zum Teil in Schalenbauweise errichtet sind, wurde aufgeschüttet, zusätzlich wurden Gruben verfüllt, um einen ebenen Begehungshorizont zu erhalten - das ganze Siedlungsgelände wurde also regelrecht terrassiert. Wie nach Phase 3a folgt auch auf die Phase 3b ein Zertörungs- bzw. Schutthorizont.

In Phase 3c wurden nach der Zerstörung der Siedlung keine neuen Mauern errichtet. Neue Gruben wurden angelegt und durch Aufschüttungen neue Begehungshorizonte geschaffen. [239]

Für eine absolute Datierung des Fundortes liegen eine Reihe von $C_{14}$-Daten vor, die an Muschelproben (RAK 7, 8 und UCL 75, 76, 78), Holzkohle, verkohlten Datteln und an Asche (RAK 9 - 12) genommen wurden, allerdings zum Teil problematisch sind, weil etwa bei Muschelproben von den kalibrierten Daten 500 Jahre oder mehr abgezogen werden müssen. [240] Die Proben UCL 75, 76 und 78 sowie RAK 7, 8 scheiden somit aus, da sie eine zu große Datierungsspanne (1000 Jahre und mehr) haben. Die relevanten Proben RAK 9 und RAK 10 ergaben (nachkalibriert nach Pearson und Stuiver) die Daten 1570 - 1465 v. Chr. und 1410 - 1250 v. Chr. und bestätigen, wie die Kleinfunde, eine Datierung in die späte Wadi Suq-Zeit.

Östlich des pyramidenförmigen Berges liegt das etwa 2800 m² große Areal SY. Hier wurden lediglich zwei 4 x 4 m große Schnitte angelegt (K18 - 19). Zu Tage kamen zahlreiche Feuerstellen, zum Teil mit Steinkränzen umgeben, Gruben und Pfostenlöcher ohne Verbindung zu architektonischen Strukturen, die als mögliche Wohnbauten anzusprechen wären. [241] Damit entsprechen die Befunde aus Areal SY (K18 - 19) denen in Areal SX und können deshalb auch in dieselbe Periode eingereiht werden. [242]

Wie in allen anderen Küstensiedlungen beuteten die Bewohner von Shimal vor allem das Meer aus, wie die zahlreichen Funde von Weichtieren [243] und Fischresten [244] zeigen. Daneben spielte Viehhaltung, Jagd und wohl auch Ackerbau eine eher untergeordnete Rolle.

Alles in allem gesehen macht die Wadi Suq-zeitliche Siedlung von Shi-

---

[238] So stammen z. B. der Eingang und große Teile der erhaltenen Mauer aus Periode 4, also den eisenzeitlichen Schichten, Velde, Shimal, 46, 49 - 50.

[239] Velde, Shimal, 46 - 48, 106.

[240] Franke-Vogt, IA 6, 196 - 199.

[241] Franke-Vogt, SY, BBVO 8, 83 - 86.

[242] Franke-Vogt, IA 6, 190.

[243] Franke-Vogt, Faunal remains, BBVO 8, 91 - 93; Glover, IA 6, 206 - 208.

[244] van den Driesch, Viehhaltung, Jagd und Fischfang, 80 - 81, Tab. 3.

mal eher den Eindruck eines Camps als den einer befestigten Siedlung, ohne
daß die Frage geklärt werden könnte, ob der Platz nur saisonal genutzt wurde
oder eine dauerhafte Siedlung war - obwohl zu bedenken gilt, daß von den
Bewohnern zur Terrassierung des Geländes erhebliche Mühe aufgewendet
werden mußte, was möglicherweise doch eher für eine dauerhafte Siedlung
spräche. Die zahlreichen Pfostenlöcher belegen, ob nun "Camp" oder Siedlung, daß die Unterkünfte aus vergänglichem Material (*barastis*) bestanden.
Die Befunde aus Zentral-Shimal mit den zahlreichen Gruben, Pfostenlöchern
und Feuerstellen oder den vereinzelten Mauerresten, die möglicherweise als
Unterbau für Hütten dienten, entsprechen jedenfalls den Befunden aus anderen Wadi Suq-zeitlichen Siedlungen, wenn diese auch früher anzusetzen sind.


## III.3. al-Khatt / Nud Ziba

Wie schon erwähnt, wurde der Lehmziegelkomplex von Nud Ziba (Kh11) in
der frühen Wadi Suq-Periode durch Feuer zerstört. Nach einiger Zeit muß der
Platz erneut besiedelt worden sein, wie weitere Schichten über dem zerstör-
ten Gebäude zeigen - eine Datierung dieser Schichten konnte jedoch nicht
vorgenommen werden. [245] Möglicherweise erfolgte die Wiederbesiedlung jedoch noch innerhalb der Wadi Suq-Periode, wofür zwei Beobachtungen sprechen könnten:
    Die oberen Schichten erwecken nicht mehr den Eindruck einer befestig-
ten Siedlung, erinnern aber mit ihren Feuerstellen, Gruben und unregelmäßigen Steinmauern an andere Siedlungen dieser Zeit, wo ebenfalls nach Aufgabe der Umm an-Nar-Gebäude nur noch Spuren unbefestigter Strukturen (*barastis*, Hütten und ähnlichem) festzustellen sind. Außerdem deuten einige
Scherben, die durch die Störung des Tells an die Oberfläche gelangten und
Parallelen in Shimal und Tell Abraq haben, auf eine Besiedlung in der Mitte
des 2. Jt. hin. [246]

Außer zahlreichen Gräbern finden sich weitere mögliche Siedlungsspuren
dieser Zeit im Südteil von al-Khatt. Dabei handelt es sich um eine Reihe von
runden Plattformen (Kh118a-c, 119a-c), deren Durchesser zwischen 11 und
15 m liegen. Sie bestehen aus einem Pflaster aus kleinen und mittelgroßen
Steinen und sind kaum höher als etwa 30 cm. Ihre Datierung in die Wadi
Suq-Periode erfolgte über Oberflächenmaterial aus der Umgebung. Diese
Plattformen errinnern an die deutlich kleinere, Umm an-Nar-zeitliche Struktur Amlah 3a und haben möglicherweise ebenfalls als Unterbau für vergängliche Strukturen gedient. [247]

---

[245] Kennet, Velde, AAE 6/1, 1995, 84 - 85.

[246] de Cardi, Kennet, Stocks, PSAS 24, 1994, 50 und Abb. 7, 19 - 20.

[247] de Cardi, Kennet, Stocks, PSAS 24, 1994, 44 - 46 und 69. Die Datierung bleibt rein
hypothetisch, da das Oberflächenmaterial der Wadi Suq-Zeit sehr spärlich ist, und sich
alle Plattformen in unmittelbarer Nähe von Umm an-Nar-Gräbern befinden. Eine Datierung in das 3. Jt. ist also nicht auszuschließen.

## III.4 Hili

Dem frühen 2. Jt. in H8 entspricht die Periode III, die nach Cleuziou durch eine radikale Veränderung sowohl der materiellen Kultur als auch der Siedlungsorganisation gekennzeichnet ist. [248] Die baulichen Reste von Periode III sind durch Erosion stark gestört, da sie unmittelbar unter der heutigen Oberfläche lagen. Es handelt sich um eine Ringmauer von etwa 30 m Durchmesser, die an das Rundgebäude I der älteren Periode IIf anschließt (Abb. 68). Sowohl das Gebäude als auch der darin gelegene Brunnen wurden zu diesem Zeitpunkt noch benutzt.

Die unteren 30 - 40 cm der 0,8 - 1 m breiten Umfassungsmauer sind in Schalentechnik errichtet, die aus zwei Reihen von vertikal gesetzten Blöcken mit einer Füllung aus kleineren Geröllsteinen besteht. Darauf wurden Blöcke horizontal verlegt, wobei auch bearbeitete Blöcke von Umm an-Nar-Gräbern Verwendung fanden. Im südlichen Bereich innerhalb der Einfriedung fand sich ein Türangelstein in Verbindung mit einer schlecht erhaltenen Lehmziegel- oder Pisémauer, was Cleuziou zu der Annahme führt, daß im Inneren möglicherweise Räume vorhanden waren. [249]

Weiter fand man drei Feuerstellen, die an drei Seiten mit Steinen eingefaßt sind und von denen eine (F 66) $C_{14}$-datiert wurde. Das korrigierte Datum von 1990 +/- 110 v. Chr. stimmt mit der üblichen Datierung des Beginns der Wadi Suq-Zeit überein. [250]

## III.5 Bat

Hinweise auf eine Wadi Suq-zeitliche Besiedlung finden sich auch in Bat. Neben einigen Kleinfunden aus Bat 1145, [251] ergaben zwei Radiocarbon-Daten aus der Grube x und der Feuerstelle w, beide östlich von Bat 1145 und direkt unter der Oberfläche gelegen, Daten von 1920 und 1610 v. Chr. [252]

Wadi Suq-zeitliche Strukturen finden sich ebenfalls im Siedlungsareal von Bat. Es handelt sich dabei um Mauer 1162, die im nördlichen Siedlungsbereich in einem leichten Bogen entlang einer Hangkante verläuft und noch auf einer Länge von etwa 70 - 80 m sichtbar ist (Abb. 40). Diese etwa 1 m starke Mauer wurde von Brunswig untersuch (Sondage 1a -c). Sie besteht aus

---

[248] Cleuziou, AUAE 5, 1989, 71; Cleuziou, S.O.R 63, 73.

[249] Cleuziou, AUAE 2 - 3, 1978/79, 35 - 36; Cleuziou, SAA 1979, 280 - 281; Cleuziou, Oman Peninsula, 388; Cleuziou, AUAE 5, 1989, 71 - 72.

[250] Eine zweite Probe (MC-2260) aus dem Ofen 21, die ein für die Wadi Suq -Zeit viel zu hohes Ergebnis von 2380 +/- 140 v. Chr. lieferte, Cleuziou, AUAE 2 - 3, 1978/79, 68, Tab. 1, wurde durch eine Nachuntersuchung dem älteren Handwerksbereich von Periode IIe und IIf zugeordnet, Cleuziou, AUAE 5, 1989, 72.

[251] Diese Funde wurden ursprünglich in die Eisenzeit datiert, Frifelt, JOS 2, 1976, 65, Abb. 4, müssen aber heute als typisch Wadi Suq-zeitlich angesprochen werden. Das gilt vor allem für die hier abgebildeten Specksteingefäße der *série tardive* und die Pfeilspitzen, die ihre Parallelen etwa in Grab Sh102 finden, BBVO 8, Abb. 19 - 20. Vgl. auch Vogt, Gräber, 258.

[252] Frifelt, JOS 7, 1985, 104, Appendix.

zwei Schalen, mit einer Füllung aus kleinen Steinen (10 - 20 cm) und Sand. Die stratigraphische Abfolge der Sondage zeigt, daß diese Mauer zeitlich später ist als die reine Umm an-Nar-Phase von Bat, da letztere durch eine Erosionsschicht von der Mauerbasis getrennt ist. Ein weiteres Indiz dafür ist, daß für die Errichtung der Mauer bearbeitete Steine verwendet wurden, die von Umm an-Nar-Gräbern der Nekropole von Bat stammen. Die Konstruktionstechnik der Mauer sowie das Verbauen von Blendsteinen Umm an-Nar-zeitlicher Gräber läßt sich auch in H8, Periode III beobachten. [253]

## III.6 `Abayah

Ein weiterer Fundplatz, für den eine Datierung in das 2. Jt. angenommen wird, ist `Abayah im Wadi Bani Battash. Leider ist keine Abbildung veröffentlicht, aber Doe beschreibt einen annähernd runden Kreis aus Flußsteinen, der einen Durchmesser von etwa 13 m aufweist. [254]

Innerhalb dieses Rundes fanden sich Scherben, die de Cardi mit dem Material aus dem Gräberfeld von Wadi Suq und den Wadi Suq-zeitlichen Phasen von H8 gleichsetzt, aber aufgrund der Formen eine etwas ältereDatierung für `Abaya als für Tawi Sa´id annimmt. Ihre Annahme, daß `Abayah möglicherweise in zwei Perioden besiedelt war, erscheint jedoch fragwürdig, da dafür jeglicher Hinweis fehlt. [255]

## III.7 Tawi Sa`id

Dieser Fundort im Wadi al-Batha wurde 1976 bei einem Survey entdeckt und zwei Jahre später von Beatrice de Cardi untersucht, da dort an der Oberfläche eine hohe Konzentration von Keramik des frühen 2. Jt. festgestellt wurde, in deren Nähe sich eine Siedlungsstruktur abzeichnete. [256] Soweit erkennbar, handelte es sich um die Reste eines rechteckigen Gebäudes, bestehend aus zwei Plattformen aus gebrannten Lehmziegeln sowie zwei ca. 1 m dicke Mauern, die in einem Abstand von 2,5 m parallel in Nordwest-Südostrichtung verlaufen. Die Strukturen waren stark verwittert, so daß sie nur noch etwa 2-3 cm oberirdisch anstanden und die genaue Ausdehnung nicht erkennbar war. Insgesamt wurden fünf Suchschnitte gelegt:

Der 5 x 2 m große Schnitt 1 wurde so gelegt, daß er beide Mauern und die westliche Plattform umfaßt (Abb. 69). Es zeigte sich, daß sowohl Plattform als auch Mauern direkt auf den gewachsenen Boden gesetzt waren, Steinfundamente oder Fundamentgräben fehlen. Die Dicke der Plattform beträgt an ihrer tiefsten Stelle 15 cm, die der Mauern kaum 3 cm. Alle anderen Schnitte, die im Bereich der Keramikanhäufungen durchgeführt wurden, erbrachten keine Siedlungsspuren.

---

[253] Brunswig, JOS 10, 1989, 12 - 17, Abb. 3.

[254] Doe, JOS 3, 1977, 40, site 2.

[255] de Cardi, Doe, Roskams, JOS 3, 1977, 17; de Cardi, JOS 3, 59 - 61, 67.

[256] Doe, JOS 3, 1977, 47, site 39; de Cardi, JOS 3, 1977, 61.

Die Datierung des Fundortes beruht also lediglich auf der Oberflächenkeramik, in Schnitt 1 selbst wurden keine Funde gemacht. Da kein stratigraphischer Zusammenhang zwischen der Wadi Suq-zeitlichen Keramik und
dem Gebäude besteht, ist eine Datierung der Struktur in das 2. Jt. sehr vage.
Etwa 150 m nördlich von Schnitt 3 wurden Spuren einer früh- bis mittelisla-
mischen Siedlung gefunden, und die Grabung in Schnitt 4, in unmittelbarer
Nachbarschaft der Gebäudestruktur, legte eine mit der oben genannten Siedlung zeitgleiche Feuerstelle frei. Es kann also nicht ausgeschlossen werden,
daß die beobachtete Struktur islamischen Datums ist .[257]

## III.8 Ras al-Junayz

Unmittelbar südlich von RJ2 erhebt sich ein Tafelberg. Auf dem Plateau dieses Berges liegen zahlreiche Rundstrukturen, die sich vor allem im südwestli-
chen Bereich konzentrieren und über das Oberflächenmaterial von der Mitte
des 4. bis zu Beginn des 2. Jt. datiert wurden. [258]
    Bei einer eingehenderen Untersuchung konnten insgesamt 32 Strukturen
identifiziert werden. Die Mauern saßen direkt auf dem Felsen, waren aus
Steinen unterschiedlicher Größe errichtet und, unter Berücksichtigung des
Versturzes nicht höher als 1,2 m. Die Dächer bestanden wohl aus vergänglichem Material. Die 32 "Hütten" lassen sich in fünf Typen einteilen, die wohl
auch unterschiedlich genutzt wurden:

Typ A:
Dabei handelt es sich um einfache Rundgebäude mit einem Raum, wobei der
Zugang durch eine Tür in der Mauer erfolgte. Dieser Typ ist achtmal belegt.

Typ B:
Dieser Typ entspricht Typ A, aber die Eingänge sind an der Außenseite mit
halbrunden Mauern versehen, die eine Art kleinen Vorhof bilden. Dieser Typ
tritt fünfmal auf.

Typ C:
Typ C ist achtmal belegt. Er besteht wiederum aus einem runden Raum, an
den ein weiterer kleiner Raum angebaut ist. Von außen zugänglich war nur
der große Raum.

Typ C 1:
Dieser Typ ist eine Erweiterung von C. An die beiden Räume wird ein
zusätzlicher halbrunder Raum angebaut, der nach außen hin geöffnet ist. Typ
C 1 ist fünfmal nachgewiesen.

Typ D:
Die vier Gebäude dieses Typs stellen die komplexesten Gebilde der Siedlung

---

[257] de Cardi, Bell, Starling, JOS 5, 1979, 84 - 86.

[258] Cleuziou, Tosi, Archaeological sites, Joint Hadd Project 1, 5.

dar. Sie sind aus mehreren Räumen zusammengesetzt, die wohl nach und nach angebaut wurden. [259]

Eine der mehrräumigen Strukturen (structure 5) am Südrand des Plateaus wurde in zwei Grabungskampagnen 1986/87 freigelegt (Abb. 70). Nach der Beseitigung des Versturzes zeigten sich zwei annähernd rechteckige Räume und ein halbkreisförmiger Hof. In Raum 2 (2 x 3 m) konnte die Produktion von Muschelringen nachgewiesen werden. Im nördlichen Bereich wurde eine Feuerstelle freigelegt. Raum 3 (ebenfalls etwa 2 x 3 m), der sich im Südosten an Raum 2 anschließt, war fast fundleer. Die Freilegung des Hofes erbrachte vor allem Küchenabfälle. Südlich und östlich des Gebäudes wurden weitere Feuerstellen beobachtet. Eine Datierung in die (frühe) Wadi Suq-Periode wird durch die Keramikfunde bestätigt und durch zwei Radiocarbondaten aus Raum 2 und dem Hof untermauert. [260]

Ein weiteres Wadi Suq-zeitliches Siedlungsareal (RJ21) konnte auf einem Bergrücken östlich des Talkessels von Ras al-Junayz entdeckt werden, bisher wurde es jedoch noch nicht untersucht. [261]

Auch der Fundort HD11, zwischen Ras al-Junayz und Ras al-Hadd gelegen, könnte in diese Zeit datieren. [262]

---

[259] Mariani, Joint Hadd Project 1, 37, 39. Leider wird nicht auf Oberflächenfunde einge-gangen, so daß eine genaue zeitliche Zuweisung der einzelnen Strukturen in das 4. bzw. 2. Jt. nicht möglich ist.

[260] Biagi, Joint Hadd Project 2, 5; Biagi, Joint Hadd Project 3, 4.

[261] Cleuziou, Tosi, Archaeological sites, Joint Hadd Project 1, 7; Cleuziou, Gnoli, Robin, Tosi, Cachets inscrits, 455.

[262] Cleuziou, Reade, Tosi, Joint Hadd Project 3, 28.

# IV. Das 1. Jahrtausend v. Chr. (Lizq/Rumeilah-Periode)

## IV.1 Die Küstensiedlungen am Persisch-Arabischen Golf [263]

### IV.1.1 Ghanada

Der Fundplatz Gh2 ist gekennzeichnet durch etwa 20 kleine Steinhaufen, die ursprünglich für Gräber gehalten wurden. Nachdem zwei dieser Steinhaufen ausgegraben worden waren, stellten sie sich als Feuerstellen heraus. Die erste Feuerstelle ist etwa 2 m lang, 1,3 m breit und durch eine dünne Steinmauer in zwei Hälften geteilt. Die zweite, rechteckige Feuerstelle ist kleiner und weist keine Trennmauer auf. Trotz des Fehlens jeglicher archäologischer Funde kann für Gh2 eine grobe Datierung in das 1. Jt. vorgenommen werden, da sich ähnliche Feuerstellen auch in anderen eisenzeitlichen Fundorten wie Rumeilah und H2 finden. Eine Radiocarbondatierung der Asche aus der ersten Feuerstelle ergab 520 +/- 100 v. Chr. (allerdings unkalibriert), [264] was die Datierung in das 1. Jt. zu bestätigen scheint.

Im Ostteil von Gh3 wurde eine unvollständige ovale Struktur freigelegt. Außer wenigen Scherben, wie sie typisch für die Eisenzeit in den Emiraten sind, bestand die Füllung dieser Struktur aus einer 30 cm dicken Schicht aus Tierknochen und Muscheln. Die großen Mengen an Knochen veranlaßten al-Tikriti zu der Annahme, es könnte sich um einen "kill site" handeln. Wie schon für das späte 3. bzw. frühe 2. Jt., lassen sich auch für die Eisenzeit auf Ghanada keine Spuren einer dauerhaften Besiedlung nachweisen. [265]

### IV.1.2 al-Qusais

Etwa 14 km nordöstlich von Dubai liegt al-Qusais, wo 1974 und 1979 Grabungen durch ein irakisches Team durchgeführt wurden. Wurden im Laufe der ersten Kampagne hauptsächlich Gräber untersucht (Areal A - C), [266] konzentrierten sich die Grabungen der Kampagne von 1979 in erster Linie auf die Siedlung I und den sog. "Mound of Serpents" im Bereich der Siedlung II (Abb. 71).

In Siedlung I wurde ein rechteckiger Schnitt (12 x 3,5 m ) angelegt, der auf verschiedenen Niveaus sechs Begehungshorizonte erbrachte. Die Kera-

---

[263] Die Siedlungen der Lizq/Rumeilah-Periode werden im folgenden in Siedlungen an der Küste des Persisch-Arabischen Golfs, des Landesinneren und der Batinah-Küste unterschieden. Diese Unterscheidung geht auf Boucharlat, AOMIM, 191 - 192 zurück, die hier übernommen wird.

[264] Tikriti, AUAE 4, 1985, 19, Anm. 4, Taf. 19 b.

[265] Tikriti, AUAE 4, 1985, 14, Taf. 20a - 20b.

[266] Taha, Al-Rafidan 3-4, 1982/83, 75 - 76.

mik der Begehungshorizonte ist homogen und entspricht dem Material aus den Gräbern. Lediglich eine Scherbe des 3. Jt., die in der Nähe des Bodens II entdeckt wurde, fällt aus dem Rahmen.

Ca. 1 km südlich von Siedlung I liegt der sog. Schlangenhügel, im Zentrum der Siedlung II. Der Hügel besitzt eine rechteckige Form (24 x 14 m) und erhebt sich etwa 0,8 m über die umliegende Siedlung. Freigelegt wurden die unvollständigen Fundamentmauern eines rechteckigen Gebäudes, die aus Bruchsteinen bestehen (Abb. 72). Von besonderer Bedeutung sind die Funde, die aus diesem Gebäude stammen. Neben Keramikbruchstücken mit Schlangenmotiven, die zum Teil eingeritzt oder appliziert sind, fanden sich dort auch eine ganze Reihe von Bronzeschlangen. [267] Eine Interpretation des Gebäudes als Tempel oder Heiligtum, das mit einem Schlangenkult in Verbindung steht, liegt also durchaus nahe. Dafür könnte auch seine Lage direkt im Zentrum der Siedlung sprechen. Da für al-Qusais keine Absolutdatierung vorliegt, datiert Taha über Vergleiche des Fundmaterials vom Beginn bis zur Mitte des 1. Jt. v. Chr. [268]

## IV.1.3 Hamriyah

1984 [269] und 1985 führte ein französische Team an der Küste nördlich von Ajman im Gebiet der Lagune von Hamriyah ausgedehnte Surveys durch. Neben zahlreichen neolithischen Plätzen konnten über die Oberflächenkeramik auch etwa 20 eisenzeitliche Muschelhaufen identifiziert werden, die zum Teil mit Mauerstrukturen vergesellschaftet schienen. [270] Vier dieser "shell-mounds" wurden archäologisch untersucht (site 115, 118, 119, 90).

Bei site 115 handelte es sich um einen 4,5 m langen und 1,5 m breiten Steinhaufen. Die Grabung zeigte, daß die Struktur lediglich zwischen 20 und 50 cm hoch war und aus kleinen Steinen bestand, die in Nordostrichtung verliefen. 100 m westlich von 115 liegt eine weitere Steinkonzentration (118), allerdings mit wesentlich größeren Ausmaßen (10 m lang, 4 m breit) und aus größeren Steinen errichtet. Wie auch bei 115 war nur eine Seite mit Steinen verkleidet. 60 cm unterhalb der heutigen Oberfläche ruht die Struktur auf einer 5 - 10 cm dicken, von Muschelrestendurchsetzten Ascheschicht, die über die darin gefundene Keramik zeitgleich mit der Struktur ist. Die Grabung in 119 erbrachte keine baulichen Reste. Site 90, ursprünglich als Grab angesehen, stellte sich nach der Freilegung als eine ovale (1,8 x 1 m) Feuerstelle heraus, die von zwei Lagen aus unregelmäßig geformten Kalksteinen

---

[267] Taha, Al-Rafidan 3-4, 1982/83, 87, Abb. 15 - 16. Vgl. auch Lombard, L´Arabie orientale, 267 - 268.

[268] Taha, Al-Rafidan 3-4, 1982/83, 76 - 78. Eine Besiedlung von al-Qusais für das 2. Jt. ist nicht auszuschließen, da zum einen das Inventar der Gräber Wadi Suq-Material enthält, Vogt, Kästner, BBVO 8, 29 und zum anderen allein vom Mound of Serpents 622 Pfeilspitzen stammen, unter denen sich auch dekorierte Exemplare der Wadi Suq-Zeit finden, Vogt, Gräber, 257.

[269] Boucharlat, Sharjah 1, 5 - 8.

[270] Sharjah 2, Abb. 11 und 13.

umgeben war. [271]

Eine Interpretation der Strukturen von Hamriyah ist schwierig, wahrscheinlich handelt es sich aber eher um Reste eines wohl saisonalen Camps als um eine dauerhaft bewohnte Siedlung. Betrachtet man etwa die Feuerstelle (site 90), so ähnelt dieser Befund dem auf der Insel Ghanada (vgl. S. 67).

## IV.1.4 Tell Abraq

In der Eisenzeit wird die zentrale Anlage endgültig aufgegeben. An der Westseite des Tells stießen die Ausgräber in den Arealen 0, III und IV auf die wichtigsten eisenzeitlichen Reste. In Areal 0 fanden sich die schlecht erhaltenen Überreste zweier verschiedener Gebäude (loc. 16 und 17). Bei loc. 16 handelt es sich um eine Struktur aus Sand, Mörtel und Stein, die in Nordsüdrichtung entlang der Ostseite des Schnitts verläuft. Die Mauer steht etwa noch 0,50 m hoch an und ruht auf einem ca. 0,30 m breiten Steinfundament. Von loc. 16 aus verläuft eine kleine, 0,60 m breite und 0,57 m hohe Stichmauer aus kompaktem Sand und Mörtel nach Westen. Zugehörig zu loc. 16 ist ein etwa 38 cm dicker Boden aus komprimiertem Mörtel. In der Südwestecke des Quadranten legte man die Ecke eines zweiten Gebäudes frei (loc. 17). Die Mauer ist etwa 0,60 - 0,70 m breit und besteht aus weißem Mörtel mit vereinzelten Steinen darin.

Ein Ergebnis ganz anderer Art lieferte die Grabung im Ostteil des Tells. Die Siedlungsspuren in diesem Bereich, ausschließlich Pfostenlöcher und Gruben, zeigen eine kontinuierliche Fortsetzung der Siedlungsweise der Wadi Suq-Zeit. Vor allem im Quadranten 115/122 konzentrierten sich auf einem pflasterartigen Boden unterschiedlicher Höhe zahlreiche Pfostenlöcher mit einem Durchmesser zwischen 10 und 30 cm. Da es nicht möglich war, Grundrisse einzelner Gebäude zu unterscheiden, liegt die Vermutung nahe, daß für die Errichtung eines neuen Bauwerks jeweils ein neuer Boden angelegt wurde.

In der Nordwestecke von 115/122 und entlang der Westseite von 115/127 stieß man auf eine große Grube (loc. 48) mit einem Durchmesser von 5,50 m. In diese Grube war eine Struktur aus unregelmäßigen Steinen, horizontal verlegt und mit Gipsmörtel verbunden, hineingebaut worden. Die Breite dieser Struktur beträgt etwa 2,10 m, ihre Funktion ist bisher unklar. [272]

Wie auch für die früheren Perioden konnte anhand des Fundmaterials, und speziell der Keramik, eine Periodisierung vorgenommen werden:
Iron I, ca. 1300 - 1000 ; Iron II, 1000 - 600; Iron III; 600 - 300 v . Chr. [273]

---

[271] Mouton, Sharjah 2, 20 - 22. 1988 fand eine weitere kurze Untersuchung an neu entdeckten "shell-midden" statt, Hesse, Prieur, Sharjah 4, 11 - 16.

[272] Potts, Tell Abraq 1990, 76 - 78.

[273] Diese Gliederung der Eisenzeit anhand des Materials von Tell Abraq ist wahrscheinlich für die ganze Halbinsel verbindlich, Magee, AAE 7/3, 1996, 249; Weeks, AAE 8/1, 1997, 12, Tab. 1. Nach einer Unterbrechung von einigen Jahrhunderten, finden sich dann in den ersten Jahrhunderten. n. Chr. wieder Siedlungsspuren, Potts, Tell Abraq 1990, 105 - 119; Potts, PSAS 23, 1993, 119.

## IV.1.5 ed-Dur

Früheisenzeitliche Keramik findet sich über den gesamten Siedlungsbereich von ed-Dur verstreut, [274] vor allem aber konzentriert sie sich auf ein 1 ha großes Areal im Nordteil der Siedlung. [275] Auf diesem Areal findet sich eine große Anzahl Muschelhaufen, während architektonische Reste an der Oberfläche kaum zu erkennen sind. [276] Als einzige Struktur in diesem Areal wurde bisher eine große, unregelmäßig geformte Einfassung aus unbearbeiteten Steinen freigelegt, deren Funktion unbekannt ist. [277]

## IV.1.6 Shimal

Hinweise auf eine eisenzeitliche Besiedlung in Shimal fand B. de Cardi bereits Mitte der 70er Jahre, als sie die Gegend von Shimal das erste Mal besuchte und die gefundene Keramik, die ausschließlich aus einigen der zahlreichen shell-mounds stammte, in das 1. Jt. datierte. [278]

Eisenzeitliche Reste konnten auch im Siedlungsareal SX nachgewiesen werden. Nach Periode 3 war die Siedlung wohl kurze Zeit nicht besiedelt, worauf eine dünne Schicht in SX-Ost hindeutet. Zu Beginn der Eisenzeit (Periode 4) verlagern sich die Siedlungsaktivitäten in den westlichen Bereich von SX, während der Ostteil wohl aufgelassen wurde - es finden sich hohe Schuttschichten und einige Begehungshorizonte, aber keine Hinweise auf bauliche Aktivitäten.

Die früheste Phase (4a) ist gekennzeichnet durch einen Horizont von Pfostenlöchern und Gruben. Neben einigen Vorratsgruben und Feuerstellen war der interessanteste Befund dieser Phase im freigelegten Quadranten D zu beobachten (Abb. 73). Hier lassen sich erstmals eine Reihe von Pfostenlöchern zu einem Hausgrundriß verbinden, der etwa die Abmessung von 3 x 6 m besitzt (Haus 1). Wahrscheinlich wurde das Gebäude aus Palmstämmen errichtet, [279] deren Größe und Tragkraft die Ausmaße des Hauses bestimmten. Die von Costa durchgeführte Untersuchung der heutigen "palm-frond houses" in Oman zeigte, daß die durchschnittliche Größe etwa bei 3 x 5,5 m liegt, [280] also ein Rahmen, in den die Abmessung des Gebäudes von Shimal durchaus paßt. Weitere Merkmale dieser traditionellen Bauweise lassen sich anhand der Pfostenlöcher ebenfalls beobachten, so etwa die Pfostenlöcher der Palmstämme, die die Wand- und Dachkonstruktion trugen oder ein Pfostenloch außerhalb des eigentlichen Gebäudes an der östlichen Schmalseite, in

---

[274] Salles, AOMIM, 243.

[275] Boucharlat, Haerinck, Phillips, Potts, Akkadica 58, 1988, 58.

[276] Boucharlat, Haerinck, Lecomte, Potts, Stevens, Mesopotamia 24, 1989, 11.

[277] Potts, Arabian Gulf, 362.

[278] de Cardi, Antiquity 50, 216 - 222.

[279] Die Nutzung von Palmen ist indirekt durch Funde von Dattelkernen innerhalb der Siedlung belegt, Velde, Franke-Vogt, Vogt, BBVO 8, 75.

[280] Costa, JOS 8, 1985, 118.

dem ein Stamm zur zusätzlichen Stabilisierung des Daches eingetieft war. [281]
Nordwestlich und östlich von Haus 1 finden sich weitere Spuren solcher Gebäude.

In der folgenden Phase (4b) werden die Häuser 1 und 2 durch einen
Steinbau ersetzt. Das Gebäude erstreckt sich in Nordsüdrichtung, seine Mauern bestehen aus zwei Schalen, deren langrechteckige Steine mit der flachen
Seite nach außen gesetzt wurden, mit einer Füllung aus kleinen Geröllsteinen. Da bis auf wenige Stellen nur eine Steinlage erhalten war, ist schwer zu
beurteilen, ob es sich um Fundamentmauern handelt, auf denen Lehmziegel
saßen oder ob das gesamte aufgehende Mauerwerk aus Stein bestand - da jedoch keine Lehmziegelreste gefunden wurden und zum Teil doch erhebliche
Mengen an Steinversturz zu beobachten war, ist möglicherweise davon auszugehen, daß die Mauern durchgehend aus Stein errichtet worden waren. In
dieser Phase besteht das Gebäude aus einem Raum (Raum 1) mit einem vor-
gelagertem Hof (?), dessen Ausmaße jedoch nicht bestimmt werden konnten.
An der Innenseite der östlichen Einfassung des Hofes war ein sorgfältig aus
Steinen errichtetes Podest zu beobachten, dessen Funktion jedoch unklar
bleibt (Abb. 74). Außerdem wurde in dieser Phase die Mauer M 21 am Fuße
des Nordhanges errichtet. Dazu wurden sämtliche Schichten bis auf den ge-
wachsenenb Boden entfernt. Diese Mauer sollte wahrscheinlich den Hang ab-
stützen. [282]

Die Phase 4c ist vor allem durch die Erweiterung des Steinbaus mit den
Räumen 2 - 4 gekennzeichnet (Abb. 75). Dazu wurden, südlich an Raum 1
anschließend, dünne Schalenmauern aus kleinen Steinen im Bereich des
Hofes eingezogen, so daß zusätzlich drei kleine Räume entstanden. Die
Fläche von Raum 2 betrug etwa 10,8 m², die von Raum 4 etwa 6,4 m²; die
Räume waren durch Durchgänge miteinander verbunden. Neben dieser Erweiterung des Steinbaus wurde die Siedlungsmauer, die bereits in Phase 3c
errichtet worden war, wieder aufgebaut, wozu einige Aufschüttungen und Ni-
vellierungen durchgeführt werden mußten. Die Mauer schließt das benach-
barte Areal SW ab und umfaßt die Felsterrasse von Areal SX, so daß zwischen den Bergen im Osten und der westlichen Schotterebene ein großer ge-
schützter Bereich entstand. Der Eingang zu diesem eingefaßten Areal liegt
im Südwestbereich von SX-Ost, das in dieser Phase zum Teil wieder in die
Siedlung miteinbezogen wird. Gegenüber dem Eingang wurde ein mächtiger
Felsblock künstlich in eine (Fundament-) Grube gesetzt, zwischen Steinblock
und Umfassungsmauer wurden halbrunde Mauern eingezogen, so daß ein
runder Raum entstand, der dann mit Kies gepflastert wurde (Abb. 76). [283]

Auffällig dabei ist, daß die Gebäude der Siedlung SX außerhalb dieser
Umfassungsmauer liegen. Außerdem dürfte der fortifikatorische Charakter
dieser Mauer nichr sehr groß gewesen sein, da sie nicht fundamentiert war
und durch ihre Lage am Hang leicht einzureißen war. Velde vermutet daher,
daß es sich bei dem eingefriedeten Bereich um eine temporäre Zufluchtstätte

---

[281] Velde, Shimal, 26 - 27. Eine Abbildung dieser traditionellen Gebäude, an denen auch
die äußeren Stabilisierungsstämme zu beobachten sind, findet sich bei Costa, JOS 8,
1985, Taf. 1.

[282] Velde, Shimal, 19 - 20, 28.

[283] Velde, Shimal, 20 - 21, 49 - 51.

handelt, ähnlich wie bei den noch bis in die jüngste Vergangenheit zu beob-
achteten Fluchtburgen, den sog. „sur". Fast jedes kleine Dorf, daß nicht in
der Lage war, sich entsprechende Verteidigungsanlagen (Fort, Wachtürme) zu
leisten, legte solche „surs" an, also Einfriedungen mit einem befestigten Eingang, in die sich die Bevölkerung bei Gefahr zurückzog. [284]
    In Phase 4d findet eine erneute Erweiterung des Steinbaus statt (Abb.
77). So wird im Norden Raum 5 an Raum 1 angebaut. Die genauen Ausmaße
dieses Raumes konnten nicht festgestellt werden, aber mit mindestens 13 m$^2$
ist er der größte Raum des Gebäudes. An der Ostseite von Raum 1 wird der
kleine Raum 7 angebaut, während in der Nordhälfte von Raum 3 eine Mauer
eingezogen wird, so daß der kleine unsymmetrische Raum 6 entsteht. Raum 8
war als Hof dem Gebäude vorgelagert, der aus einem Absatz bestand, der aus
kleinen Steinen errichtet war. [285]
    In der folgenden Phase 4e muß das Gebäude aufgelassen worden sein,
wie Sedimentschichten über den Böden dieser Phase zeigen. Da auf diesen
Schichten einige Steinsetzungen ruhen, bzw. Gruben in sie eingetieft sind,
müßen zumindestens Teile des Gebäudes noch einmal genutzt worden sein,
bevor die Siedlung endgültig aufgelassen wurde.[286]
    Für die Datierung von Periode 4 in Shimal SX liegen keine Radio-
carbon-Daten vor. Über Keramikvergleiche läßt sich Periode 4 etwa in die
iron I-Zeit datieren:
    Shimal 4a, 4b ca. 1250 - 1100 v. Chr.
    Shimal 4c, 4d ca. 1100 - 1000 v. Chr. [287]


## IV.1.7 Ghalilah

Etwa 18 km nördlich von Shimal entdeckte B. de Cardi 1976 östlich des modernen Ortes Ghalila Spuren einer eisenzeitlichen Siedlung, in deren Zentralbereich drei niedrige Erhebungen mit großen Mengen Steinschutt und Oberflächenkeramik liegen. Mehrere Fundamentmauern rechteckiger Strukturen
aus großen Flußsteinen zeichnete sich an der Oberfläche ab. Die Abmessungen eines dieser Gebäude beträgt ca. 8,64 x 5,76 m. Die Fundamentmauern
bestehen aus zwei Flußsteinschalen mit einer Füllung aus Kies.
    Die Oberflächenkeramik der Siedlung stimmt zum Teil mit der Keramik
der benachbarten Gräber überein, sprechen aber auch dafür, daß die Siedlung
über einen längeren Zeitraum belegt war. Eine genauere Datierung des obi-
gen Gebäudes bleibt ohne Grabung unklar. [288]

---

[284] Velde, Shimal, 29; Costa, sur, JOS 8, 1985, 121 - 124.

[285] Velde, Shimal, 21 - 22, 29 - 30.

[286] Velde, Shimal, 30.

[287] Velde, Shimal, 107 - 108.

[288] de Cardi, Antiquity 50, 1976, 217, 219; de Cardi, OrAnt 24, 1985, 171 - 172.

## IV.2 Die Siedlungen des Landesinneren

### IV.2.1 al-Khatt / Nud Ziba

Die dichte Konzentration von eisenzeitlicher Oberflächenkeramik auf dem Tell von Nud Ziba, die ursprünglich zu einer ausschließlich eisenzeitlichen Datierung des Fundplatzes führte (vgl. S. 18), zeigt, daß der Siedlungshügel auch in dieser Zeit genutzt wurde. Vielleicht handelte es sich bei den Lehmziegelresten und verstreuten Mauersteinen, die B. de Cardi 1968 noch beobachten konnte und die mittlerweile verschwunden sind, [289] um die Reste der eisenzeitlichen Siedlung.

Kleinere Konzentrationen eisenzeitlicher Scherben konnte in der Umgebung der heißen Quellen (Kh 94, 96, 97, 104, 110, 111) und im alten Dorf al-Khatt selbst (Kh 131, 135) identifiziert werden, ohne jedoch weitere Hinweise auf Siedlungsreste zu finden. Es ist wohl davon auszugehen, daß die Siedlungen dieser Zeit vom heutigen Dorf und der modernen Oasenwirtschaft überlagert sind. [290]

### IV.2.2 Asimah

Die Bergfestung von Asimah (As 97) erhebt sich auf einer Terrasse westlich des modernen Ortes. Auf dieser Terrasse und am darunter liegenden Hang haben sich die stark gestörten Reste von Steinfundamenten erhalten. Für einen 5 x 2,5 m großen Testschnitt wurde ein Areal am Hang ausgewählt, in dem die architektonischen Reste relativ gut erhalten schienen.

Es zeigte sich, daß es sich dabei um eine kompartmentähnliche Doppelmauer handelt, die aus unbearbeiteten, wahrscheinlich in Trockentechnik geschichteten Steinen errichtet war. Diese Mauern verlaufen parallel zum Hang und sind durch kurze Quermauern miteinander verbunden (Abb. 78). Im Bereich des Testschnitts läßt sich die Mauer über eine Länge von 15 m verfolgen und besteht hier aus insgesamt drei unterschiedlich großen Kompartments / Kammern. Die Stärke der Mauern beträgt bis zu 1,4 m und sie stehen bis zu einer Höhe von 1,2 m an. Eine Ausbuchtung der Außenmauer im östlichen Bereich deutet wohl darauf hin, daß sich darüber eine weitere Mauer von beträchtlicher Höhe und Gewicht befand.

Vogt deutet die Anlage als Fundament einer Terrassenanlage, bzw. was er als wahrscheinlicher annimmt, als ein kellerartiger Unterbau, der von oben her zugänglich war. Bestätigt sieht er diese Annahme durch das Fehlen von Durchgängen zwischen den Kompartments und dem Auftreten von Funden im Schnitt innerhalb des Kompartments. Im Inneren der freigelegten Kammer konnte weder eine stratigraphische Abfolge noch in situ-Funde festgestellt werden; über der bloßen Hügeloberfläche fand sich lediglich eine Füllung aus Steinen von zum Teil beträchtlicher Größe, einige Scherben und we-

---

[289] de Cardi, Doe, EW 21, 1971, 252; Kennet, Velde, AAE 6/1, 1995, 85.

[290] de Cardi, Kennet, Stocks, PSAS 24, 1994, 50.

nige eingespülte Kleinfunde. [291]

Die gerade geschilderte Fundsituation könnte auch auf eine reine Fundamentanlage hindeuten, bei der eine ähnliche Konstruktionsweise angewendet worden ist, wie bei den (zugegebenermaßen etwa 1500 Jahre älteren) Umm an-Nar-Türmen. So finden sich z.B. beim Turm von Bat 1145 eine Reihe voneinander isolierter Kammern (ohne Durchgang), die mit Lehm und Steinen gefüllt worden waren, um die Standfestigkeit zu erhöhen. Vielleicht wurde dieses Prinzip hier ebenfalls angewandt und ein Unterbau mit Kammern angelegt, um den am Hang entlang laufenden Mauern eine bessere Standfestigkeit zu verleihen. Wie dem auch sei, bisher konnte eine solche Kompartmentmauer noch bei keiner Bergfestung beobachtet werden.

Die Keramikfunde von der Oberfläche von As 97 decken sich völlig mit denen aus dem Testschnitt. [292] Aufgrund einer fehlenden Stratigraphie muß wohl von einer Einphasigkeit der Festung ausgegangen werden - zu bedenken bleibt aber, daß bisher nur ein sehr begrenztes Areal untersucht wurde.

## IV.2.3 Muweilah

3 km östlich der Stadtgrenze von Sharjah liegt das ca. 10 ha große Areal von Muweilah, auf dem sich sowohl früheisenzeitliche als auch islamisch-neuzeitliche Reste finden. Nach einer Feldbegehung durch die Französische Archäologische Mission in Sharjah wurden 1988/89 im Südwesten des Areals drei Suchschnitte gelegt, die zum Teil mehrere Nutzungsphasen erbrachten. Das interessanteste Ergebnis war auf einem etwa 2 m hohen Hügel mit 50 m Durchmesser zu beobachten. Nachdem eine ca. 150 m² große Fläche gesäubert worden war, zeigte sich, daß der Hügel zum Teil aus gehärteten Sandblöcken bestand, die nach Meinung der Ausgräber als Umfassung für vergängliche Strukturen wie *barastis* oder Zelte dienten. [293]

Entsprachen die Ergebnisse der kurzen Untersuchung, was Siedlungsstruktur und Fundinventar betreffen durchaus anderen zeitgleichen Fundplätzen, so wurden wegen der ungewöhnlichen Lage von Muweilah die Grabungen 1994 durch ein Team der Australischen Archäologischen Expedition wieder aufgenommen. [294]

In drei Arealen (A - C) wurden Grabungen durchgeführt (Abb. 79). In Areal A kamen lediglich zwei Steinstrukturen zutage, bei denen es sich wohl um Öfen handelt. In Areal B lag direkt unter der Oberfläche ein aus unbearbeiteten Steinen errichtetes Gebilde, das an einigen Stellen stark gestört war. Seine Funktion konnte wegen des schlechten Erhaltungszustands nicht geklärt werden, möglicherweise handelt es sich aber auch hier um den Unterbau für *barastis* oder ähnlicher Strukturen.

---

[291] Vogt, Asimah, 139 - 140, mit Abb. 60.

[292] Vogt, Asimah, 140 - 146.

[293] Mouton, Boucharlat, Sharjah 5, 5 - 6, mit Abb. 2, 5, 6.

[294] Alle bisher untersuchten Siedlungen liegen entweder an der Küste (vgl. oben, z.B. Tell Abraq, Shimal etc.), in den fruchtbaren Alluvialebenen am Fuße des Gebirges (z.B. Hili, Rumeilah etc.) oder den Wadis. Mit Muweilah wurde erstmals eine Siedlung in einer der aridesten Regionen der Halbinsel untersucht, Magee, AAE 7/2, 1996, 209 - 211.

Das Hauptaugenmerk der Ausgräber richtete sich auf Areal C, wo insgesamt eine Fläche von etwa 450 m² freigelegt wurde. Ausgegraben wurden
bisher die Reste eines, evtl. aber auch zweier aus Lehmziegeln und Steinen
errichteter Gebäude (Abb. 80). Die Hauptstruktur besteht aus einer Reihe
kleiner rechteckiger Räume mit Fußböden aus gehärtetem Sand. Eine 1,3 m
starke Mauer verläuft parallel zu der möglichen Aussenmauer des Gebäudes;
vielleicht handelt es sich hier um eine Umfassungsmauer. Ob weitere, zum
Teil stark gestörte Mauerreste in Verbindung mit diesem Gebäude stehen oder
zu anderen Gebäuden gehören, läßt sich zum momentanen Grabungsstand
nicht sagen. [295]
    Das Gebäude in Areal C ging durch einen Brand zugrunde, wie eine
flächendeckende Ascheschicht zeigte. Holzkohleproben aus Areal C, ergänzt
durch Dattelkerne, ergaben für dieses Areal ein C14-Datum zwischen 800 -
600 v. Chr. Eine einzelne untersuchte Probe aus Areal B, ergab eine Datierung zwischen 1100 - 800 v. Chr. - möglicherweise war Areal B also schon
vor Areal C besiedelt. [296]

## IV.2.4 Bithnah

Bei einem 1988/89 durchgeführtem Survey durch die SLFA in der Umgebung
des modernen Ortes Bithnah wurden insgesamt sechs Siedlungen / Gebäude-
gruppen lokalisiert, von denen jedoch nur zwei mit ziemlicher Sicherheit datiert werden konnten. Es handelt sich dabei um die Fundorte Bithnah B, wo
sich vier rechteckige Gebäude an der Oberfläche abzeichneten, und Bithnah
H, wo Reste einer zweischaligen Mauer sichtbar waren. Über die Oberflächenkeramik datieren beide Plätze in die Eisenzeit. [297]
    1993 wurde in Bithnah B eine kurze Grabung unternommen. Zwei Ge-
bäude, die in zweischaligem Trockenmauerwerk mit Kiesfüllung errichtet
worden waren, wurden freigelegt.
    Das Ostgebäude, mit drei Schnitten untersucht, hat die Ausmaße von
12,5 x 6,5 m. An einen großen Raum / Hof sind im Westen zwei kleinere
Räume angebaut (Abb. 81). Von den Mauern selbst sind nur noch die 0,80 m
breiten Fundamente erhalten.
    Bei dem Westgebäude handelt es sich um einen rechteckigen Bau (5 x
6,5 m) mit abgerundeten Ecken (Abb. 82). Der 1 m breite Eingang befindet
im Südosten und ist durch vier, noch erhaltene Stufen aus großen flachen
Steinblöcken gekennzeichnet. Die Mauern des Westgebäudes sind 0,5 m
stark und bestehen zum Teil aus Kalkstein. Im Westen schließt sich eine halbkreisförmige Struktur an, an die sich wiederum zwei weitere Mauern anschließen und eine Art offenen Hof bilden.

---

[295] Magee, AAE 7/2, 1996, 196 - 199.

[296] Magee, AAE 7/2, 1986, 213, Addendum.

[297] Corboud, Castella, Hapka, Im-Obersteg, Fujairah 2, 25 - 26; in Corboud, Castella,
Hapka, Im-Obersteg, Terra Archaeologica I, 3 - 5, entspricht Bithnah B dem Fundort site
44.

Die gefundene Keramik datiert in die Eisenzeit, die Art der Nutzung der Gebäude ist jedoch unbekannt. [298]

## IV.2.5 Husn Awhala

Im Januar 1996 entdeckte ein Team der Universität von Sydney in Awhala eisenzeitliche Keramik (iron II), die sich um die alte Lehmziegelfestung des Ortes konzentrierte. Zwei Suchschnitte wurden gelegt: Einer im Inneren des Forts, an einer kleinen Erhöhung, an deren Oberfläche Reste von Steinmauern zu erkennen waren und ein zweiter außerhalb der Befestigung, an einer Stelle, wo ebenfalls Reste einer massiven Steinmauer sichtbar waren.

Im Inneren des Forts wurde ein 2 x 2 m großer Schnitt entlang einer der sichtbaren Mauern gelegt und in 20 cm Schichten bis zu einer Tiefe von 1,4 m ausgegraben. Zutage kam ein Zerstörungshorizont, gekennzeichnet durch verbrannte Lehmziegel, Holzkohle und den Resten zweier verkohlter Dachbalken, die wohl bei der Zerstörung des Gebäudes nach innen stürzten. Der zweite Schnitt, außerhalb der Anlage wurde bis zu einer Tiefe von 1,1 m freigelegt und erbrachte aus den untersten Schichten ebenfalls eisenzeitliche Keramik. [299]

Eine Altersbestimmung dreier Proben aus dem inneren Testschnitt (darunter einer der beiden verkohlten Dachbalken) ergab eine relativ einheitliche Datierung für die Siedlung von etwa 800 v. Chr., [300] was gut mit der gefundenen Keramik übereinstimmt. Zieht man die zahlreichen Gräber des 3. Jt. in der Umgebung des Ortes in Betracht, könnte möglicherweise bereits zu dieser Zeit eine Besiedlung angenommen werden. Einige Wadi Suq-Scherben deuten jedenfalls darauf hin, daß Awhala bereits in der Mitte des 2. Jt. (ca. 1500 - 1300 v. Chr.) besiedelt gewesen ist. [301]

## IV.2.6 Rafaq

1982 führten Beatrice de Cardi und Brian Doe ein Survey im südlichen Teil von Ras al-Khaimah durch, wobei sie sich auf das Wadi al-Qawr konzentrierten. Sie identifizierten insgesamt acht Fundplätze des 1. Jt. v. Chr, darunter drei Siedlungen (site 4, 6, 10). [302] Die Siedlung site 10 (Raha) liegt am Nordufer des Wadis, durch ein schmales Wadibett vom zugehörigen Gräberfeld site 11 (Fashgha) getrennt. [303] Über eine Länge von etwa 100 m lassen sich dort mehr als sechs Fundamente rechteckiger Strukturen erkennen. Da auffällig wenig Steine das Areal bedecken, bleibt zu vermuten, daß das aufgehende Mauerwerk aus Lehmziegeln bestand.

---

[298] Corboud, Castella, Hapka, Im-Obersteg, Fujairah 2, 7, 31 - 32.

[299] Potts, Weeks, Magee, Thompson, Smart, AAE 7/2, 1996, 214 - 220.

[300] Potts, Weeks, Magee, Thompson, Smart, AAE 7/2, 1996, 235 - 236 und 228, Tab. 11.

[301] Potts, Weeks, Magee, Thompson, Smart, AAE 7/2, 1996, 221, 237.

[302] de Cardi, AOMIM, 210, Abb. 4.

[303] Phillips, Fashgha 1, 7 - 8.

Site 6, eine weitere Siedlung, befindet sich 3 km wadiabwärts. Leider
war der Siedlungsbereich durch Bulldozer eingeebnet worden, so daß außer
Resten einer Umfaßungsmauer keinerlei Strukturen mehr erkennbar waren.

Direkt gegenüber der Siedlung site 6 erhebt sich ein steiler Felsen, auf
dem eine neuzeitliche Festung ruht (site 4, heute Rafaq). Die Auswertung der
Oberflächenkeramik ergab aber einen hohen Prozentsatz eisenzeitlicher Keramik, so daß die ursprüngliche Festung auf das 1. Jt. zurückgeht. [304]

1989 von C.S. Phillips in Rafaq durgeführte Grabungen bestätigten dies.
Bei der Freilegung eisenzeitlicher Gebäude zeigte sich, daß die neuzeitliche
Festung direkt zwischen die Reste der Festung des 1. Jt. gebaut worden war
und sich die jüngeren Mauern durch ihre wenig sorgfältige Ausführung deutlich von den älteren unterscheiden. Ein interessanter Befund ist außerdem die
Freilegung einer Treppenanlage mit Steinstufen, die zu der Festung hinauf-
führt und auch bei anderen Bergfesten (Lizq, Zahra) zu beobachten ist. [305]


## IV.2.7 Die Ebene von Dhaid-Fili und al-Madam

Eingebettet zwischen dem Hajjar-Gebirge im Osten und den Ausläufern der
Rub al-Khali im Westen liegt eine fruchtbare Ebene, die im nördlichen Bereich "Dhaid-Fili plain" und im südlichen Bereich "al-Madam plain" genannt
wird. Sie erstreckt sich in etwa vom Ort Dhaid bis zu dem 70 km südlich ge-
legeneren Ort ash-Shu´ayb.

Seit Ende der 60er Jahre durchgeführte Feldbegehungen, die zu Beginn
der 90er Jahre noch intensiviert wurden, erbrachten Besiedlungsspuren vom
Neolithikum, [306] über die Umm an-Nar-Periode [307] und die Eisenzeit, bis hinein in die islamische Zeit. [308] Am dichtesten Besiedelt war die Ebene in der
Eisenzeit, und zwar in der Gegend um Mleiha (späte Eisenzeit) und in al-
Madam, mit den in unmittelbarer Umgebung liegenden Fundorten Jebel Buhais, Umm Safah und Thuqaibah (frühe Eisenzeit, Abb. 83).

### IV.2.7.1 Mleiha (Areal B)

Im nördlichen Bereich der Ebene von al-Madam liegt Mleiha, in dessen Umgebung erstmals 1968 Feldbegehungen durchgeführt wurden. Bereits damals
datierte Frifelt die Oberflächenfunde in die sog. "Hellenistische Periode", [309]
was durch eine kurze Grabungskampagne eines irakischen Teams 1973 be-

---

[304] de Cardi, AOMIM, 203 - 205.

[305] Potts, Arabian Gulf, 364.

[306] Cauvin, Calley, Sharjah 1, 18 - 19; Minzoni Déroche, Sharjah 2; Calley, Dalongeville,
Sanlaville, Santoni, Sharjah 3; Mouton, Sharjah 5, 4.

[307] Es handelt sich hierbei jedoch nur um Gräber, Siedlungsreste aus dieser Zeit wurden
bisher nicht beobachtet, Mouton, Sharjah 6, 4 (AM16 und AM25); Benton, Orient-
Express 1994/1. Für die Wadi Suq-Zeit fehlen sowohl Gräber als auch Siedlungen.

[308] Mouton, Sharjah 6, 5.

[309] Frifelt, Kuml 1968, 1969, 175.

stätigt wurde. [310]

Seit Mitte der 80er Jahre war die Ebene von al-Madam Ziel ausgedehnter Surveys und Magnetometerprospektionen der French Archaeological Misson to Sharjah, [311] was schließlich zur Wiederaufnahme der Grabungen 1986 führte.

Es konnte bewiesen werden, daß Mleiha, wie ed-Dur, seine Blüte in der sog. "Hellenistischen Epoche" erlebte, [312] aber zumindest in bestimmten Bereichen ebenfalls schon in der frühen Eisenzeit besiedelt war. Die 1986 in Areal B der Siedlung durchgeführten Grabungen erbrachten eisenzeitliche Keramik, Fragmente von Specksteingefäßen und zahlreiche Kupferschlacken in Vergesellschaftung mit einem Horizont, der aus Pfostenlöchern und Gruben (Abb. 84) unbekannter Funktion besteht. Westlich davon war ein Brunnen etwa 5 m eingetieft worden. Auch in einer Sondage, etwa 200 m westlich der Nekropole von Mleiha (Areal A), wurde früheisenzeitliche Keramik gefunden. [313]

### IV.2.7.2 Jebel Buhais

Einige Kilometer nördlich von al-Madam erhebt sich der etwa 340 m hohe Jebel Buhais. Zwei Fundstellen wurden dort entdeckt: Ein Gräberfeld am südlichen Fuß des Berges [314] und Reste eines vermeintlich eisenzeitlichen Steingebäudes auf einem Vorsprung am Südosthang. [315]

Leider stellte sich bei einer Grabung 1994 heraus, daß das große Gebäude (19 x 44 m) wohl in die islamische Zeit zu datieren ist, da sich eisenzeitliche Keramik nur auf der Oberfläche fand und aus den archäologischen Schichten lediglich islamische Keramik zutage kam. [316]

### IV.2.6.3 Umm Safah

Südöstlich von Jebel Buhais liegt der moderne Ort Umm Safah. Die archäologische Zone mit einer Ausdehnung von knapp 2 km² erstreckt sich inmitten eines intensiv landwirtschaftlich genutzen Bereichs, so daß Reste von Lehmziegelmauern nur in den wenigen ungenutzten Flächen sichtbar sind. Neben typisch früheisenzeitlichen Material, fanden sich auch Scherben, die mit der

---

[310] Madhloom, Sumer 30, 1974, 149 - 153.

[311] Boucharlat, Sharjah 1, 10; Hesse, Sharjah 2, 37; Boucher, Hesse, Sharjah 3, 31 - 43. Die Surveytätigkeit wurde auch während der folgenden Grabungskampagnen fortgesetzt, Boucharlat, Garczynski, Sharjah 4, 41 - 42.

[312] Der Begriff "Hellenistische Epoche" für die Emirate wurde in jüngster Zeit durch die Bezeichnung "Preislamique Recente" (PIR A - D) ersetzt und umfaßt etwa den Zeitraum von 300 v. Chr. bis zum Beginn des 4 Jh. n. Chr., Mouton, Peninsule d´Oman, 22 - 35.

[313] Boucharlat, IA 6, 294; Boucharlat, Mouton, Garczynski, Gouin, Sharjah 3, 50 - 51; Mouton, Sharjah 4, 45 - 47.

[314] Boucharlat, Pecontal-Lambert, Sharjah 6, 11; Benoist, Mouton, PSAS 24, 1994, 5.

[315] Boucharlat, Sharjah 6, 19; Mouton, Sharjah 6, 5; Benoist, Mouton, PSAS 24, 1994, 4.

[316] Benoist, Mouton, Sharjah 7, 45 - 46 und Abb. 32, 33.

frühesten Siedlungsphase in Mleiha gleichzusetzen sind. [317]

Wie in al-Madam und Thunqaibah konnten auch in Umm Safah Überreste eines alten *falaj*-Systems beobachtet werden. Erkennbar ist der Verlauf eines *falaj* durch kleine Erhöhungen in regelmäßigen Abständen, die durch den Aushub der Wasserleitung entstanden sind. Die Entstehung der *falaj*-Technik auf der Halbinsel geht auf die Eisenzeit zurück, wie die bisher ältesten Beispiele in Hili und Maysar zeigen. Da heute in der Region von al-Madam kein *falaj* mehr in Gebrauch ist, sollte durch einige Testschnitte versucht werden, einen möglichen Zusammenhang zwischen den *aflaj* und der eisenzeitlichen Besiedlung der Gegend festzustellen. Die Ergebnisse der Grabung belegten zwar eine eisenzeitliche Nutzung des Areals, aber nicht wie erwartet, eine feste Siedlung. Vielmehr deuten die wenigen freigelegten Gruben nur auf eine temporäre Besiedlung hin. [318]

### IV.2.6.4 al-Madam

Nördlich des modernen Ortes al-Madam liegt ein weiterer Siedlungsbereich, der sich über eine Fläche von etwa 2,0 x 0,5 km erstreckt. Dort befinden sich fünf große Erhebungen und Spuren von Lehmziegelstrukturen. Auch in diesem Bereich wurde ein Suchschnitt angelegt. Wie in Umm Safah kamen auch hier keine architektonischen Reste zutage, aber eine 2,6 m hohe Schicht, die sich in fünf Phasen gliedern läßt, bezeugt eine intensive Besiedlung der Gegend in der Eisenzeit. [319]

### IV.2.6.5 al-Thuqaibah

In der Ebene von al-Madam entdeckte die Französische Archäologische Mission 1979 zahlreiche Hügel, unter denen sich auch eisenzeitliche Gräber finden. [320] 1987/88 führte der Antikendienst des Emirats Sharjah in dieser Gegend Grabungen durch. Es handelt sich dabei um eine eisenzeitliche Siedlung bei al-Thuqaibah (AM1), ca. 3 km östlich von al-Madam. Auf einem ca. 35 x 20 m großen Areal, das sich etwa 2,5 m über die Ebene erhebt, wurden die Reste eines Lehmziegelhauses freigelegt, das noch einen hervorragenden Erhaltungszustand aufweist. Vereinzelt stehen die Wände des Gebäudes noch 2,15 m hoch an und auch Teile der Dächer sind erhalten. Die Stärke der Mauer liegt zwischen 0,4 - 0,5 m und sie besteht aus einer einzelnen Reihe von Lehmziegeln, die mit einer doppelten Lage Lehm verputzt sind. Das Format der verbauten Ziegel beträgt 40 - 45 x 50 - 55 x 6 - 7 cm.

Die acht Räume sind relativ eng, kaum breiter als 2 - 3 m, dafür aber bis zu 7 m lang und mit halben Palmstämmen überdacht. Einer der signifikantesten architektonischen Reste stellt eine völlig erhaltene Treppe dar, die aus zehn 0,85 m breiten Lehmziegelstufen besteht. Weiterhin lassen sich in einer Höhe von 1,5 m einige Fenster, sowie eine 0,75 m breite und 1,5 m hohe

---

[317] Mouton, Sharjah 6, 4 - 5; Benoist, Mouton, PSAS 24, 1994, 2.

[318] Benoist, Mouton, PSAS 24, 1994, 4 - 5; Benoist, Mouton, Sharjah 7, 45.

[319] Benoist, Mouton, PSAS 24, 1994, 4; Benoist, Mouton, Sharjah 7, 45.

[320] Salles, AUAE 2 - 3, 1980, 80.

Türe beobachten. Installationen finden sich sowohl in den Räumen bzw.
Höfen und außerhalb des Gebäudes. Dabei handelt es sich um rechteckige
Feuerstellen, die aus Lehmziegeln bestehen (Abb. 85). [321]

1994 wurden die Ausgrabungen, ausgehend vom 1988 freigelegten Gebäude, fortgesetzt. Nordöstlich kam ein weiteres Gebäude zutage, das aber
wesentlich schlechter erhalten war - seine eingestürzten Mauern bildeten
einen dicken Zerstörungshorizont. Südöstlich liegt ein Hof, der von einer genischten Mauer eingeschlossen wird, und ein weiterer großer Hof wurde teilweise im Nordwesten freigelegt und ist einer zweiten Nutzungsphase zuzurechnen. [322] 500 m südlich von AM1 liegt ein weiteres Siedlungsareal (AM5),
gekennzeichnet durch Keramik und sichtbare Lehmziegelstrukturen. [323]

Neben Rumeilah und H2 gehört die Siedlung von al-Thuqaibah bisher
zu den am besten erhaltenen Siedlungen der Eisenzeit.

## IV.2.8 Die Oase von al-Ain / Bureimi

In der Oase von al-Ain / Bureimi konzentrieren sich eine Reihe von wichti-
gen Fundplätzen für die frühe Eisenzeit. Von Norden nach Süden sind das die
Siedlungen von Qarn Bint Sa`ud, Hili (H2, 5, 6, 14), Rumeilah und Qattarah
(Abb. 2).

### IV.2.8.1 Qarn Bint Sa`ud

Ca. 15 km nördlich von al-Ain erhebt sich der Felsen Qarn Bint Sa`ud mit
zahlreichen Gräbern unterschiedlicher Epochen. 500 m nordwestlich des Felsens liegt eine Siedlung, die heute zum Teil von Sanddünen überdeckt ist.
Sichtbar ist eine große rechteckige Lehmziegelstruktur, die denen von H2
und Rumeilah ähnelt. Die Oberflächenkeramik entspricht ebenfalls der von
H2 und Rumeilah und datiert in die frühe Eisenzeit. [324]

### IV.2.8.2 Hili 2

9,5 km nordwestlich von al-Ain und etwas westlich des modernen Ortes Hili
liegt die Siedlung H2. Von der ursprünglichen Siedlungsfläche ist nur noch
ein Areal von 50 x 70 m erhalten, der Rest ist durch moderne Bebauung zerstört. Von den 12 Lehmziegelgebäuden, [325] deren Grundrisse sich an der Oberfläche abzeichneten, wurden von 1976 - 1979 sechs vom DAAD unter der
Leitung von Saeed ur-Rahman ausgegraben. [326]

---

[321] Boucharlat, Bernard, David, Mouton, Sharjah 4, 30 - 32.

[322] Benoist, Mouton, Sharjah 7, 45; Benoist, Mouton, PSAS 24, 1994, 4.

[323] Mouton, Sharjah 6, 4.

[324] Cleuziou, Pottier, Salles, AUAE 1, 1978, 11; Lombard, L`Arabie orientale, 133; Ste-
vens, Mesopotamia 29, 1994, 201.

[325] Lombard, L`Arabie orientale, 134 und Abb. 61.

[326] Publiziert sind bisher jedoch nur die Häuser 1 - 4.

Haus 1:

Haus 1 besteht aus neun Räumen, die zusammen eine Gesamtfläche von 250 m² erreichen (Abb. 86). Das Bauwerk gliedert sich in zwei von einander unabhängige Teile. Der Nordteil besteht aus den Räumen 8 und 7, eine 42 m² große "Halle", deren Wände mit pilasterartigen Vorsprüngen versehen sind. Von außen her ist Raum 7 über zwei Stufen zugänglich. Der Haupteingang des Südteils des Hauses führt in eine Küche (Installationen: Feuerstellen, Waschplatz), von der aus man zu den restlichen Räumen gelangt. Westlich von Raum 4 fanden sich Reste einer Treppe, die zum Dach des Hauses führt.

Die Mauern sind noch etwa 1,30 m hoch erhalten und waren mit einer 4 - 8 cm dicken Lehmschicht verputzt. Die Fundamente des Hauses sind nicht sehr stark. Sie bestehen aus zwei bis drei Lagen Lehmziegel, die direkt auf eine dicke Lage Stampflehm gesetzt wurden, die zuvor auf den sandigen Untergrund aufgetragen worden war.

Haus 2:

Nördlich von Haus 1 liegt das mit 162 m² etwas kleinere Haus 2. Es besteht aus vier rechteckigen Räumen, die von Osten her über Raum 3 zugänglich waren (Abb. 87). Dieser Eingang war zu einem späteren Zeitpunkt zugesetzt worden, was für eine längere Nutzung des Gebäudes spricht. Die Mauern stehen noch bis zu einer maximalen Höhe von 2,30 m an. In der Ost- und Westwand von Raum 1 haben sich sieben Löcher mit einem Durchmesser von 8 - 12 cm erhalten, die vom Ausgräber als Balkenlöcher angesprochen und als Hinweis auf die Dachkonstruktion gedeutet werden. Nischen mit kleinen rechteckigen Öffnungen dienten wohl der Licht- und Luftzufuhr. Die Fundamentierung entspricht der von Haus 1.

Haus 3:

Die sieben rechteckigen Räume von Haus 3 (250 m²) (Abb. 87) weisen alle Spuren von Veränderungen auf (zugesetze Durchgänge, nachträglich eingezogene Mauern), was auch hier auf eine längere Besiedlung hindeutet. Wie in Haus 2 finden sich auch hier Balkenlöcher und Ventilationsöffnungen. Fundamentiert war das Gebäude wie Haus 1.

Haus 4:

Haus 4 besteht aus vier Räumen, die miteinander durch Durchgänge verbunden waren. Der Zugang erfolgte von Osten her (Abb. 87). Die Konstruktionstechnik entspricht der der anderen Häuser. [327]

H2 wird in die frühe Eisenzeit datiert. Zwar zeigten die Grabungen mehrere bauliche Veränderungen / Bauphasen, dennoch ist für die Siedlung lediglich eine einzige Nutzungsphase anzunehmen, da innerhalb des Fundinventars keine Veränderung festzustellen ist. [328]

---

[327] Lombard, Aspects culturels, 36 - 37; Rahman, AUAE 2 - 3, 1980, 8 - 9. Eine gute Farbabbildung der Siedlung findet sich bei Kay, Archaeological Heritage, 45.

[328] Rahman, AUAE 2 - 3, 1980, 10.

### IV.2.8.3 Hili 5 und Hili 6

Die Siedlungen H5 und H6 können über die Oberflächenkeramik zeitgleich mit H2 und H14 datiert werden. An der Oberfläche zeichnen sich Grundriße von Häusern ab, Grabungen wurden jedoch noch nicht durchgeführt. [329]

### IV. 2.8.4 Hili 14

Nordöstlich von H5 und H6 wurde 1982 die große Anlage von H14 durch Oberflächenreinigung und zwei Sondagen untersucht. Es handelt sich um einen annähernd quadratischen Lehmziegelkomplex mit 62 m Seitenlänge im Norden, 50 m im Westen, 62 m im Süden und 48 m im Osten (Abb. 88).

Die Stärke der Umfassungsmauer beträgt 1,50 m und sie ist an jeder Seite mit starken Vorsprüngen versehen (ca. 2;50 m breit, 3,50 m lang). Im Inneren der Anlage sind zahlreiche Gebäude / Räume an die Umfassungs-mauer angebaut, die eine Mauerstärke von etwa 0,35 - 0,40 m aufweisen und aus 0,55 m langen Lehmziegeln bestehen. In der Nordwestecke des Komple-xes befindet sich eine Art Rampe oder Korridor aus zwei, 3 m voneinander entfernt parallel verlaufender Mauern, die wohl als Eingang anzusprechen ist.

An der Südseite liegt ein Gebäude, daß aus dem großen Raum 37 (11 x 6 m), sowie den südlich gelegenen kleineren Räumen 33 - 36 besteht und eine Gesamtabmessung von 20 x 8 m hat. Die West- und Ostmauern von Raum 37 sind mit jeweils vier Vorsprüngen versehen. Dieses Gebäude könnte mögli-cherweise zu einer späteren Bauphase gehören, da es nicht wie die anderen Gebäude direkt an die Umfassungsmauer anschließt, sondern an der Südseite zusätzlich eine Mauer eingezogen wurde. An beiden Seiten des Gebäudes sind Fensteröffnungen zu erkennen.

Die beiden Sondagen wurden innerhalb und außerhalb der südlichen Umfassungsmauer der Anlage geöffnet (Abb. 88). Durch die innere Sondage wurde Raum 33 des oben erwähnten Gebäudes freigelegt. Seine Mauern stan-den noch 1,85 m hoch an und waren mit Lehm verputzt. In der äußeren Son-dage wurde die Umfassungsmauer bis zu einer Tiefe von 2,50 m, wo man auf den dazugehörigen Boden stieß, freigelegt. [330]

Steht die Datierung in die frühe Eisenzeit außer Frage, da die Keramik mit der von H2 und Rumeilah übereinstimmt, ist die Funktion der Anlage nicht geklärt. Verschiedene Vorschläge wurden bisher gemacht: Festung, Karawan-serai oder „bâtiment collectif" mit dem südlichen Gebäude als Sitz einer hochgestellten Persönlichkeit. [331]

Zieht man die zentrale Lage der al-Ain-Oase in Betracht, die am Han-delsweg liegt, der die Küste des Arabischen Golfs mit dem Landesinneren der Halbinsel verbindet, könnte die Deutung als Karawanserai durchaus zu-

---

[329] Cleuziou, Pottier, Salles, AUAE 1, 1978, 11; Lombard, L´Arabie orientale, 134.

[330] Lombard, L´Arabie orientale, 159 - 160; Boucharlat, Garczczynski, AUAE 4, 1985, 62 - 63.

[331] Boucharlat, Lombard, PSAS 13, 1983, 7; Lombard, L´Arabie orientale, 135, 160; Boucharlat, AOMIM, 192; Boucharlat, Garczynski, AUAE 4, 1985, 64.

treffen. Eine Funktion als Fluchtburg für die in der frühen Eisenzeit relativ dicht besiedelte Oase ist ebenfalls nicht auszuschließen.

### IV.2.8.5 Hili 17

Die in H17 freigelegten Lehmziegelgebäude spiegeln die Architektur zeitgleicher Siedlungen wie H2, Muweilah oder al-Thuqaibah wieder. [332]

### IV.2.8.6 Rumeilah

Zwischen den modernen Orten Hili und Qattarah liegt der Fundort Rumeilah, früher auch unter dem Namen Hili-Qattarah-Tell bekannt, der bis heute wohl eine der wichtigsten Siedlungen der frühen Eisenzeit auf der Halbinsel ist. Der 800 m lange und 150 m breite Hügel wurde erstmals 1968 von Karen Frifelt untersucht. Sie legte einen Schnitt durch den 3 - 4 m hohen Tell, der eine ca. 1 m dicke Kulturschicht erbrachte. An der höchsten Stelle des Hügels sichtbare Lehmstrukturen präsentierten sich nach der Säuberung der Oberfläche als ein ca. 9 x 6 m großes Gebäude aus getrockneten Lehmziegeln. Innerhalb des Gebäudes waren vereinzelte Mauern bzw. Fundamente, Feuerstellen, Reste von Fußböden sowie sechs Pfeilerbasen erkennbar. Trotz dieser nur sehr oberflächlichen Untersuchung vermutete Frifelt schon damals mehrere Siedlungsphasen. [333]

Diese Annahme wurde durch die Grabungen der Franzosen von 1981 - 1983 bestätigt. Insgesamt wurden fünf Gebäude oder Gebäudeeinheiten in vier Arealen freigelegt (Abb. 89), [334] die alle aus Lehmziegeln (45 x 60 x 7 - 9 cm) errichtet sind. Die Fundamente bestehen, wie in H2, nur aus ein bis zwei Lagen von Lehmziegeln, die direkt auf dem Sand ruhen. Die Lehmziegel waren als Läufer verlegt, so daß die Mauerstärke maximal eine Ziegelbreite (45 - 50 cm) beträgt. Die Böden bestehen in der Regel aus Lehm, Installationen konnten nur selten beobachtet werden. Durchgänge der Häuser waren anhand der steinernen Schwellen und Türangelsteine gut erkennbar. Wie in H2 und al-Thuqaibah fanden sich auch in Rumeilah Reste einer Treppenanlage. Zwar ist von der Dachkonstruktion der Häuser nichts mehr erhalten, aber Steine die entlang der Mauern gefunden wurden, könnten auf eine heute noch gebräuchliche Methode hindeuten, bei der flache Steine auf das obere Mauerende gelegt werden, um das Dach aus Palmstämmen zu stützen. [335]

Die Ausgrabung erbrachte zwei Siedlungsperioden (mit mehreren Unterphasen), die sich vor allem im Keramikinventar unterscheiden und ohne Bruch

---

[332] Pers. Mitteilung W.Y. al-Tikriti. Ein Bericht für AUAE ist in Vorbereitung, Magee, AAE 7, 1996, 212, Anm. 5.

[333] Frifelt, Kuml 1968, 1969, 170 - 172. Leider ist bis heute kein Grundriß des Gebäudes veröffentlicht.

[334] Das auf dem Plan eingezeichnete Haus c wurde 1974 durch das DAAD untersucht, bisher jedoch nicht publiziert, Boucharlat, Lombard, AUAE 4, 1985, 51.

[335] Boucharlat, Lombard, AUAE 4, 1985, 51 - 52; ausführlicher Lombard, L´Arabie orientale, 150 - 156.

aufeinander folgen:[336]

Haus A im Südwesten der Siedlung ist mit 26 x 13 m das größte Gebäude (Abb. 90). Die Mauern sind noch zwischen 0,20 - 0,40 m hoch. Im süd-
westlichen Teil des Hauses haben sich Reste von vier Pfeilern erhalten, die
wohl das Dach stützten. Dort fanden sich auch drei rechteckige Feuerstellen
in den Boden eingetieft. Da sie sich jedoch gegenseitig schneiden, sind sie
nicht zeitgleich. Vergleichbare Feuerstellen finden sich auch an der Nord-
und Nordostseite des Hauses. Haus A wird von den Ausgräbern der Periode I
zugeordnet.

Haus B (25 x 9 m) ist durch eine schmale Gasse von Haus A getrennt
(Abb. 90). Der Hauptraum mißt 9 x 2,50 m und wird im Südwesten und
Süden von Höfen begrenzt. In einer späteren Phase wurde der Hauptraum
durch eine Mauer unterteilt, und die Höfe wurden durch eingezogene Mauern
in Räume umgewandelt. Die Mauern stehen noch bis zu 0,90 m an. Haus B
gehört zu der gleichen Periode wie Haus A.[337]

Der Hauskomplex D-E in Areal 2 war sowohl in Periode I als auch in
Periode II besiedelt. Die frühere Periode I ( mit den Phasen 2a - b) wurde jedoch von den Ausgräbern nur durch vereinzelte Tiefenschnitte erreicht, so
daß der genaue Grundriß unklar bleibt (Abb. 91).

Die jüngere Periode II folgt ohne Hiatus, da die Mauern direkt aufeinan-
dersitzen. Die Mauern aus dieser Periode sind bis zu einer Höhe von 1,50 m
erhalten. Durchgänge sind durch Türschwellen und noch in situ vorhandenen
Türangelsteinen gut erkennbar. Insgesamt gesehen weist diese Periode verschiedene Umbauphasen (2a - b) auf (Abb. 91, 92), was den Grundriß des
Komplexes etwas unübersichtlich macht. Dennoch läßt sich sagen, daß sich
die Architektur von D-E deutlich von den Häusern A und B unterscheidet:
Die Räume folgen einer anderen Anordnung, Höfe, Pfeiler und Feuerstellen
fehlen.

Haus F in Areal 3 ist schlecht erhalten, so ist von den Mauern kaum
mehr als 0,30 m erhalten. Es gliedert sich in drei architektonische Einheiten
der Größe 8 x 8 m, 6 x 5 m und 7,5 x 9 m, die sich um einen Hof gruppieren
und jeweils eine Reihe kleinerer Räume (3 - 4 x 1,5 - 2,5 m) enthalten (Abb.
93). In Haus F konnten drei Bauphasen unterschieden werden, von denen die
älteste (a) bisher kaum faßbar ist. Die jüngste (c) ist stark erodiert, da sie direkt an der Oberfläche des Hügels liegt und nur durch einige Bodenplatten
und Mauerstümpfe repräsentiert wird. Die mittlere Phase (b) mit ihren
Raumeinheiten war am besten faßbar und zu dokumentieren.[338]

Bei dem in Areal 4 freigelegten Haus G lassen sich ebenfalls zwei Bauphasen unterscheiden, die Periode I zugeordnet werden. Sein Grundriß unterscheidet sich völlig von den anderen bisher beschriebenen Gebäuden. Seine
Ausdehnung beträgt 13,5 x 13 - 16 m und gliedert sich in einen bebauten Teil
von 9,5 x 4,5 m und einen Hof von 11,3 x 7,50 m, sowie einen kleineren Hof
(5 x 5 m) in der Südwestecke des Gebäudes (Abb. 94). Die erhaltene Mauer-

---

[336] Boucharlat, Lombard, AOMIM, 238; Boucharlat, Lombard, AUAE 4, 1985, 49 - 50.

[337] Boucharlat, Lombard, PSAS 13, 1983, 4; Boucharlat, Lombard, AUAE 4, 1985, 52.

[338] Boucharlat, Lombard, PSAS 13, 1983, 4; Boucharlat, Lombard, AUAE 4, 1985, 52 -
53.

höhe beträgt 1,30 m. Durch einige Testschnitte konnte festgestellt werden, daß der Grundriß dieses Gebäudes der Periode I,2a fast identisch ist mit dem des älteren Gebäudes der Periode I,2b. [339]

Neben dieser relativen Chronologie liegen mittlerweile elf C14-Daten vor, [340] die für Rumeilah folgendes Bild ergeben: [341]

| | | | | | |
|---|---|---|---|---|---|
| RuIA | 1350 / 1300 - 1150 / 1100 v. Chr. | | | | 1 |
| | | Haus A - B | | Haus G | |
| RuIB | 1150 / 1000 - 1000 / 950 v. Chr. | | | | 2 |
| RuIIA | 1000 / 950 - 750 / 700 v. Chr. | | 1a | | a |
| | | | 1b | | |
| | | Haus D - E | | | |
| | | | 2a | | |
| RuIIB | 750 / 700 - 500 / 450 v. Chr. | | 2b | Haus F | b |
| RuIIC | 500 / 450 - 350 / 300 v. Chr. | | | | c |

Die Siedlungsstruktur von Rumeilah weist kein einheitliches Bild auf. Die Gebäude der vier untersuchten Areale unterscheiden sich hinsichtlich ihrer Grundrisse und Anordnung.

Die Häuser A - B in Areal 1 weisen einen langgestreckten Grundriß mit einem Hof im Zentrum oder an der Seite auf. Sie sind dicht aneinander gebaut, sind aber von einander unabhängig. Die Häuser D-E und F dagegen bestehen aus einem Konglomerat verschiedener architektonischer Einheiten ohne übersichtlichen Grundriß. Haus C wiederum steht isoliert und besitzt einen annähernd quadratischen Grundriß. [342]

Eine Funktionszuweisung für die einzelnen Häuser ist nicht möglich, da im Inneren kaum Installationen vorhanden waren. Möglicherweise fand beim Übergang von Periode I zu Periode II eine Verlagerung der Siedlung nach Nordosten statt, da Spuren dieser Periode im Südwesten bisher völlig fehlen. Diese Verlagerung könnte auch eine Änderung der Siedlungsweise bedingt haben. Lagen in der Periode I große, unbebaute Flächen innerhalb der Siedlung, so drängen sich jetzt die Gebäude der Periode II eng aneinander.

---

[339] Boucharlat, Lombard, AUAE 4, 1985, 53.

[340] Boucharlat, Lombard, IA 6, 303, Tab. 1. Zur Herkunft der einzelnen Proben, Boucharlat, Lombard, IA 6, 303 - 307, mit Abb. 1 - 2.

[341] Boucharlat, Lombard, AUAE 4, 1985, 50; Boucharlat, Lombard, IA 6, 310 - 313, Tab. 4. Anhand iranischer Vergleichsstücke wurden die Perioden von Rumeilah durch Magee neu datiert: Für Rumeilah I ca. 1100/1000 - 600 v. Chr. und Rumeilah II ca. 600 - 300 v. Chr, Magee, IranAnt 32, 1997, 105.

[342] Boucharlat, Lombard, PSAS 13, 1983, 6; Boucharlat, Lombard, AOMIM, 238; Boucharlat, Lombard, AUAE 4, 1985, 51; Lombard, L´Arabie orientale, 156 - 158.

## IV.2.8.7 Qattarah

Östlich von Rumeilah, aber ebenfalls zwischen den modernen Orten Hili und Qattarah, liegen sechs niedrige Erhebungen (Q1 - 5, 7), auf denen Siedlungskeramik des frühen 1. Jt. gefunden wurde. [343] Eine vorgenommene Testgrabung durch ur-Rahman an einem dieser Hügel erbrachte jedoch kein Ergebnis. [344]

## IV.2.9 Zahra

Wie bei so vielen Fundorten fehlen auch in Zahra Hinweise auf eine Wadi Suq-zeitliche Besiedlung. Erst in der frühen Eisenzeit war dieses Gebiet wieder intensiv besiedelt. Die Siedlung Zahra 2 liegt einige 100 m südlich von Zahra 1, wiederum auf beiden Wadiseiten, erreicht aber mit einer Fläche von 900 x 900 m fast die dreifache Ausdehnung der Umm an-Nar-zeitlichen Siedlung. Die Siedlung gliedert sich in die Areale L, M und Q, so wie das große Gebäude K und den Bergfestungen A und al-Qarn al Mu`allaq (Abb. 36).

Areal Q ist der größte Siedlungsbereich, der aus einem Konglomerat zahlreicher Gebäude besteht (Abb. 95), deren Größe zwischen 9 x 13 und 13 x 13 m liegt. Das an der Oberfläche am besten erkennbare Gebäude im Nordosten von Q besteht aus Räumen, die sich um einen Hof gruppieren. Die Gebäude von Areal M entsprechen in Ausmaß und Grundriß denen von Q, während L fast vollständig zerstört ist. Von Gebäude K sind nur noch drei Räume von etwa 3 x 5 - 6 m erhalten (Abb. 95). Die Funktion des Gebäudes, das die Siedlung überragt, ist nicht zu bestimmen, fest steht jedoch, daß es sich nicht um eine Festung handelt.

Die Mauern der Gebäude bestehen aus kleinen Steinen oder großen Flußkieseln und vereinzelten Kalksteinblöcken. Die Mauerstärke variiert zwischen 0,50 - 0,70 m.

Zwei Bergfestungen sicherten die Siedlung. Im Westen der Siedlung liegt die kleine Festung A, die nur aus einem rechteckigen Gebäude besteht. Südöstlich von Zahra 2 erhebt sich der 55 m hohe Berg al-Qarn al Mu`allaq, auf dem die zweite, größere Festung sitzt. Spuren der Umfassungsmauer lassen sich noch etwa über eine Länge von 40 m im Südosten der Festung erkennen. Sie muß einst ein Areal von etwa 30 x 15 m eingeschlossen haben. Es fanden sich große Mengen an Scherben, vor allem von großen Vorratsund Wasserbehältern, was auf eine Fluchtburg hindeutet. Zugang zu der Befestigung erfolgte wohl über Stufen an der Südostseite des Berges, von denen jedoch nur noch drei oder vier schlecht erhaltene Stufen vorhanden waren. [345]

---

[343] Cleuziou, Pottiers, Salles, AUAE 1, 1978, 11.

[344] Potts, Arabian Gulf, 370.

[345] Costa, Wilkinson, JOS 9, 1987, 99 - 102.

## IV.2.10 Wadi Fizh

Wie auch in Zahra setzt eine erkennbare Besiedlung im Wadi Fizh erst wieder in der frühen Eisenzeit ein. Drei Siedlungen wurden von Costa und Wilkinson östlich von Wadi Fizh 1 lokalisiert.[346]

Wadi Fizh 2 ist eine Siedlung, die von einer Mauer eingeschlossen wird (Abb. 96). Diese 140 x 75 m große Umfassungsmauer besteht aus Flußsteinen und weißt an den vier Ecken rechteckige, nach außen vorspringende Türme auf. Zugänglich war die Siedlung durch ein befestigtes Tor an der Westseite. Sechs oder sieben eisenzeitliche Gebäude im Innern der Anlage konzentrieren sich westlich des Zentrums. Die Oberflächenkeramik weist eindeutige Parallelen zu anderen füheisenzeitlichen Siedlungen auf.[347]

Etwa 1,2 km wadiaufwärts von diesem Fundort liegt die Siedlung Wadi Fizh 4. Die Gebäude in diesem ca. 3 ha großen Areal sind sehr stark gestört, so daß eine genaue Gebäudeanzahl nicht festgestellt werden konnte. Die Besiedlung scheint jedoch dichter gewesen zu sein als in Wadi Fizh 2.[348]

## IV.2.11 Raki

Einige Kilometer östlich von Yanqul liegt das Gebiet von Raki, wo bereits zu Beginn der 80er Jahre große frühislamische Verhüttungsplätze (Raki und Tawi Raki) durch das Deutsche Bergbau-Museum identifiziert wurden.[349] Bei einem erneuten Besuch 1995, wurde die früheisenzeitliche Siedlung (Ra2) vermessen, die mit einer Fläche von ca. 1600 m² die bisher größte bekannte metallverarbeitende Siedlung dieser Periode auf der gesamten Halbinsel ist und die Wichtigkeit dieser Gegend für die Kupferproduktion durch die Jahrtausende belegt.

Raki 2 liegt auf einer flachen Terrasse, die von zwei Wadis umgeben ist. Auf dieser Terrasse erhebt sich eine fast 5 m hohe Schlackehalde, die zum Teil bereits vom Wadi angefressen ist. Am Fuße der Halde waren zahlreiche Hausgrundrisse zu erkennen, in deren Schalenmauerwerk zum Teil auch größere Schlackenstücke verbaut waren. Da einige Fundamentmauern sowohl auf der Schlacke errichtet, wieder andere von Schlacke überlagert wurden, konnte von einer langen und mehrphasigen Besiedlung ausgegangen werden. Neben den Schlackehalden bestätigten auch auf der Oberfläche verstreute Hammer- und Amboßsteine sowie Ofenbruch bzw. Stücke der Auskleidung von Schmelzgruben die Metallverarbeitung in Raki 2.

Aus dem erodierten Bereich an der Wadikante stammen zahlreiche Scherben, die genau wie die große Menge Oberflächenkeramik die Siedlung eindeutig in die Lizq/Rumeilah-Periode datieren. Unter anderem konnte auch ein großes Vorratsgefäß geborgen werden, das in den weichen Löß der Ter-

---

[346] Wadi Fizh 3 konnte jedoch nicht eindeutig datiert werden, Costa, Wilkinson, JOS 9, 1987, 106 - 107.

[347] Costa, Wilkinson, JOS 9, 105 - 106, Taf. 43.

[348] Costa, Wilkinson, Jos 9, 1987, 107.

[349] Pers. Mitteilung G. Weisgerber.

rasse eingetieft worden war und immer noch in situ lag.[350]

Da das gesamte Gebiet von Raki durch den modernen obertägigen Abbau von Gold und Kupfer stark gefährdet ist, wurde beschlossen, Raki 2 archäologisch zu untersuchen. In der Grabungskampagne von 1996 wurden drei Areale freigelegt (Abb. 97):

Das erste Areal (Ra2 „Wadi Site")wurde direkt an der nördlichen Abbruchkante der Terrasse geöffnet, wo das Wadi bereits die Schlackenhalde angeschnitten hatte. Insgesamt wurden hier neun Quadranten mit einer Gesamtfläche von 189 m² untersucht. Zutage kamen drei Hauskomplexe, die zum Teil stark erodiert waren. Die durchschnittlich etwa 40 cm starken, zweischaligen Fundamentmauern bestehen aus Steinen, die in einer Art Lehmmörtel verlegt waren. Die Schalenfüllung besteht aus Geröll und kleinen Schlackestücken. Die Mauern waren in der Regel kaum mehr als drei Lagen hoch erhalten.

Hauskomplex I war in seinem Nordbereich stark gestört, so daß letztlich nur zwei Räume erhalten waren. Einer der Räume überlagert zum Teil einen älteren Raum, dessen Mauern noch ca. 0,6 m hoch anstanden; sie waren im Schnitt 30 cm dick und aus Schlackestücken errichtet; sie unterscheiden sich also deutlich von der Konstruktionstechnik des jüngeren Gebäudes.

Unmittelbar nördlich des Hauskomplex 1 erhebt sich die Schlackehalde, in die ein Tiefschnitt gelegt wurde. Innerhalb der Halde konnten mehrere Schichten beobachtet werden, die mehr oder weniger deutlich durch Asche- oder Sedimentschichten getrennt waren. Proben für eine Radiocarbon-Datierung, die aus verschiedenen Schichten genommen wurden, ergaben für die Halde eine Nutzungsdauer von etwa 1100 - 800 v. Chr.

Durch einen schmalen Weg getrennt, verläuft die Nordmauer von Hauskomplex II parallel zu Komplex I. Auch hier waren lediglich zwei erhaltene Räume erkennbar, die beide mit einem Eingang versehen waren. So konnte in einem Raum eine steinerne Türschwelle in Verbindung mit einem in situ gelegenen Türangelstein beobachtet werden.

Die Reste eines dritten Gebäudes (Hauskomplex III) konnten nicht weiter untersucht werden, da die Schalenmauer durch den Bewuchs zweier Akazien stark gestört war.[351]

Das zweite Grabungsareal liegt einige Meter westlich des eben beschriebenen Areals. Auf einer niedrigen Erhöhung wurden mehrere Quadranten mit einer Gesamtfläche von 84 m² freigelegt. Leider war dieses Gebäude (Haus I) stark erodiert, so daß im nördlichen und westlichen Bereich keinerlei Mauerreste mehr erhalten waren. Komplett erhalten war lediglich die Südostmauer mit einer Länge von 9,35 m und die Südwestmauer mit 5,5 m. Die Ostecke war noch fragmentarisch erhalten. Die 0,5 m starke Schalenmauer war aus mittelgroßen Wadisteinen errichtet und mit Geröll und kleinen Schlackefragmenten gefüllt. Die Mauern ruhten zum Teil in bzw. zum Teil auf der Schlacke. Innerhalb der Struktur konnten keinerlei Hinweise auf Böden, Türen oder Wände gefunden werden. Außerhalb des Hauses konnte in den Profilen eine rote Schicht unterschiedlicher Stärke entdeckt werden. Es ist anzunehmen,

---

[350] Yule, Weisgerber, MDOG 128, 1996, 142 - 144; Yule, Weisgerber,im Druck.

[351] Yule, Weisgerber, A Structuring, 12 - 13; Yule, Weisgerber, im Druck.

anzunehmen, daß diese Schicht durch industrielle Nutzung entstanden ist und vielleicht mit der Funktion des Gebäudes in Verbindung zu bringen ist.

Südlich von Haus I liegt eine weitere flache Erhebung, auf der einige Mauer-reste sichtbar waren. Ein 10 x 20 m großes Areal wurde gesäubert und in acht Quadranten eingeteilt. Aus Zeitgründen konnte kaum mehr als die oberste Lage (0- 20 cm) freigelegt werden. Trotz dieser geringen Tiefe zeigte sich be-reits ein Konglomerat von Räumen, deren Bauweise der von Haus I ent-spricht. Wie dort bestanden die Mauern aus Schalenmauerwerk zwischen 35 und 50 cm Breite. Als Baumaterial für die Mauern wurden Wadisteine und flache Schlacken verwendet, die Füllung bestand aus Kies und kleinen Schlackefragmenten.[352]

1997 wurden die Grabungen in Haus II fortgesetzt. Freigelegt wurde ein Komplex aus etwa 15 Räumen / Höfen, an dem aufgrund der Ausrichtung, der Bauweise und stratigraphischer Beobachtungen drei Bauphasen zu unter-scheiden waren.

Über die gesamte Fläche verteilt fanden sich mindestens zehn Feuerstellen, die zum Teil mit kleinen Steinen eingefaßt waren. Eine solche Feuerstelle fand sich z.B. in Raum 36, die mit einem großen Keramikkomplex vergesell-schaftet war, der hauptsächlich aus Töpfen und Vorratsgefäßen bestand. Neben einigen flachen Steinen konnten auch Böden von großen Vorratsge-fäßen beobachtet werden, die wahrscheinlich als Reibeplatten dienten. Ähnli-che Beobachtungen konnten auch in einigen anderen Räumen gemacht wer-den, die wohl mit ziemlicher Sicherheit als Küchen anzusprechen sind. In an-deren Räumen finden sich Feuerstellen in Verbindung mit großen Amboß- oder Hammersteinen, was einen Hinweis auf mögliche Produktionsschritte bei der Metallverarbeitung liefern könnte. [353]

## IV.2.12 ad-Dahir

1996 wurde etwa 12 km östlich von Raki eine große eisenzeitliche Siedlung bei ad-Dahir identifiziert. Diese Siedlung liegt auf einer Terrasse, die von re-lativ hohen Bergen umgeben ist und an ihrer Vorderseite mehrere Meter steil zu einem Wadi hin abfällt. Auf der Terrasse konnten zahlreiche zweischalige Hausfundamente, Reste von Feld- oder Gartenbegrenzungen sowie nicht identifizierbare Steinanhäufungen (Gräber?) beobachtet werden, so daß ins-gesamt von einer relativ großen Siedlung ausgegangen werden kann.

Bei einem erneuten Besuch 1997 wurde auf der Terrassenoberfläche Ke-ramik aufgesammelt, die sehr starke Ähnlichkeit zu der von Raki 2 aufweist. Ob jedoch ein näherer Zusammenhang zwischen diesen beiden Siedlungen besteht, kann ohne Grabung nicht geklärt werden.

---

[352] Yule, Weisgerber, A Structuring, 10 - 12; Yule, Weisgerber, im Druck.

[353] Yule, Weisgerber, in Vorbereitung.

## IV.2.13 Bat

Im Siedlungsareal von Bat konnte ebenfalls eisenzeitliche Besiedlung nachgewiesen werden, allerdings bisher nur in einem kleinen Bereich. Bei einer
Sondage kamen zwei Phasen zutage, Stufen mit einem Begehungshorizont
des 3. Jt. sowie Mauerreste (1163, Abb. 40) und Feuerstellen, die über die
Keramik dem 1. Jt. zuzuordnen sind. [354]

## IV.2.14 al-Banah

al-Banah wurde wegen des Fundaments eines Rundgebäudes bereits im Kapi-
tel über die Siedlungen des 3. Jt. behandelt (vgl. S. 37). Da dort auch Keramik des 1. Jt. gefunden wurde, ist eine Wiederbelebung des Platzes in der Eisenzeit anzunehmen, ohne daß diese architektonisch nachweisbar wäre. [355]

## V.2.15 Bilad Seit

Einige Kilometer nördlich von Bahla, nahe dem Ort al-Hamra, liegt der sog.
„Coleman´s Rock", der unter den tausenden von Felsbildern der Halbinsel als
einziger ein Basrelief trägt. [356]
    Auf dem gegenüberliegenden Wadiufer erhebt sich ein natürlicher Fel-
sen, auf dem Mauerreste sichtbar sind. Bei einem Besuch 1997 durch die
Deutsche Archäologische Oman-Expedition konnte neben islamischer Keramik auch eisenzeitliche Scherben gesammelt werden, so daß anzunehmen ist,
daß es sich hierbei um eine weitere der zahlreichen eisenzeitlichen Burgen
handelt.

## IV.2.16 Bahla

Neben den zahlreichen Siedlungsspuren des 3. Jt. entdeckte das Harvard Archaeological Survey in der Umgebung von Bahla auch zwei Siedlungen des
1. Jt. v. Chr. BB-4 liegt etwa 2 km südlich der Stadt Bahla, am Rande des
Wadi Sayfam, wo sich Reste von kleinen rechteckigen Gebäuden über eine
Länge von ca. 400 m entlang der Wadikante erstrecken.
    Der zweite Fundort, BB-15, besteht aus einem kleinen Tell von etwa 100
m Durchmesser in der Nähe von Sallut, ca. 2 km nordöstlich von Bisya. Die
Siedlung war direkt auf einem natürlichen Felsvorsprung errichtet worden
und erhebt sich etwa 16 m über die Umgebung. Da der Hügel an allen Seiten
mit Siedlungsschutt bedeckt ist, kann ohne Grabung die Dicke der Kultur-
schichten nur grob auf 6 - 8 m geschätzt werden. Während die letzte Sied-

---

[354] Frifelt, JOS 7, 1985, 99.

[355] de Cardi, Collier, Doe, JOS 2, 1976, Abb. 25, 276 - 279.

[356] Clarke, JOS 1, 1975, 114, 116, Taf. 1; Preston, JOS 2, 1976, 30 - 31, Taf. 1 - 3. Die
Datierung dieses Reliefs ist nicht gesichert, Yule, Weisgerber, MDOG 128, 1996, 150.

lungsphase, deren architektonische Reste sich auf dem Gipfel erhalten haben, in islamische Zeit datiert, belegen zahlreiche Scherben bereits eine Nutzung des Platzes in der Eisenzeit. [357]

## IV.2.17 Izki / Saruj

Der Ort Izki liegt im oberen Bereich des Wadi Halfayn, direkt am südlichen Ende des Sumail-Passes, einer der bereits in prähistorischer Zeit wichtigsten Durchlässe durch das Hajjar-Gebirge, der Zentraloman mit der Küstenregion verbindet.

Izki ist insofern von Bedeutung, da es wahrscheinlich in neuassyrischen Quellen erwähnt wird. So berichtet eine Inschrift am Ishtar-Tempel in Ninive, die etwa auf das Jahr 640 v. Chr. datiert wird, daß der König Padê von Qadê (d. h. Oman) in die Stadt Ninive kam, um dem König Assurbanipal Tribut zu bringen. Der Name der Stadt, aus der Padê stammt, wird als *Is / ṣ / z-ki / qí-e* transkribiert und von Potts mit dem modernen Namen Izki gleichgesetzt - die örtliche Überlieferung, nach der Izki die älteste Stadt Omans sei, scheint diese Gleichsetzung zu bestätigen. [358] Aufgrund dieser Überlegung führte Paolo Costa Mitte der 80er Jahre in dieser Gegend Surveys durch.

In den Hügeln westlich der Hauptoase, bei den Einheimischen als Saruj bekannt, entdeckte er eine Reihe von rechteckigen Fundamenten, die sich etwa 200 m entlang eines flachen Hanges erstrecken. Am nördlichen Ende lokalisierte er die Reste einer Rundstruktur aus großen unbearbeiteten Wadi-steinen, die zum Teil auf dem terrassenartigen Gipfel des Hügels und zum Teil am Hang sitzt. Weitere Reste von Terrassierungen und Mauern sind entlang des Gipfels zu beobachten. Die Beziehung der architektonischen Reste zueinander konnte jedoch nicht geklärt werden. [359]

Die Oberflächenfunde, die hauptsächlich vom Rundgebäude und dem darunterliegenden Hang stammen, bestätigen eine Besiedlung des Platzes in der Eisenzeit. Betrachtet man jedoch das von Costa publizierte Luftbild der Rundstruktur, [360] für die er leider keine Abmessungen nennt, fällt sofort die große Ähnlichkeit zu einigen anderen Ruinen des 3. Jt. auf (vgl. etwa Wihi al-Murr, Rawdah, Bisyah oder Firq). Wahrscheinlich ist also davon auszugehen, daß Saruj bereits in der Umm an-Nar-Zeit existierte und in der Eisenzeit wieder oder immer noch besiedelt war.

## IV.2.18 Bir Sayf

An einem flachen Abhang auf der Südostseite des Wadi Andam liegt Bir Sayf. Neben zahlreichen Gräbern und einem islamischen Fort wurde ein

---

[357] Humphries, PSAS 4, 1974, 52. BB-15 entspricht wohl site 38 bei Doe, JOS 2, 1976, 164.

[358] Potts, JOS 8, 1985, 82 - 83.

[359] Costa, PSAS 18, 1988, 18 - 19.

[360] Costa, PSAS 18, 1988, 21, Taf. 4.

etwa 75 x 100 m großes Siedlungsareal lokalisiert. Insgesamt wurden die Fundamente von ca. 10 rechteckigen Gebäuden (Schalenmauerwerk mit Kiesfüllung) gezählt, die teilweise miteinander verbunden sind. [361]

## IV.2.19 Maysar

Konnte für die Wadi Suq-Zeit im Wadi Samad bisher keine Siedlung lokalisiert werden [362], so sind sowohl für die frühe als auch für die späte Eisenzeit wieder Siedlungsspuren nachzuweisen. Sie konzentrieren sich einige Kilometer nördlich des Siedlungsareals des 3. Jt. entlang eines *falaj* (Abb. 60). [363]

Die Siedlung M42 wurde 1981 an ihrer Oberfläche und durch eine kleine Sondage (1,5 x 7 m) untersucht. Insgesamt konnten sieben einzelne Häuser aus in Lehmmörtel verlegten Bruchsteinen identifiziert werden, die an der Oberfläche sichtbar waren. Aussagen über die Siedlung M42 konnten jedoch aufgrund des sehr kleinen Schnittes kaum getroffen werden. Lediglich die Datierung in die frühe Eisenzeit konnte über einen Vergleich der Keramik mit der von Lizq bestätigt werden. [364]

Nur etwa 300 m südöstlich von M42, auf der anderen Seite des *falaj*, erstreckt sich die Siedlung M43, die 1981 ebenfalls kurz untersucht wurde. Anhand dieser Sondierung wurde die Siedlung in die späte Eisenzeit (Samad-Periode) datiert. [365] Es schien sich also anzudeuten, daß sich die Siedlungen im Laufe der Eisenzeit, bedingt durch den sinkenden Wasserspiegel, entlang des *falaj* verlagerten.

Ausgehend von dieser Überlegung wurden 1996 die Grabungen in M42 und 43 wiederaufgenommen, da man sich erhoffte, anhand dieser beiden Siedlungen den Übergang zwischen früher und später Eisenzeit im Sultanat Oman erstmals fassen zu können.
    Nachdem der alte Schnitt von 1981 gesäubert worden war, wurde unmittelbar nördlich ein weiterer, 8 x 12 m großer Schnitt geöffnet und bis zum Grabungsende wurde insgesamt eine Fläche von über 400 m² untersucht, ohne jedoch bis zu den Fundamenten vorzudringen. Es zeigte sich, daß die Siedlung wesentlich größer war als nach der ersten Untersuchung 1981 angenommen. So erstrecken sich die zahlreichen Hausreste über ein Areal von ca.

---

[361] Doe, JOS 3, 1977, 46, site 26; Taf. 12b.

[362] Die bisher einzigen archäologischen Denkmäler des 2. Jt. sind (Wadi Suq-) Gräber die doch in relativ großer Zahl vorkommen, etwa in S10 (ehemals M9, Vogt, Der Anschnitt 33, 219 - 220) oder S20 und S21, Yule, Weisgerber, Samad ash-Shan, 8,12. Eine oder mehrere Wadi Suq-zeitliche Siedlungen können in der Umgebung angenommen werden, da aufgrund der Lage der Friedhöfe "eine Verbindung mit der Lage der heutigen Siedlungen zwingend erscheint", Weisgerber, Der Anschnitt 33, 219.

[363] Der *falaj* M46 gehört neben den *aflaj* von H2 und H15 zu den ältesten auf der Halbinsel, Yule, Weisgerber, im Druck, Anm. 13.

[364] Kroll, Maysar-42, Der Anschnitt 33, 1981, 223.

[365] Tillmann, Der Anschnitt 33, 1981, 234 - 238

350 x 100 m. Freigelegt wurden mindestens zwei Gebäude, die aus mehreren
Räumen bestanden. An- und Umbauten (z.B. zugesetzte Türen) deuten wohl
auf zwei Nutzungsphasen hin. Die Mauern der Gebäude standen noch bis zu
30 cm hoch an und waren wie üblich aus zwei Schalen zusammengesetzt. Als
Füllung war Kies und Geröll verwendet worden. Die durchschnittliche Mauerstärke beträgt 40 cm (Abb. 98). Die Beobachtung von 1981, daß die Bege-
hungsniveaus der einzelnen Räume unterschiedlich hoch waren, da sie der
Lage am Hang angepaßt wurden, [366] konnte bestätigt werden.

Das Keramikmaterial ist, abgesehen von einigen wenigen, bisher nicht
klassifizierbaren Stücken, eindeutig der Lizq/Rumeilah-Periode zuzurechnen
- ein Übergang zwischen dieser Periode und der nachfolgenden Samad-Zeit
konnte nicht nachgewiesen werden. Eine Samad-zeitliche Nutzung war nur
durch zwei Gräber belegt, die nach der Auflassung der Siedlung innerhalb
der Häuser eingetieft worden waren. [367]

Etwa 300 m südöstlich von M42 beginnt die Siedlung M43. Sie besteht aus
etwa 44 flachen Hügeln, die durch den Zerfall von Lehmziegelhäusern entstanden sind. Diese Hügel erstrecken sich entlang des *falaj* über knapp 1 km
bis in das moderne Dorf Maysar und sind im südlichen Bereich teilweise
durch moderne Bebauung gestört. Die einzelnen Hügel weisen einen durch-
schnittlichen Durchmesser von 6 - 10 m auf und sind kaum höher als etwa
1m - lediglich im Norden haben sich einige höhere Hügel erhalten.

Wie schon erwähnt, wurde M43 bereits 1981 untersucht. Eine kleine
Sondage in Hügel M43 01 erbrachte die Reste zweier aufeinander folgender
Gebäude, wobei aufgrund des Fundmaterials das frühere in die Lizq/
Rumeilah-Periode und das spätere in die Samad-Periode datiert wurde. [368]
Für die Untersuchung von 1996 in M43 wurde der nördlichste Siedlungshügel ausgewählt (M42 02). Er liegt M42 am nächsten und ist mit einem
Durchmesser von 20 m der größte der zahlreichen Hügel. Im Nordwest- und
im Nordostbereich des Hügels wurde jeweils ein L-förmiger Schnitt angelegt,
so daß insgesamt eine Fläche von 137 m² bis auf den gewachsenen Boden
freigelegt werden konnte. Im Profil zeigten sich hauptsächlich abwechselnd
feine und gröbere Geröllagen, architektonische Reste waren nicht zu beobachten. Lediglich im südlichen und östlichen Profil war eine niedrige runde
Struktur erkennbar; wenige Reste von Lehmziegeln deuteten auf eine frühere
Bebauung hin. Die oben erwähnten Geröllschichten verlaufen alle in nord-
westlicher Richtung. Es ist also davon auszugehen, daß der größte Teil des
Hügels durch das heute direkt östlich gelegene Wadi erodiert ist. Das Keramikmaterial aus M43 02 ist identisch mit dem aus M42. Eine Samad-
zeitliche Besiedlung ist somit auszuschließen, die entsprechenden Scherben
der 1981er Kampagne stammen ausschließlich von der Oberfläche. [369]

---

[366] Kroll, Maysar-42, Der Anschnitt 33, 1981, 223.

[367] Yule, Weisgerber, im Druck. Daß aufgelassene Siedlungen als Bestattungsort benutzt
wurden, ist ein sehr seltener Befund. Außer in M 42 konnte diese Sitte bisher nur in Tell
Abraq beobachtet werden, Potts, Tell Abraq 1990, 105 - 119.

[368] Tillmann, Der Anschnitt 33, 1981, 238.

[369] Yule, Weisgerber, A Structuring, 4 - 5; Yule, Weisgerber, im Druck.

## IV.2.20 Lizq

Die Bergfestung von Lizq liegt etwa 10 km südlich der Siedlung M1 (Abb. 59). Sie wurde 1979 durch das Team des DBM entdeckt und durch Ober-flächenbegehungen untersucht.[370] Im Jahre 1981 wurden mehrere Testgrabun-gen durchgeführt, die sich vor allem auf den Nordbereich der Festung kon-zentrierten, wo Mauerreste, vereinzelte Stufen und eine befestigte Bastion zu erkennen waren.

Die Grabung erbrachte eine fast vollständig erhaltene Treppenanlage, die von der Festungsmauer auf halber Höhe des Berges zu der befestigten Bastion hinabläuft.[371] Die Festungsmauer konnte nicht untersucht werden, da die tonnenschweren Blöcke nicht bewegt werden konnten. Ausgegangen wer-den muß davon, daß sie mehrere Meter breit und terrassenförmig aufgebaut war. In dem Bereich, in dem die Treppe anschließt, besteht die Mauer aus Bruchsteinblöcken von 0,8 - 1,2 m Länge, die grob bearbeitet sind. Daneben finden sich auch kleinformatigere Steine (30 - 70 cm). Errichtet wurde die Burgmauer nicht in Verbundtechnik, sondern die Steine wurden lediglich übereinander aufgeschichtet. Die 79 steinernen Stufen der Treppe waren in Lehmmörtel verlegt und bestehen aus 0,7 - 1,0 m langen flachen Platten; der Rest der Stufen wurde dann durch kleinere Steinplatten ergänzt. Um die Sta-bilität zu erhöhen, wurden die Stufen überlappend gesetzt und anschließend mit einer 5 cm dicken Lehmmörtelschicht überzogen.

Seitlich war die Treppe von Wangenmauern eingefaßt, die noch zwi-schen 0,40 - 0,60 m hoch anstanden. An ihrem oberen Ende, aber auch beim Eintritt in die Bastion, war die Treppe von Türmen flankiert - ein Indiz dafür, daß die Treppe in das Verteidigungssystem der Festung integriert war. Die beiden oberen Türme wurden, ebenso wie die Treppe, nachträglich an die Burgmauer angebaut. Beide Türme waren nur noch fünf bis sechs Lagen hoch erhalten, und zumindest in einem Turm haben sich die Reste einer Steinpflasterung erhalten. Beide Türme wurden in Schalentechnik errichtet, was auch bei den Wangenmauern der Treppe zu beobachten war.

Da die Mauern der Bastion in verschiedene Richtungen laufen, auf ver-schiedenen Niveaus errichtet wurden und aus relativ unterschiedlich großen Steinen bestehen, muß davon ausgegangen werden, daß die Bastion nicht in einem Stück errichtet, sondern nach und nach gebaut und verändert wurde.[372] Zwar wurden in der Bastion kaum Untersuchungen durchgeführt, aufgrund des hohen Grundwasserspiegels an der Nordseite der Festung könnte jedoch vermutet werden, daß es sich hierbei um eine befestigte Brunnenanlage han-delt, die die Trinkwasserversorgung der Festung sicherte.[373] Ausgehend von dieser Vermutung und der Befundlage liegt es nahe, in der Treppe nicht den Zugang zur Festung zu sehen, sondern eine Verbindung zwischen der Festung selbst und der vorgelagerten Bastion. Der eigentliche Zugang könnte im Nor-dosten oder Nordwesten der Anlage gelegen haben, war aber archäologisch

---

[370] Weisgerber, Der Anschnitt 32, 1980, 100 - 101.

[371] Kroll, Lizq-1, Der Anschnitt 33, 1981, 227, Abb. 64 - 65.

[372] Kroll, in Vorbereitung.

[373] Kroll, Lizq-1, Der Anschnitt 33, 1981, 227 - 228.

nicht nachweisbar. [374]

Der Verlauf der Festungsmauer, obwohl sie nur noch an der Nord- und Südseite besser erhalten war, konnte durch Begehung und mit Hilfe von Luftbil-
dern relativ genau festgestellt werden. Ihre Stärke beträgt zwischen 1,2 und
2,0 m, wobei es sich hierbei nur noch um die Fundamentmauern handeln
dürfte. Der insgesamt schlechte Erhaltungszustand der Anlage ist auf die an-
gewandte Bautechnik zurückzuführen. So konnte beobachtet werden, daß
sämtliche Mauern in der Stein-in-Lehmmörtel-Bauweise errichtet wurden,
d.h., daß alle Blöcke auf und in Lehmmörtel gesetzt, dann erneut mit Mörtel
bedeckt und dann erst die nächste Steinlage aufgebracht wurde. Diese Technik führt dazu, daß der Lehmmörtel im Laufe der Zeit durch Wind und Regen
erodiert und die Fundamente so ihre Stabilität verlieren. Da diese Fundamentmauern zudem aus relativ kleinen Steinen errichtet sind, mußten die darauf ruhenden, oft tonnenschweren Steinblöcke die Fundamente auseinander-
drücken - möglicherweise ist diese Bauweise mit ein Grund dafür, daß die
Festung nach einer Nutzungsphase aufgegeben wurde.

Bei der Errichtung der über 20.000 m² großen Festungsanlage, waren die Er-
bauer gezwungen, sich nach den topographischen Gegebenheiten zu richten,
da die meisten Hänge aufgrund ihres starken Gefälles nicht bebaubar waren.
Der Burgberg ist gekennzeichnet durch drei Kuppen, deren höchste (65 m
über der umliegenden Gegend) sich ungefähr im Zentrum der Anlage erhebt.
Etwas niedriger ist die Erhebung in der Südostecke der Anlage und die nied-
rigste Kuppe befindet sich in der Südwestecke der Burg. Auf diesen Kuppen
und den etwas sanfter abfallenden Hängen konzentrierte sich die Bebauung.
Auf der Mittelkuppe selbst waren keine Bebauungsspuren mehr sichtbar, allerdings ist anzunehmen, da das Plateaukünstlich planiert worden war, daß es
ursprünglich in die Anlage miteinbezogen war. Südlich dieser Kuppe jedoch
konnten zahlreiche Reste von Gebäuden lokalisiert werden, die in Richtung
der Südwestkuppe und entlang der südlichen Burgmauer zur Südostkuppe
laufen. Es handelt sich dabei um verschiedene Gebäude oder Raumeinheiten,
die in der Regel einen rechtwinkligen Grundriß aufweisen. Wo es die topographischen Gegebenheiten nicht zuließen, rechtwinklige Räume anzulegen,
richtete sich die Bebauung nach den natürlichen Gegebenheiten, wie etwa im
Südwestbereich der Anlage, wo die Mauern oft im spitzen oder stumpfen
Winkel aufeinander zulaufen. Die Mauerstärke dieser Bauten variiert zwischen 40 - 80 cm; die Steine wurden wie bei der Festungsmauer auch mit
Lehmmörtel verlegt. Da kaum Türen oder Durchgänge beobachtet werden
konnten, muß hier von Steinfundamenten ausgegangen werden, auf denen
aufgehendes Lehmziegelmauerwerk ruhte. Die meisten Fundamente wurden
direkt auf dem felsigen Untergrund errichtet; im Bereich nordöstlich der zen-
tralen Kuppe ließ sich jedoch eine andere Technik nachweisen. Dort wurden

---

[374] Zurecht weist Kroll darauf hin, daß aufgrund der traditionellen Transportweise (Esel,
Kamel) in Oman, ein Trampelpfad als Zugang zur Festung ausreichen würde. Bestätigt
wird diese Vermutung durch die Beobachtung zweier kleiner Verbindungspfade im Inneren der Burg, bei denen es sich ebenfalls um kaum mehr als leicht befestigte Pfade handelt, Kroll, in Vorbereitung.

die steil ansteigenden Hänge durch parallel zum Hang laufende Mauern terrassiert und anschließend bebaut.

Ein kurzer Sondierungsschnitt wurde an der Südostseite der Burgmauer
gelegt, wo ein ca. 4 x 5 m großer Raum an der Oberfläche gut sichtbar war.
Etwa 10 cm unter der heutigen Oberfläche stieß man auf einen Begehungshorizont, weitere 50 cm tiefer erreichte man das ursprüngliche Bodenniveau des
Berges und gleichzeitig auch die Unterkante der Fundamentmauern. Die 50
cm starke Füllung war sehr hart und völlig fundleer - wahrscheinlich handelt
es sich um eine künstliche Auffüllung, um einen ebenen Begehungshorizont
innerhalb des Raumes zu schaffen.

Das Fundmaterial von Lizq ist sehr homogen, so daß von einer einzelnen
Nutzungsphase der Anlage innerhalb der frühen Eisenzeit ausgegangen werden kann, in der aber mehrere Bauphasen, vor allem im Bereich der Treppenanlage und der Bastion beobachtet werden konnten. Was zur Auflassung der
Burg führte, konnte nicht festgestellt werden, da Hinweise wie Brandspuren
oder Zerstörungsschichten, die auf ein gewaltsames Ende der Befestigung
schließen lassen könnten, fehlen. Dennoch könnte die Tatsache, daß die Treppe später an ihrem oberen Ende zugesetzt wurde, doch auf eine mögliche
kriegerische Einwirkung hindeuten.[375] Vielleicht wurde die Festung aber auch
aufgrund der oben erwähnten baulichen Mängel aufgelassen, da irgendwann
der Aufwand zur Instandhaltung der Mauern zu groß wurde und sich nicht
mehr lohnte.

Eine weitere Frage, die nicht geklärt werden konnte ist die, was die eisenzeitlichen Bewohner von Lizq dazu bewog, ausgerechnet hier die bisher
größte bekannte Bergfestung der Halbinsel zu errichten.[376] So konnte eine der
Burg zugehörige Siedlung nicht gefunden werden. Lediglich am Fuße des
Nordhanges finden sich einige Mauerzüge, die aber eher denEindruck eingefaßter Höfe oder Felder vermitteln. Ob dies Reste einer mittlerweile erodierten oder zusedimentierten Siedlung sind, läßt sich ohne Grabung nicht beantworten. Möglicherweise wurde die Festung von Lizq aus verkehrstechni-
schen Gründen errichtet, denn sie liegt an einer der wichtigsten Nord-Süd-
Verbindungen des Zentral-Oman und war mit seinem selbst in Trockenperi-
oden hohen Grundwasserspiegel sicherlich auch von strategischer Bedeutung.[377]

Anhand der Funde von Lizq konnte von Kroll über Vergleiche mit irani-
schem Material in den frühen 80er Jahren erstmals ein Datierungsrahmen für
die frühe Eisenzeit angegeben werden: 1000 / 800 - 400 / 350 v. Chr.[378]

---

[375] Kroll, in Vorbereitung; Kroll, Lizq-1, Der Anschnitt 33, 1981, 227 - 228, Abb. 66.

[376] Die Ausmaße vergleichbarer Festungen sind wesentlich geringer. So bträgt die Grundfläche von der Festung von Zahra nur etwa 450 m² und die von Husn Mudhub ca. 4000
m², vgl. oben.

[377] Kroll, in Vorbereitung.

[378] Kroll, in Vorbereitung, vgl. auch Kroll, IA 6 Das einzige $C_{14}$-Datum von Lizq liegt bei
etwa 1210 - 800 v. Chr., Yule, Weisgerber, Samad ash-Shan, 32. Heute kann der zeitliche
Rahmen der frühen Eisenzeit zwischen 1300 - 300 v. Chr. angesetzt werden, vgl. Magee,
AAE 7/3, 1996.

## IV.2.21 Am Dhurra

An der Südseite eines Seitenarmes des Wadi Aghda liegt das ausgedehnte Siedlungsareal von Am Dhurra, das über die Oberflächenkeramik in das 1. Jt. v. Chr. datiert. Erhalten haben sich die Reste von rechteckigen Steinfundamenten, die in Schalentechnik errichtet sind. Im Nordostbereich der Siedlung wird ein Areal an drei Seiten von Strukturen und einer halbkreisförmigen Mauer im Norden, in Richtung des Wadis hin eingegrenzt. (Abb. 99). [379]

## IV.3 Die Siedlungen der Batinahküste

### IV.3.1 Dibba

1964 besuchten P.V. Glob und G. Bibby einen Fundort in der Nähe von Dibba, wo zwei Jahre zuvor die Trucial Oman Scouts beim Ausheben von Gräben auf Fragmente von Chloritgefäßen und Keramikscherben gestoßen waren. Da oberirdisch keinerlei Strukturen sichtbar waren (die archäologische Schicht beginnt erst etwa 1 m unter der heutigen Oberfläche), vermutete Bibby, daß es sich wohl um eine Siedlung handeln müsse. Das Fundmaterial, das während des kurzen Besuchs gesammelt wurde, wurde von Bibby grob in die Zeit von etwa 1000 - 500 v. Chr. datiert, [380] was sich im Laufe der Zeit mit wachsendem Vergleichsmaterial als richtig herausstellte. Unklar bleibt aber weiterhin, ob es sich bei dem Fundort nun um eine Siedlung handelt oder nicht. B. de Cardi und B. Doe, die den Platz 1968 besuchten, berichten, daß zufällig einer der ausgehobenen Gräben dem Fundament einer Mauer über eine Länge von etwa 90 m folgte. Diese Mauer könnte für eine Siedlung sprechen, allerdings weist de Cardi daraufhin, daß zahlreiche menschliche Skelette entdeckt wurden, was nun eher für Gräber spräche. [381] Eine genaue Bestimmung des Platzes ist nur durch eine Grabung möglich.

### IV.3.2 Qidfa

B. de Cardi, die diesen Fundort nordwestlich von Qidfa bei ihrem Survey in Ras al-Khaimah 1968 entdeckte, beschreibt den Platz als Siedlungsareal mit Überresten von Gräbern, Fundamenten rechteckiger Bauwerke, Zisternen und eines extensiven Feldsystems, das mit Mauern aus kleinen Steinen durchzogen ist. Auffällig ist ein großes quadratisches Gebäude mit ca. 90 m Seitenlänge. Die meisten Mauern bestehen aus Schalen aus kleinen Findlingen mit einer Kiesfüllung. [382] Obwohl nach de Cardi die Oberflächenkeramik der

---

[379] Doe, JOS 3, 1977, 48, site 46; Taf. 15.

[380] Bibby, Kuml 1965, 1966, 151 - 152; Bibby, Dilmun, 335 - 337.

[381] de Cardi, Doe, EW 21, 1971, 257, site 32.

[382] de Cardi, Doe, EW 21, 1971, 256, site 28; Corboud, Hapka, Im-Obersteg, Fujairah 1, 24.

Siedlung eher in das späte 1. Jt. v. Chr. / frühe 1. Jt. n. Chr. (also die späte Eisenzeit ) datiert, [383] erbrachte eine Grabung an einem der Gräber Material der frühen Eisenzeit, so daß eine Belegung der Siedlung für das frühe 1. Jt. nicht auszuschließen ist. [384]

### IV.3.3 Husn Mudhub

Etwa 700 m westlich der Stadt Fujairah erheben sich zwei Berge, auf denen sich jeweils eine Festungen befindet. Am westlichen Fuße der Berge konzentrieren sich zahlreiche Gräber und Reste von etwa 40 Häusern. [385]

Die Umfassungsmauern beider Festungen sind in Trockenmauerwerk errichtet [386] und schließen ein eingeebnetes Plateau ein, das durch zwei Eingänge zugänglich ist. Im Inneren gruppieren sich einige Gebäude entlang dieser Umfassungsmauer. 1993 wurde die rautenförmige Festung (80 x 50 m) auf dem höheren der beiden Hügel (70 m) durch ein Team des SLFA durch drei kleine Schnitte untersucht (Abb. 100).

Der erste Schnitt (2 x 2 m) wurde entlang der Umfassungsmauer hinter der Ostmauer des Nordeingangs gelegt. Es zeigte sich, daß der Eingang zeitgleich mit der Umfassungsmauer ist, die nach innen vorspringenden Mauern jedoch einer jüngeren Bauphase angehören. Die Freilegung des verschütteten Durchgangs erbrachte vier, 1,5 m breite Steinstufen, von denen aus ein mit Bänken gesäumter Korridor (6,5 m lang) in das Innere der Anlage führte (Abb. 101).

An der Westseite der Umfassungsmauer wurde der zweite Schnitt (2 x 5,5 m) geöffnet, in dem man auf eine, zum Teil aus dem gewachsenen Fels herausgeschlagene Zisterne stieß. Sie war angefüllt mit eisenzeitlichen und nacheisenzeitlichen Keramikscherben.

Der dritte Schnitt an der Ostseite der Anlage wurde gewählt, da dort eine Öffnung unbekannter Funktion in der Außenmauer erkennbar war. Wie die Ausgräber feststellten, handelt es sich dabei um einen Abfluß, der Wasser aus der Festung ableitete. [387]

Bei der Untersuchung konnten mehrere Bauphasen festgestellt werden, die jedoch aufgrund der kleinen Schnitte nur geringe Aussagen über eine relative Chronologie oder eine Absolutdatierung zulassen. Bestätigt wurde aber die Datierung in die frühe Eisenzeit (und darüber hinaus). Weitere Untersuchungen an der Festung von Husn Mundhub sind angekündigt und werden vielleicht in den nächsten Jahren genauere Ergebnisse liefern.

---

[383] de Cardi, AOMIM, 206.

[384] Potts, Arabian Gulf, 374 mit Anm. 109.

[385] Corboud, Hapka, Im-Obersteg, Fujairah 1, 22 - 23. Die Festungen waren bereits 1968 lokalisiert worden, ohne sie datieren zu können, de Cardi, Doe, EW 21, 1971, 255 - 256, site 24.

[386] Vgl. Corboud, Castella, Hapka, Im-Obersteg, Fujairah 2, Abb. 9.

[387] Corboud, Castella, Hapka, Im-Obersteg, Fujairah 2, 29; Corboud, Castella, Hapka, Im-Obersteg, Fujairah 3, 5 - 6, 22 - 25.

## IV.3.4 Sohar

Der 3,5 m hohe "Tell" SH11, mit einem Durchmesser von ca. 160 m liegt einige Kilometer südlich der Stadt Sohar und etwa 1,4 km vom heutigen Küstenverlauf entfernt. Die Oberflächenkeramik der Siedlung wurde von Humphries über Vergleiche zu Iran in einen Zeitraum von etwa 800 / 700 v. Chr. bis zum Ende des 1. Jt. datiert, [388] über architektonische Reste wird leider nichts berichtet und Ausgrabungen wurden bisher nicht durchgeführt. Eine neuere Untersuchung des Fundmaterials ergab, daß SH11 spätestens ab der frühen Eisenzeit, möglicherweie aber bereits schon ab dem 3. bzw. 2. Jt. v. Chr. besiedelt war. [389]

## IV.3.5 Sib

Von dem Fundort Sib, bei dem es sich um eine Siedlung handeln könnte, sind ebenfalls eisenzeitliche Funde bekannt, er wurde jedoch noch nicht eingehender untersucht. [390]

## IV.3.6 Yiti

1995 wurde bei Grabungen in Yiti, südöstlich von Muscat gelegen, Gräber eines bis dahin unbekannten Typs untersucht. [391] Einige hundert Meter südöstlich des Gräberfeldes wurden auf dem Gipfel eines Berges einige Mauerzüge entdeckt, die mit früheisenzeitlicher Keramik vergesellschaftet waren. Wahrscheinlich handelt es sich dabei um eine weitere eisenzeitliche Festung. [392]

## IV.3.7 Ras al-Junayz

Die Eisenzeit ist in der Gegend von Ras al-Junayz nur spärlich belegt. Östlich von RJ2 wurden lediglich einige eisenzeitliche Scherben und das Fragment eines Specksteingefäßes gefunden. [393] Ein Testschnitt in diesem Bereich (RJ33) erbrachte einige eisenzeitliche Scherben, der 0,8 m starke Horizont enthielt jedoch außer Muschelschalen, Asche und Fischknochen keinerlei Reste von Strukturen. Ein weiterer, möglicherweise eisenzeitlicher Fundplatz wurde bei Khawr Jaramah (KJ99), zwischen Ras al-Junayz und Ras al-Hadd, entdeckt. [394]

---

[388] Humphries, PSAS 4, 1974, 52 - 54.

[389] Yule, Kervran, AAE 4/2, 1993, 94.

[390] Humphries, PSAS 4, 1974, 49; Lombard, L´Arabie orientale, 149.

[391] Falb, Schreiber, MDOG 128, 1996, 151 - 154.

[392] Yule, Weisgerber, MDOG 128, 1996, 151.

[393] Cleuziou, Tosi, Joint Hadd Project 2, 11.

[394] Cleuziou, Reade, Tosi, Joint Hadd Project 3, 28.

### IV.3.7. Ras al-Hadd

Auch in der Umgebung von Ras al-Hadd sind eisenzeitliche Siedlungsspuren
selten. Zwar konnten im Gräberfeld HD9 einige früheisenzeitliche Gräber
freigelegt werden, die zugehörige Siedlung wurde bisher jedoch nicht gefunden. Von den etwa 20 Häusern der Siedlung HD21 wurde eine der größten
Strukturen untersucht. Der 250 m² große Komplex datiert aber über die
Funde in die späte Eisenzeit (Samad-Periode). [395]

---

[395] Reade, Orient-Express 1993/1, 3.

# V. Zusammenfassung

## V.1 Die Hafit-Periode

Bisher ist nur eine einzige Hafit-zeitliche Siedlung archäologisch nachgewiesen, nämlich Periode I von H8. In dieser Periode findet sich das bisher älteste Beispiel eines Rundgebäudes (Building III), das bereits alle wichtigen Merkmale der in der folgenden Umm an-Nar-Periode dann so typischen Gebäude aufweist. Dieses Gebäude hat noch einen eher quadratischen Grundriß mit abgerundeten Ecken und einer Seitenlänge von ca. 16 m. Das Innere ist in 16 Kammern gegliedert, mit einem Brunnen im Zentrum. Die Mauern der Kammer sind nicht mit der äußeren, 1,5 m starken Ringmauer verbunden. Die Ringmauer besteht aus zwei Schalen mit einer Füllung aus zerbrochenen oder ganzen Lehmziegeln.

Natürlich muß die Zahl der Siedlungen dieser Zeit erheblich größer gewesen sein, wofür sich mehrere Belege anführen lassen: Über die gesamte Halbinsel verstreut finden sich hunderte von Hafit-Gräbern, [396] es müssen also auch die zugehörigen Siedlungen existiert haben. Außerdem bestanden vor der Hafit-Periode bereits zahlreiche Siedlungen an den Küsten (hauptsächlich gekennzeichnet durch shell-middens) und auch im Landesinneren [397] - daher erscheint es unwahrscheinlich, daß sich ihre große Zahl auf eine einzige Siedlung reduziert haben sollte. Vielmehr muß wohl davon ausgegangen werden, daß die Siedlungen zum einen hauptsächlich aus vergänglichen Bauwerken bestanden und so nicht mehr nachweisbar sind, und/oder durch spätere Überbauung zerstört sind.

## V.2 Die Umm an-Nar-Periode

Siedlungen des 3. Jt. v. Chr. sind mittlerweile in relativ großer Zahl bekannt (Abb. 102). Von den etwa 40, hier behandelten Fundorten sind mit Umm an-Nar, Tell Abraq, Hili, Maysar, Ras al-Junayz und Bat die wichtigsten durch Grabungen untersucht (vgl. Tab. 1). In Verbindung mit den Surveyergebnissen, lassen sich die erhaltenen Bauwerke rein formal in zwei Gruppen eintei-

---

[396] Vgl. z.B. Potts, TAVO 62/B, 139 - 149.

[397] Zu den 'Obed-Plätzen an der Küste des Persisch-Arabischen Golfes vgl. beispielsweise Boucharlat, Dalongeville, Hesse, Millet, AAE 2/2, 1991; Boucharlat, Haerinck, Phillips, Potts, AAE 2/2, 1991; Haerinck, AAE 2/2, 1991 oder Flavin, Shepherd, PSAS 24, 1994. Zu der mittlerweile doch recht umfangreichen Literatur zu diesem Thema vgl. die entsprechenden Angaben bei Haerinck, Stevens, Bibliography, bzw. Haerinck, Stevens, Bibliography, First Supplement.

len: rund - ovale und rechteckige Strukturen. [398]

I. Rundstrukturen:

Die Reste runder oder ovaler Strukturen sind die am häufigsten zu findenden Bauwerke, deren Konstruktionsweise im Prinzip relativ einheitlich ist, deren Erscheinungsformen jedoch durchaus variieren, was Baumaterial, [399] Gestaltung und wohl auch Funktion betrifft.

Alle diese Strukturen sind über bzw. um eine natürliche oder künstlich aufgeschüttete Erhebung gebaut, was ihre Form bestimmt. Diese Gebäude bzw. deren noch erhaltenen Fundamente, die zu den imposantesten Anlagen auf der gesamten Halbinsel gehören, lassen sich wiederum in drei Gruppen unterscheiden, wobei diese Unterscheidung nicht immer eindeutig ist:

I.1 Türme: [400]

Türme sind die typischte Erscheinung der Umm an-Nar-zeitlichen Architektur. Der durchschnittliche Durchmesser der Gebäude liegt bei etwa 20 m.

Türme, die aus Lehmziegeln errichtet wurden, sind vor allem aus Hili (H1, 3, 4, 8 und 11) bekannt.

Der in H8 auf Building III folgende Turm (Building IV, Durchmesser 22 m) in Periode II, weist das gleiche Konstruktionsprinzip auf, besteht aber aus plankonvexen Lehmziegeln (50 x 30 x 12 cm) und unterscheidet sich dadurch deutlich von Building III (rechteckige Lehmziegel: 45 x 50 x 8 cm). [401] Die noch ca. 2,5 m hoch erhaltene Basis von Building IV wird bis zu einer Höhe von 1,25 m durch Steinmauern gegliedert, auf die dann Lehmziegel gesetzt wurden.

Der Turm von H1 hat einen Durchmesser von 24 m und wurde ebenfalls aus Lehmziegeln errichtet. Ihr Maß (50 x 40 x 10 cm) entspricht in etwa dem von Building III. Das Innere der Basis ist wiederum in Kammern gegliedert und hat wie H8 einen Brunnen im Zentrum, die Ringmauer ist jedoch mit 3 m fast doppelt so stark wie bei Building III.

Die Türme von Bat gleichen denen von Hili, unterscheiden sich aber durch das verwendete Material. Zumindest ihre Basen sind aus Stein errichtet, was aber nicht ausschließt, daß das aufgehende Mauerwerk nicht ebenfalls aus Lehmziegeln bestand - ein Hinweis auf die Verwendung von Lehmziegeln findet sich bei Bat 1156 oder as-Safri.

---

[398] Vgl. dazu auch Hastings, Humphries, Meadow, JOS 1, 1975, 12 - 13; Doe, Monuments, 54 - 46; Orchard, Iraq 56, 1994, 65, 68.

[399] Je nach den örtlichen Gegebenheiten wurden Stein (Bat) oder Lehmziegel (Hili), oder auch beide Materialien (Tell Abraq) verwendet. Steinerne Strukturen wurden sowohl aus unbearbeiteten Findlingen (Firq, Wihi al-Murr, Rawdah) oder aus bearbeiteten Blöcken (Bat, Bisya, as-Safri) errichtet. Die Bearbeitungstechnik der Blöcke entspricht der der zeitgleichen Gräber und kann als typisch für das 3. Jt. angesehen werden.

[400] Von den einzelnen Gebäuden werden nur noch kurz die wichtigsten Merkmale wiedergegeben, da sie bereits für jeden Fundort ausführlich beschrieben wurden. Dort finden sich auch die entsprechenden Literaturangaben.

[401] Die plankonvexen Ziegel sind mit der flachen Seite nach unten verlegt, eine Technik, die zum Teil auch in Mesopotamien zu beobachten ist, Orchard, Iraq 56, 1994, 70, Anm. 17.

Bat 1145, dessen Basis noch 5 m hoch ansteht, ist aus großen bearbeiteten Kalksteinblöcken errichtet (1 x 1 x 0,8 m). Der Durchmesser des Turms
beträgt 20 m, das Innere ist ebenfalls durch Kammern gegliedert und weist
einen Brunnen in der Mitte auf. Die Türme Bat 1146 - 1148 wurden nicht
ausgegraben, aber aufgrund ihrer äußeren Erscheinung ist vom selben Gebäu-
detyp auszugehen wie bei Bat 1145.

Das Turmfundament auf dem Qarn Qantarat Nizwa bei Bisya ist ebenfalls aus großen Kalksteinblöcken (1 x 0,8 x 0,5 m) errichtet und im Inneren
gegliedert.

Die Rundgebäude von Maysar und Tell Abraq, die ebenfalls zu den Turmbauten zu rechnen sind, stellen eine Besonderheit dar.

Das Rundgebäude von Tell Abraq, dem einzigen neben H8, das eine
Stratigraphie aufweist, ist mit einem Durchmesser von 40 m das bisher größte bekannte Bauwerk dieser Art. Eine weitere Besonderheit ist, daß die 2,5 m
dicke Lehmziegelringmauer an der Außenseite mit flachen Kalksteinplatten
verblendet ist. Das Ziegelmaß (40 - 50 x 20 cm) entspricht etwa dem von H1
und H8. Die Basis dieses Gebäudes ist nicht durch rechteckige Kammern gegliedert, sondern durch radial nach innen verlaufende Lehmziegelmauern.
Ein Brunnen im Zentrum der Anlage konnte ebenfalls festgestellt werden.

M25 unterscheidet sich von den bisherigen Türmen dadurch, daß sein
Inneres keine Gliederung durch Kammern aufweist. Seine zweischalige
Ringmauer (äußerer Durchmesser ca. 22 m) aus großen bearbeiteten Blöcken
wurde vielmehr um einen natürlichen Felsen gezogen und das Innere mit
Geröll aufgefüllt, um eine ebene Fläche zu erhalten. Bei M25 findet sich zum
ersten Mal ein Hinweis darauf, wie der obere Bereich bzw. die Aufbauten der
Türme ausgesehen haben könnten (vgl. Abb. 53). [402]

Ein weiteres gemeinsames Merkmal der Turmbauten sind Eingänge oder
Rampen, die den Zugang zu den Gebäuden ermöglichten (Bat, Bisyah, Hili,
Maysar), sowie Mauern und Gräben, die die Anlagen umgeben (Bat, Hili, al-
Ghubra). Die Funktion dieser Gräben ist unbekannt, es dürfte sich jedoch
nicht um Bewässerungsgräben, sondern um ein fortifikatorisches Element
handeln, wenn man bedenkt, daß etwa die Gräben um Bat 1145 2 m breit und
und 4 m tief sind.

Die Konstruktionsweise der Turmbasen wurde bereits mehrmals geschildert.
Die Kammern dienten nicht als Räume, sondern waren mit Geröll, Sand und
Schutt aufgefüllt (H1, H8, Bat, Tell Abraq), um die Standfestigkeit des Turm-
es zu erhöhen. [403] In der Literatur wird des öfteren der neuzeitliche Turm der
Festung von Nizwa als vergleichendes Beispiel für eine solche Konstruk-

---

[402] Weitere mögliche Türme sind aus Bisyah, Sallut, al-Khashbah, al-Ghubra, Fath, Firq,
al-Banah, ad-Dariz und möglicherweise `Amlah4 und 11 bekannt, da sie jedoch bisher
nur durch Surveys oder kleine Sondagen untersucht wurden, können sie nicht eindeutig
zugeordnet werden.

[403] In M25 war eine solche Konstruktionsweise nicht nötig, da der Turm direkt auf einem
gewachsenen Felsen errichtet wurde und so die Stabilisierung des Gebäudes übernahm.

tionsweise angeführt. [404] Dieser massive Turm aus dem 18. nachchristlichen
Jahrhundert ist 24 m hoch. Die Basis des Turmes ist bis auf eine Höhe von 14
m mit Lehm aufgefüllt, darauf sitzt eine Plattform. [405] Bedenkt man, daß etwa
die Basis des Turms Bat 1145 noch 5 m hoch ansteht, ist doch mit einer be-
trächtlichen Höhe der Türme zu rechnen. Die Türme sind wohl als Wachtürme und Fluchtburgen zu deuten, da alle im Inneren mit Brunnen ausgestattet
sind (H1, H8, Bat 1145, M25, T A, as-Safri). [406] Ein weiteres Indiz dafür sind
die Gräben und weitere Umfassungsmauern, die den fortifikatorischen Eindruck der Türme noch verstärken.

Konnte in TA, HD6 oder Maysar (M25) nur jeweils ein Rundgebäude
beobachtet werden, so weisen einige Siedlungen zwei (as-Safri, Bidya) oder
mehr Rundgebäude auf (al-Khasbah vier, Hili und Bat jeweils fünf Türme),
Ob sich anhand der Anzahl der Türme möglicherweise Aussagen über Größe
und Bedeutung der Siedlungen treffen lassen, ist fraglich. Zwar sind Hili, Bat
oder Bisya sicherlich als bedeutende (Wirtschafts-) Zentren anzusprechen,
aber das gilt auch für Maysar und Tell Abraq, die nur ein Rundgebäude aufweisen und besonders für Umm an-Nar und Ras al-Junayz, wo kein Rundgebäude gefunden wurde.

I.2 Terrassenanlagen:
Bei den als Terrassenanlagen bezeichneten Strukturen, handelt es sich um
Bauwerke, die aus mehreren runden oder ovalen, terrassenförmig übereinan-
der angeordneten Ebenen bestehen und wahrscheinlich als Unterbau für ein
Gebäude gedient haben. Drei solcher Anlagen sind bisher bekannt. [407]

Die imposanteste Anlage dieser Art findet sich auf der Ostkuppe des
Qarn Qarhat la-Hwîd bei Bisya. Die oberste erhaltene Terrasse hat einen
Durchmesser von 45 m und ist von einer Mauer aus großen Kalksteinblöcken
(1 x 0,6 x 0,5 m) umgeben. Tiefergelegen haben sich im Abstand von 2 m
Reste der zweiten Terrasse erhalten und Mauerspuren weiter hangabwärts
deuten auf eine dritte Terrasse hin.

Auf dem Jabal Juhêlât, ebenfalls bei Bisya, findet sich eine weitere dieser terrassierten Anlagen, jedoch stark gestört. Erhalten sind die Mauerreste
zweier Terrassen, die 6 m und 9 m unterhalb der Kuppe um den Hügel laufen.

Das dritte Beispiel ist das von Khutm / an-Nabaghia bei Bat. Diese
Struktur besteht aus drei ovalen, konzentrisch übereinander angeordneten
Terrassen, deren unterste eine Fläche von etwa 40 x 20 m einnimmt. Auf der
obersten Terrasse sind möglicherweise Reste eines Gebäudes zu erkennen.

---

[404] Frifelt, JOS 2, 1976, 59 - 60; Frifelt, Das Altertum 25/4, 1979, 219; Slotta, Der Anschnitt 33, 1981, 204.

[405] d´Errico, JOS 6, 1983, 302 - 303, Abb.5.

[406] Die Vermutung von Brunswig, JOS 10, 1989, 39, Anm. 19, es könne sich bei den
Basen der Türme Bat 1146 und 1147 um Wassertanks oder Dreschplätze handeln, da sie
direkt zwischen den Feldern liegen, trifft m. E. nicht zu. Es dürfte sich vielmehr um das
gleiche Prinzip wie in neuzeitlichen Siedlungen handeln, deren Siedlungsareal zum
Schutz von mehreren Türmen begrenzt wird.

[407] Ob es sich bei Bat 1156 und Bid2, 4 ebenfalls um solche Anlagen handelt, kann nicht
genau gesagt werden, da die Beschreibungen bzw. die veröffentlichten Pläne zu ungenau
sind. Bid4 könnte auch die Basis eines Turmes sein, da die Anlage von quadratischen
Mauern eingefaßt wird um die ein Graben läuft.

Der Zugang zu den Terrassen erfolgte wohl über Rampen, die an allen diesen Anlagen zu beobachten sind.

Die Funktion dieser Anlagen ist bisher nicht bekannt, vielleicht ist aber anzu - nehmen, daß auf den obersten Terrassen öffentliche oder kultische Gebäude saßen. [408]

### I.3 Runde Plattformen:

Die dritte Art der Rundstrukturen sind massive Plattformen, die wohl, wie auch die terrassierten Anlagen, als Unterbau für ein oder mehrere Gebäude dienten. Neben Rawdah und Wihi al-Murr (beides Plattformen aus großen, unbearbeiteten Steinen) ist hier vor allem die Plattform von Jabal Sulyamân ʿAlî bei Bisya zu nennen. Dort wurde die gesamte Kuppe des Hügels in eine Plattform von ca. 30 m Durchmesser umgewandelt. Der Kern innerhalb der doppelschaligen Ringmauer aus bearbeiteten Blöcken war mit Bruchsteinen gefüllt, zusätzlich verstärkt durch steinerne Innenwände. Der Zugang erfolgte über eine Rampe.

Dieses Prinzip findet sich auch bei Building I von Bisya: Eine runde Plattform (Durchmesser 22 m) mit steinernen Innenwänden und rampen- oder terrassenartigen Zugängen.

Auch die Funktion dieser Plattformen ist unbekannt, könnte aber der der Terrasseanlagen entsprechen.

### II. Rechteckige Strukturen

Innerhalb der Siedlungsareale finden sich verstreut rechteckige Strukturen, bei denen es sich, im Gegensatz zu den runden Strukturen, wohl um einfache Häuser handelt. Sitzen sie wie in Bat oder Bisya an Hängen, sind sie auf stei - nerne Terrassen errichtet, liegen sie wie etwa in Maysar in flachem Gelände, wurden sie direkt auf dem gewachsenen Boden erbaut. [409]

Das Mauerwerk bzw. die erhaltenen Fundamente bestehen wie bei den

---

[408] Orchard, Iraq 56, 1994, 78, möchte in diesen terrassierten Anlagen den Prototyp für den Barbar - Tempel der Perioden Ia - IIb auf Bahrain sehen. Zwar weisen sowohl Bear- beitung der Steine, Doe, BAT, 189, als auch die Erscheinumg der Anlage (Terrassen, die über einer natürlichen Erhebung errichtet wurden), Andersen, BAT, 167 - 172, Abb. 35, auf die omanische Architektur hin, Orchards These bleibt m. E. jedoch reine Spekulation. Eine Beeinflußung der Tempelanlage von Barbar durch Mesopotamien (etwa Tempeloval von Hafaggi) scheint wahrscheinlicher ("considering the architecture of Temple I and II ... we may speak of provincial Sumerian style", Andersen, BTA, 175).

[409] Orchard, Iraq 56, 1994, 63 - 68, unterteilt unter anderem aufgrund dieser Unterschiede in Umm an-Nar- und al-Hajjar-Siedlungen, also Siedlungen, die im Bereich des Hajjar- Gebirges liegen und eine bestimmte Architektur aufweisen. Da Umm an-Nar-Gebäude auch innerhalb der von ihr als al-Hajjar-Siedlungen bezeichneten Orte vorkommen, sieht sie in ihnen "an intrusive element which is introduced towards the end of the 3rd millen- nium B.C. and disappears early in the 2nd." Betrachtet man z.B. die Datierung von M1, Weisgerber, Der Anschnitt 33, 1981, 251, Tab. 2, könnte das durchaus zutreffen. Zieht man jedoch etwa die Küstensiedlung Tell Abraq heran, die einen Turm besitzt, was nach Orchard als typisches Merkmal von al-Hajjar-Siedlungen gilt, wird diese Unterscheidung doch in gewisser Weise in Frage gestellt. Dennoch ist die These Orchards ein interessan- ter Ansatz, der durch weitere Forschungen zu verifizieren ist.

Rundstrukturen aus zwei Schalen unbearbeiteter Steine. Der Kern bzw. die Füllung bestand in der Regel aus Geröll oder Kies, bei Küstensiedlungen wurden aber auch Muschelschalen verwendet, während in den kupferproduzierenden Siedlungen zerkleinerte Schlacke bevorzugtes Füllmaterial war. Das aufgehende Mauerwerk dürfte aus Lehmziegeln bestanden haben. Mauern wurden sowohl als Trockenmauerwerk oder unter Verwendung von Lehmmörtel (M1:4, Umm an-Nar) errichtet

Größere, mehrräumige Gebäude wurden vor allem in Umm an-Nar freigelegt und von den Ausgräbern als Lagerhäuser angesprochen, in denen zum Teil auch handwerkliche Produktion betrieben wurde. Dies trifft auch für die großen Lehmziegelgebäude in RJ2 zu. Bei den kupferverarbeitenden Siedlungen wie M1 oder Zahra 1 bestehen die Gebäude in der Regel aus kaum mehr als ein bis zwei Räumen, an die sich ein großer Hof anschließt.

Eine bisher nicht zu deutende Besonderheit stellen die monumentalen Gebäude von Araqi und al-Khashbah dar. Aufgrund ihrer enormen Größe, sind sie wohl kaum als einfache Wohnhäuser, sondern vielleicht eher als öffentliche Gebäude anzusprechen.

## III. Strukturen aus vergänglichem Material

Aufgrund archäologischer Befunde ist davon auszugehen, daß eine Reihe von Gebäuden nur aus vergänglichem Material bestanden (*barastis*). Die Siedlungen von Gh1, 3 und JD3 weisen außer einzelnen Mauern und steingesetzten Feuerstellen kaum architektonische Reste auf. Aber auch innerhalb von befestigten Siedlungen dürften sich solche Gebäude befunden haben, wie die Grabungen in Tell Abraq (Reste von Schilf und Holz in Vergesellschaftung mit dem Turmgebäude) und `Amlah 3a (runde Steinpflasterung als möglicher Unterbau für eine vergängliche Struktur [410]) zeigten. Zu klären bleibt weiterhin, ob es sich nicht gerade bei den meisten Küstensiedlungen nur um säsonal besiedelte „Camps" handelt, weisen doch vor allem diese Siedlungen, abgesehen von Feuerstellen keinerlei architektonische Strukturen auf.

Betrachtet man die Subsistenzbedingungen der einzelnen Siedlungen, so ergibt sich ein differenziertes Bild:
Die wirtschaftliche Basis der Küstensiedlungen wie Umm an-Nar, TA, RJ2 oder Ghanada war nach den gefundenen Tierresten zu urteilen, hauptsächlich das Meer,[411] daneben ist direkter Überseehandel zumindest für die größeren Küstensiedlungen (Umm an-Nar, TA oder RJ2) nachgewiesen - Importe finden sich aber auch in den Siedlungen des Landesinneren. Handwerkliche Produktion spielte eine eher untergeordnete Rolle, und Kupfer wurde hier nur in kleinem Rahmen zur Selbstversorgung verarbeitet.

Die Siedlungen des Landesinneren dagegen betrieben Oasenwirtschaft. Funde aus Hili belegen den Anbau verschiedener Getreidesorten, Melonen

---

[410] Wie diese Struktur ausgesehen haben könnte, zeigt TAVO 54 / B, 57, Taf. 10.
[411] Hoch, SAA 1977; Prieur, Tell Abraq 1989.

und Datteln. [412] Für die in erster Linie kupferproduzierenden Siedlungen wie Maysar gilt dies ebenfalls. [413] Die Organisation der Oasensiedlungen des 3. Jt. v. Chr. wurde von Orchard zusammenfassend behandelt und soll deshalb hier nicht näher erläutert werden. [414]

Diese formalen Unterschiede zwischen den Siedlungen der Küste und des Landesinneren haben, zusammen mit dem etwas unterschiedlichem Keramikinventar dazu geführt, daß schon früh versucht wurde, eine "reine Umm an-Nar-Kultur" auf der Insel Umm an-Nar von einer oder mehreren Kulturen des Landesinneren zu unterscheiden. [415]

Mag die forschungsgeschichtlich entstandene Bezeichnung Umm an-Nar-Periode für die gesamte Halbinsel auch etwas unglücklich gewählt sein, so dürfte es sich doch um eine einheitliche Kultur handeln, deren Unterschiede in Architektur, Keramik usw. als lokale Ausprägungen zu betrachten sind.


## V.3 Die Wadi Suq-Periode

Mit dem Beginn der Wadi Suq-Periode stellt sich ein kultureller Wandel gegenüber der vorhergehenden Umm an-Nar-Periode ein, der sich bisher in erster Linie an den Grabinventaren festmachen ließ. Es treten eine neue Keramik und Änderungen in den Bestattungssitten auf. [416] Dieser Umbruch vollzieht sich jedoch nicht abrupt, sondern in einer etwa 100 - 200 jährigen Übergangsphase, [417] die auch an einigen Siedlungen (M1, TA, al-Khatt, Gha?) zu beobachten ist. Das beste Beispiel dafür ist al-Khatt. So tritt dort spät Umm an-Nar-zeitliche Keramik in Vergesellschaftung mit früher Wadi Suq-Keramik auf. Zudem konnte festgestellt werden, daß in einigen Siedlungen (M1, H8, Bat) bereits gegen Ende des 3. Jt. bearbeitete Blendsteine von Umm an-Nar-Gräbern in den Siedlungen verbaut wurden, was für einen deutlichen kulturellen Wandel spricht.

Betrachtet man die erst kürzlich publizierte Chronologietabelle von Tell Abraq, [418] kann dieser Übergang zur Zeit etwa zwischen 2000 - 1900 v. Chr. angesetzt werden, wird aber nicht überall gleichzeitig und auf gleiche Weise erfolgt sein.

In einigen Siedlungen konnte nachgewiesen werden, daß die Umm an-Nar-Gebäude bis in die Wadi Suq-Periode hinein weitergenutzt wurden. In TA erstreckt sich diese Nutzung bis zur Mitte des 2. Jt., bevor der Turm aufgelassen und durch eine große Plattform überbaut wird. In H8, Periode III, kommt es zu Beginn des 2. Jt. zwar zu einer Umgestaltung des Siedlungsare-

---

[412] Cleuziou, AUAE 2 - 3, 1980, 40; Cleuziou, Costantini, Paléorient 6, 1980, 247 - 250.

[413] Kunter, Homo 32, 1981, 207.

[414] Orchard, Iraq 56, 1994, 79 - 81, 83 - 85.

[415] Tosi, JOS 2, 1976, 81; Cleuziou, Pottier, Salles, AUAE 1, 1978, 23; Cleuziou, SAA 1979, 280. An diesen Punkt knüpft auch Orchard mit ihrer Unterscheidung in Umm an-Nar- und al-Hajjar-Siedlungen an, vgl. Anm. 409.

[416] Vogt, Gräber, 273, 278; Cleuziou, Oman Peninsula, 387 - 389.

[417] Vogt, Gräber, 262.

[418] Weeks, AAE 8/1, 1997, 12, Tab. 1.

als, aber das Rundgebäude wird ebenfalls weiterbenutzt, bis die Besiedlung
etwa um 1900 v. Chr. abbricht. Auch in al-Khatt konnte eine Belegung des
Umm an-Nar-Gebäudes in der frühen Wadi Suq-Periode beobachtet werden.
Erst nach der Zerstörung des Gebäudes durch einen Brand wird die Siedlung
aufgegeben, dann aber möglicherweise ab der Mitte des 2. Jt. wieder besiedelt. Aus dem Außenbereich des Rundgebäudes in Bat (1145) liegen neben
einigen Kleinfunden auch zwei Radiocarbondaten vor, die für eine Nutzung
des Bauwerks in der Wadi Suq-Periode sprechen. Ähnliches trifft möglicherweise auch auf as-Safri zu, wo ebenfalls Wadi Suq-Scherben in der Umgebung des Turms A gefunden wurden.

Ein etwas anderes Bild bieten dagegen die Siedlungen in Ras al-Junayz
und Shimal. In RJ2 werden die großen Lehmziegelgebäude der Periode II bereits etwa um 2300 v. Chr. aufgelassen und durch Pfostenarchitektur ersetzt,
bis die Siedlung etwa um 2150 v. Chr. endgültig aufgegeben wird. Aus bisher
ungeklärten Gründen verlagert sie sich zu Beginn des 2. Jt. auf den unmittelbar südlich von RJ2 gelegenen Tafelberg (RJ1), wo durch Funde und zwei
$C_{14}$-Daten eine Belegung für die ersten Jahrhunderte des 2. Jt. nachgewiesen
ist. In Shimal ist eine Umm an-Nar-zeitliche Besiedlung (Periode 1) ab etwa
2100 v. Chr. nicht mehr faßbar. Eine Besiedlung in der folgenden Periode 2
ist nur indirekt durch das Grab SH 95 repräsentiert, ohne daß die zugehörige
Siedlung bisher zu identifizieren gewesen wäre. Siedlungsarchitektonische
Spuren lassen sich dann erst wieder ab etwa 1500 v. Chr. (Periode 3) belegen
(vgl. Tab. 2).

Abgesehen von der fortgesetzten Nutzung Umm an-Nar-zeitlicher Gebäude zu Beginn bzw. innerhalb der ersten Hälfte des 2. Jt., läßt sich die Architektur der Wadi Suq-Periode kaum fassen, ihre Reste sind zu desolat und
fragmentarisch. Die Architektur der Siedlungen dieser Zeit vermittelt eher
den Eindruck von "Camps", als richtiger befestigter Siedlungen und stellt
somit einen deutlichen Rückschritt gegenüber der Architektur des 3. Jt. dar.
An fast allen oben genannten Orten herrscht Pfostenarchitektur vor, Steinmauern sind nur selten zu finden. Die Steinmauern folgen aber weiterhin dem
in der Umm an-Nar-Architektur gebräuchlichen Konstruktionsprinzip - sie
bestehen aus zwei Schalen mit einem Geröllkern.

Im Gegensatz zu der relativ großen Zahl der Umm an-Nar-zeitlichen Siedlungen, sind bisher nur wenige Siedlungen der Wadi Suq-Periode bekannt (Abb.
103). Von diesen Siedlungen können mit Sicherheit RJ1, H8, TA, Bat, al-
Khatt und Shimal in diese Periode datiert werden (vgl. Tab. 2), während
Abaya , as-Safri, Ghanada und Tawi Saʿid nur hypothetisch zuzuordnen sind.

Das fast völlige Fehlen von Siedlungen dieser Periode hat Cleuziou zu der
Vermutung veranlaßt, im 2. Jt. sei die Bevölkerung, ausgehend von der Do-
mestizierung des Kamels im Laufe des 3. Jt. in Verbindung mit anderen Fak-
toren (Untergang der Indus-Kultur, Niedergang des Handels mit Mesopotamien im frühen 2. Jt.) zu Vollnomadismus übergegangen. [419] Diese These ist
jedoch heute nicht mehr haltbar. Zwar könnten die Reste der Siedlungen

---

[419] Cleuziou, SAA 1979, 292.

diese These bestätigen, da sie eher Camps als befestigten Siedlungen gleichen. Dennoch erscheint es unwahrscheinlich, daß die große Zahl der Wadi Suq-zeitlichen Gräber (mit zum Teil erheblichen Mengen an Metallbeigaben) ausschließlich von Nomaden stammen sollte. Zudem wurden an vielen Orten Wadi Suq-zeitliche Funde gemacht, ohne eine direkte Siedlung nachweisen zu können. Ein gutes Beispiel dafür ist Maysar, das während der Umm an-Nar- und der Eisenzeit dicht besiedelt war. Es erscheint nicht einleuchtend, daß diese Gegend während des 2. Jt. nicht besiedelt gewesen sein sollte, obwohl zahlreiche Gräber aus dieser Zeit existieren. [420] Ähnliches trifft auch für Bisya zu. [421]

Die geringe Zahl an Siedlungen dürfte eher auf die Beschaffenheit der Siedlungen selbst zurückzuführen sein. Bestanden sie wirklich in erster Linie aus vergänglichem Material, und fast alle bisherigen Befunde deuten darauf hin, dürfte es aufgrund des schlechten Erhaltungszustandes sehr schwer sein, solche Siedlungen zu identifizieren.

Neben diesen Siedlungen sind mittlerweile eine Reihe von Bergfestungen bekannt, die aber leider bisher archäologisch noch nicht näher untersucht sind: Östlich von **Nizwa** erhebt sich eine Feste, die von einer großen Mauer mit eingestürzten Türmen halbkreisförmig eingeschlossen wird. [422] Eine weitere Festung ist aus **al-Wasit** im Wadi Jizzi [423] sowie aus **Dhaya**, Ras al-Khaimah bekannt. [424] Auf der Insel **Masirah**, vor der Ostküste Omans, wurde ebenfalls eine derartige Festung entdeckt. [425]

Solche Anlagen sind eigentlich typisch für die frühe Eisenzeit auf der Halbinsel Oman. Da in der Festung von al-Wasit auch eine eisenzeitliche Nutzung festgestellt werden konnte, wäre eine Untersuchung äußerst interessant, um zu sehen, ob und inwieweit ein Zusammenhang zwischen den Festungen der Wadi Suq- und der Eisenzeit besteht.

Als **der** „key-site" für die südostarabische Archäologie könnte sich in Zukunft Tell Abraq erweisen. Durch die Grabungen in TA war es erstmals möglich, eine Untergliederung der Wadi Suq-Periode (Wa I - IV) vorzunehmen, [426] die über eine Einteilung in Wadi Suq früh und Wadi Suq spät hinausgeht. Eine Neubearbeitung des bisher bekannten Materials im Lichte der neuen Ergebnisse von TA, könnte unser Wissen um diese Periode erheblich erweitern und zeigen, inwieweit diese Einteilung für die gesamte Halbinsel verbindlich ist.

---

[420] Es handelt sich hierbei um die Probe OM 013, die ein kalibriertes Datum von 1710 v. Chr. liefert, Weisgerber, Der Anschnitt 33, 1981, 251, Tab. 2.

[421] Orchard, Iraq 56, 1994, 73.

[422] Shanfari, Weisgerber, S.O.R. 63, 17, Taf. 1. 2.

[423] Weisgerber, Oman, 285, 293 mit Anm. 4; Weisgerber, IA 6, 328.

[424] Franke-Vogt, IA 6, 192, Anm. 2.

[425] Weisgerber, Oman, 285, 292 mit Anm. 3; Weisgerber, IA 6, 327.

[426] Vgl. Weeks, AAE 8/1, 1997, 12, Tab. 1.

## V.4 Die Lizq/Rumeilah-Periode

Wurde früher zwischen der Wadi Suq- und der frühen Eisenzeit [427] ein Hiatus von mehreren Jahrhunderten angenommen, [428] so wurde durch die fortgesetzten Forschungen der chronologische Rahmen der Wadi Suq-Periode nach unten erweitert, während sich der Beginn der frühen Eisenzeit nach oben verschob. Statt einer Lücke zwischen diesen beiden Kulturen ist von einem allmählichen Übergang auszugehen. Nachweisen läßt sich dieser Übergang etwa in den Funden der Siedlungen Tell Abraq [429] und Shimal (Tab. 3). [430] Im Vergleich zur Wadi Suq-Periode nimmt die Siedlungszahl während der frühen Eisenzeit erheblich zu (Abb. 104). Als Ursache dafür ist wahrscheinlich die Einführung des *falaj* zu jener Zeit zu sehen, des noch heute in Oman gebräuchlichen Bewässerungssystems. [431]

Die früheisenzeitliche Lehmziegelarchitektur von Siedlungen wie H2, Rumeilah oder neuerdings auch al-Thuqaibah wurde bereits 1985 von Lombard zusammenfassend bearbeitet und soll hier nicht nocheinmal wiederholt werden. [432]
       Die wenigen anderen untersuchten Siedlungen dieser Zeit lassen kaum Aussagen über die Architektur ihrer Gebäude zu. In der Regel handelt es sich um rechteckige Strukturen unterschiedlicher Größe aus Bruchsteinen, deren Funktion sich nicht bestimmen läßt. Allerdings ist bei vielen Gebäuden die schon im 3. und 2. Jt. verwendete Technik der doppelschaligen Fundamentmauern zu beobachten (etwa in Ghalila, Bir Saif, Am Dhurra, Bithnah, Qidfah).
       Daneben existieren auch in dieser Zeit unbefestigte oder nur saisonal genutzte Siedlungen, wie Gh2, Mleiha oder der Osteil von Tell Abraq, wo sich der Wadi Suq-zeitliche Horizont aus Pfostenlöchern in der frühen Eisenzeit fortsetzt.

Eine typische Erscheinung der frühen Eisenzeit sind die zahlreichen Bergfestungen, [433] wie etwa Lizq, Rafaq, Husn Mudhub, Zahra, al-Wasit und Yiti. [434] Die größte Festung ist die von Lizq, die ein Areal von ca. 20000 m² einfaßt. Die Abmessung der Festung von Husn Mudhub beträgt 80 x 50 m, während

---

[427] Die Verwendung des Begriffs frühe bzw. späte Eisenzeit geht auf Boucharlat, AOMIM, 190 - 191 zurück. Es handelt sich um eine Übernahme aus der iranischen Chronologie, da gewisse Parallelen zwischen iranischen und omanischen Fundkomplexen für diese Zeit nachzuweisen sind, vgl. etwa Lombard, IranAnt 16, 1981, Magee, IranAnt 32, 1997 und Kroll, IA 6. Gleichzeitig ist der Begriff frühe Eisenzeit für die omanische Halbinsel etwas unglücklich gewählt, da Funde aus Eisen erst in der späten Eisenzeit auftauchen, Lombard, Âges du fer, 26.

[428] Cleuziou, SAA 1979, 292; Lombard, IranAnt 16, 1981, 87 - 88.

[429] Potts, Tell Abraq 1989, 123.

[430] Velde, IA 6, 272.

[431] Weisgerber, Der Anschnitt 33, 1981, 245 - 247.

[432] Lombard, L'Arabie orientale, 150 - 158.

[433] Bisher sind etwa 20 dieser Festungen bekannt, pers. Mitteilung P. Yule.

[434] Yule, Weisgerber, MDOG 128, 1996, 151.

die Festung von Zahra nur ein Areal von etwa 30 x 15 m einschließt. Diese
Festungen sind wohl als Fluchtburgen anzusehen, möglicherweise überneh-
men sie die Funktion der Türme der Umm an-Nar-Periode. Ob das *"bâtiment
collectif"* von H14 ebenfalls als Festung anzusprechen ist, bleibt fraglich.

Wie bereits angedeutet, liegt die Entstehungszeit dieser Festungen vielleicht bereits in der Wadi Suq-Periode (vgl. oben) und es ist nicht auszuschließen, daß sie bis in die späte Eisenzeit oder sogar in die islamische Zeit
hinein genutzt wurden.[435]

Ähnlich wie für die Wadi Suq-Periode ist Tell Abraq auch für die Chronologie der frühen Eisenzeit von besonderer Bedeutung. Anhand seines Fundmaterials konnte die frühe Eisenzeit erstmals in drei Perioden unterteilt werden
(iron I - III).[436] Durch einen Vergleich des alten Materials mit den Ergebnissen
aus TA könnten sicherlich genauere Datierungen für die einzelnen Siedlungen vorgenommen werden.

Insgesamt gesehen, läßt sich die Siedlungsarchitektur, trotz mittlerweile
dreißigjähriger Forschungstätigkeit auf der Halbinsel Oman, bisher nur
schwer faßen und im Gegensatz zu den Gräbern kaum typologisch gliedern.

Am besten dokumentiert ist die Architektur der Umm an-Nar-Periode
mit ihren Rundtürmen, Terrassenanlagen und Plattformen. Da diese Bauwerke bisher kaum in einer anderen Periode nachzuweisen sind, können sie als
typisch für das 3. Jt. angesehen werden..

Die Architektur der wenigen Wadi Suq-zeitlichen Siedlungen stellt einen
deutlichen Rückschritt gegenüber der vorhergehenden Periode dar. Bestätigt
sich die Annahme, daß die Gebäude dieser Siedlungenhauptsächlich aus vergänglichem Material bestanden, sinkt die Möglichkeit ihrer Erforschung
gegen Null, so daß unser Wissen über diese Zeit weiterhin in erster Linie auf
Gräber bzw. deren Inventare beschränkt bleiben muß. Dennoch geben Fundorte wie al-Khatt oder TA zu der Hoffnung Anlaß, daß auch zukünftig neue
Siedlungsplätze dieser Zeit gefunden werden können.

Über die Architektur der frühen Eisenzeit oder Lizq/Rumeilah-Periode
können ebenfalls keine verbindlichen Aussagen gemacht werden. Die relativ
gut erhaltenen (und auch ausgegrabenen) Lehmsiedlungen H2, al-Thuqaiba
oder Rumeilah stehen einer Reihe von Siedlungen gegenüber, die nur durch
Surveys oder kurze Sondagen untersucht sind. Als eine typische architektonische Erscheinung dieser Zeit sind aber wohl die zahlreichen Bergfestungen
anzusehen.

---

[435] Späteisenzeitliche / Samadzeitliche Festungen sind etwa aus Maysar (M34), Weisgerber, Der Anschnitt 33, 1981, 233 - 234 und Samad, Weisgerber, Yule, Samad ash-Shan, 8,
site 7 bekannt. In Husn Mudhub fanden sich ebenfalls späteisenzeitliche Spuren, Corboud, Castella, Hapka, Im-Obersteg, Fujairah 3, 5, währen in Rafaq eine islamische Festung direkt in die eisenzeitliche hineingebaut wurde, Potts, Arabian Gulf, 364.

[436] Magee, AAE 7/3, 1996, Magee, IranAnt 32, 1997.

Auch wenn durch die Stratigraphie von Tell Abraq große Fortschritte erzielt wurden, weist die Chronologie der Halbinsel Oman noch immer zahlreiche Schwierigkeiten auf, was in besonderem Maße für die Siedlungsarchitektur gilt. Es können nur ungefähre Zuweisungen vorgenommen werden. Relativ sicher ist eine generelle Datierung runder Strukturen, die aufgrund ihrer äußeren Form oder bestimmter Bearbeitung des Baumaterials auch ohne Oberflächenkeramik dem 3. Jt. zugeordnet werden können. Andere Bauweisen, wie die bei rechteckigen Strukturen für die Fundamentmauern verwendete Schalentechnik, laufen vom 3. Jt. v. Chr. bis in die Neuzeit durch und lassen sich ohne entsprechende Kleinfunde kaum einer bestimmten Zeit zurechnen. [437]

Ein weiteres Problem ist die Funktionszuweisung der einzelnen Bauwerke. Relativ klar dürfte die Funktion der Türme und Festungen sein. Bei anderen Gebäuden fehlen jedoch meist die für eine Funktionsbestimmung nötigen Installationen oder Funde. Eine Ausnahme bilden hierbei die kupferverarbeitenden Siedlungen (z. B. M1, Zahra 1 oder Wadi Fizh 1),[438] da dort die entsprechenden Einrichtungen (Schmelzöfen) oder Überreste (Schlackenreste, Ofenbruch) eindeutige Hinweise liefern. Für das monumentale Gebäude von al-Khashbah oder das große Bauwerk von Araqi kann zwar eine öffentliche Funktion angenommen werden, beweisen läßt sich dies jedoch nicht. Kleinfunde, die auf einen Kult hindeuten fehlen ebenso wie religiös-kultische Bauwerke. Lediglich der "Mound of Serpents" in al-Qusais könnte mit einem Kult in Verbindung gebracht werden, seine architektonischen Reste sind jedoch wenig aussagekräftig.

So wirft also die Siedlungsarchitektur der Halbinsel Oman mehr Fragen auf, als sich zum heutigen Wissensstand beantworten lassen. Zurückzuführen ist das einerseits auf den häufig sehr schlechten Erhaltungszustand der architektonischen Reste, andererseits aber auch in einem nicht geringen Maße auf die schlechte Publikationslage. Wünschenswert wäre deshalb eine verstärkte Grabungstätigkeit an Siedlungen, da Surveys zur Erfassung von Fundplätzen zwar unumgänglich sind, gezielte Grabungen jedoch nicht ersetzen können. Ein weiteres dringliches Ziel muß darüber hinaus eine möglichst rasche Publikation von abschließenden Berichten bisher durchgeführter Grabungen sein.

---

[437] Eine Zuordnung von Rechteckstrukturen in das 3. Jt. läßt sich, je nach Erhaltungszustand, über einen Vergleich mit den Gräbern durchführen. Die Bearbeitungstechnik der an Umm an-Nar-Gräbern verbauten Kalksteinblöcke, findet sich zum Teil auch an Profanbauten wieder.

[438] Neben den in diesem Text behandelten Siedlungen sind für die Bronzezeit ca. 16 und für die Eisenzeit ca. 15 weitere Fundorte bekannt, die in Zusammenhang mit Metallverarbeitung stehen, vgl. die Liste bei Hauptmann, 5000 Jahre, 116 - 117.

# VI. Katalog

## VI.1 Abkürzungen der Fundorte [439]

| | | | |
|---|---|---|---|
| AM | = Al Madam | Wa | = Wadi Suq |
| AS | = as-Sufouh | | |
| As | = Asimah | Y | = Yiti |

Ba   = Batin
BB   = Bahla (heute: Bah)
Bi   = Bilad al-Ma`idin
Bid  = Bidya

Du   = ed-Dur

G    = Ghalilah
Gh   = Ghanada

H    = Hili
Ha   = Hafit
HD   = Ras al-Hadd

JD   = Jebel Dhanna

Kh   = al-Khatt
KJ   = Khawr Jaramah

L    = Lizq

M    = Maysar
Ml   = Mleiha

Q    = Qattarah
QBS  = Qarn Bint Sa`ud
Qu   = al-Qusais

S    = Samad
Sh   = Shimal
SH   = Sohar

Ra   = Raki
RJ   = Ras al-Junayz
Ru   = Rumeilah

TA   = Tell Abraq

U    = Umm an-Nar

---

[439] Die Abkürzungen richten sich nach den in den entsprechenden Publikationen verwendeten bzw. nach Yule, Gräberfelder in Samad al Shân, im Druck.

## VI.2 Abkürzungen der Expeditionen

AAE        Australian Archaeological Expedition, Sydney University

BAE        British Archaeological Expedition

CNI        Carsten Niebuhr Institute

DAAD       Department of Antiquities, Abu Dhabi

DAE        Danish Archaeological Expedition

DAM        Department of Antiquities and Museums, Ras al-Khaimah

DAO        Department of Antiquities, Oman

DAOE       Deutsche Archäologische Oman - Expedition

DBM        Deutsches Bergbaumuseum Bochum

EAE        European Archaeological Expedition to ed-Dur

FAMS       French Archaeological Mission in Sharjah

GAM        German Archaeological Mission in Ras al-Khaimah

GU         Gent University

HASO       Harvard Archaeological Survey in Oman

IAE        Iraqi Archaeological Exped. to the United Arab Emirats

IsMEO      Istituto italiano per il Medio ed Estremo Oriente

JHP        The Joint Hadd Project

MAFAD      Mission Archéologique Française en Abou-Dhabi

OHS        Omani Historical Society

SDA        Sharjah Department of Archaeology

SLFA       Swiss-Liechtenstein Foundation for Archaeological Research Abroad

UAM        Universidad Autonoma de Madrid

UBAE       Univerity of Birmingham Archaeological Expedition to the Sultanat of Oman

UEDA       University of Edinburgh, Department of Archaeology

# VI.3 Alphabetisches Verzeichnis der Fundorte

**`Abayah**          Oman
Lage:              ca. 1 km nördlich von al-Misfah
nächster Ort:      Quryat
Datierung:         Wa
Wadi:              Wadi Bani Batash
Survey:            BAE 1976
Literatur:         Doe, JOS 3, 1977, 40


**Am Dhurra**       Oman
Lage:              südlich des Jebel Ukhayr, ca. 1 km östlich von an-Niba
nächster Ort:      An Niba
Datierung:         L/Ru
Wadi:              Wadi Aghda´
Survey:            BAE 1976
Literatur:         Doe, JOS 3, 1977, 48
                   Lombard, L´Arabie orientale, 145


**`Amlah**          Oman
Lage:              zwischen den Orten `Amlah und Ablah, hauptsächlich auf der östli-
                   chen, `Amlah 5b auf der westlichen Wadiseite
nächster Ort:      Khubarah
Wadi:              Wadi al-`Ain
Fundstelle:        `Amlah 3a - c, 4, 5b, 11, 12, 13b
Datierung:         U
Grabung:           BAE 1974/75
Literatur:         de Cardi, Collier, Doe, JOS 2, 1976, 101 - 140
                   Doe, JOS 2, 1976, 165 - 167
                   Doe, Monuments, 69 - 70, 79 - 80


**Andam**           Oman
nächster Ort:      Izki
Wadi:              Wadi Andam
Fundstelle:        Andam 1, 16, 19
Datierung:         U
Survey:            HASO 1973, 1975
Literatur:         Meadow, Humphries, Hastings, Explorations in Omân, 113 - 114


**Araqi**           Oman
Lage:              an östlichem Hang eines Hügels, ca. 3 km südöstlich von Araqi und
                   nahe einer Piste, 1,5 km nördlich der Straße von `Ibri nach Nizwa

nächster Ort:     `Ibri
Wadi:             Wadi Tayyib
Datierung:        U
Survey:           BAE 1974/75
Literatur:        Doe, JOS 2, 1976, 174 - 175
                  Doe, Monuments, 82 - 83


**Asimah**        VAE, Ras al-Khaimah
Lage:             ca. 6 km westlich der Straße Dibba - Masafi
nächster Ort:     Asimah
Wadi:             Wadi Asimah
Fundstelle:       As 99, As-N, As 97
Datierung:        U (As 99, As-N), L/Ru (As 97)
Survey:           BAE 1972, 1977, DAM 1987/88
Grabung:          DAM 1987/88
Literatur:        de Cardi, OrAnt 24, 1985, 186 - 191
                  Vogt, Asimah, 139 - 146, 151 - 181


**Bahla**         Oman
Lage:             ca. 2 km südlich von Bahla
nächster Ort:     Bahla
Wadi:             Wadi Sayfam
Fundstelle:       BB-4
Datierung:        L/Ru
Survey:           HASO 1973
Literatur:        Humphries, PSAS 4, 1974, 52


**al-Banah**      Oman
Lage:             östlich von Bat und ca. 500 m östlich der südlichen Wadibank
nächster Ort:     al-Banah
Wadi:             Wadi al-Hajar
Datierung:        U
Survey:           BAE 1974/75
Literatur:        Doe, JOS 2, 1976, 170
                  Doe, Monuments, 68


**Bat**           Oman
Lage:             ca. 25 km östlich von Ibri
nächster Ort:     Bat
Wadi:             Wadi al-Hajar
Fundstelle:       Bat 1145 - 1148, 1156, 1157
Datierung:        U (Wa, L/Ru)
Survey:           BAE 1974/75

Grabung:        DAE 1975/76, 1977/78
Literatur:      Frifelt, EW 25, 1975, 390
                Frifelt, JOS 2, 1976, 57 - 73
                Doe, JOS 2, 1976, 173
                Frifelt, SAA 1977, 582 - 584
                Frifelt, Das Altertum 25/4, 1979, 222
                Doe, Monuments, 64 - 65
                Frifelt, JOS 7, 1985, 89 - 104
                Brunswig, JOS 10, 1989, 9 - 48
                Orchard, Iraq 56,1994, 71 - 72


**Batin**          Oman
nächster Ort:      Batin
Fundstelle:        Ba 1
Survey:            HASO 1973, 1975; DAOE 1995
Literatur:         Meadow, Humphries, Hastings, Exploration in Omân, 114, 116 - 117
                   Yule, Weisgerber, MDOG 128, 1996, 141


**Bidya**          VAE, Fujairah
Lage:              38 km nördlich von Fujairah, westlich der Hauptstraße nach Khor
                   Fakan
nächster Ort:      Bidya
Fundstelle:        Bid2, Bid4
Datierung:         U
Survey:            DAAD 1988
Grabung:           DAAD 1988
Literatur:         Tikriti, AUAE 5, 1989, 107 - 109
                   Orchard, Iraq 56, 1994, 83


**Bilad al-Ma`idin** Oman
Lage:              ca. 25 km nördlich von Samad
nächster Ort:      Bidbid
Fundstelle:        Bi
Datierung:         U, L/Ru
Grabung:           DBM 1981
Literatur:         Kroll, Bilad al-Maaidin, Der Anschnitt 33, 1981, 209 - 210
                   Kroll, Phœnix 30, 1984, 21


**Bir Sayf**       Oman
Lage:              ca. 20 km nördlich von Samad
nächster Ort:      al-Wasil
Wadi:              Wadi Andam
Datierung:         L/Ru

Survey:           BAE 1976
Literatur:        Doe, JOS 3, 1977, 46


**Bisya**           Oman
Lage:             ca. 20 km südlich von Bahla, großes Areal zwischen Bisya, Sallut,
                  und az-Zabi
nächster Ort:     Bisya, Sallut, az-Zabi (Zabi)
Wadi:             Wadi Bahla
Fundstelle:       HASO: BB-16, HASO: BB-19 = UBAE: Qarn Qarhat la-Hwîd
                  HASO: BB-20 = UBAE: Jabal Sulaymân ʿAlî (b)
                  HASO: BB-22 = UBAE: Qarn Qantarat Nizwa
                  BB-15
Datierung:        U, L/Ru (BB-15)
Survey:           HASO 1973, 1975; BAE 1974/75; UBAE seit 1980
Literatur:        Humphries, PSAS 4, 1974, 50 - 52
                  Hastings, Humphries, Meadow, JOS 1, 1975, 12 - 13
                  Doe, JOS 2, 1976, 163 - 164
                  Orchard, Orchard, LIAO 6, 1983, 25 - 26
                  Orchard, Iraq 56, 1994, 73 - 80


**Bithnah**         VAE, Fujairah
Lage:             in unmittelbarer Umgebung des Dorfes Bithnah
nächster Ort:     Bithnah
Fundstelle:       Bithnah B, H
Datierung:        L/Ru
Survey:           SLFA 1988/89
Grabung:          SLFA 1993 (Bithnah B)
Literatur:        Corboud, Castella, Hapka, Im-Obersteg, Fujairah 2, 25 - 26
                  Corboud, Castella, Hapka, Im-Obersteg, Fujairah 3, 7, 31 - 32
                  Corboud, Castella, Hapka, Im-Obersteg, Terra Archaeologica I, 3 - 5


**ad-Dariz**        Oman
Lage:             westlich von Bat, am Südwestrand des Ortes ad-Dariz
nächster Ort:     ad-Dariz
Datierung:        U
Survey:           DAE 1984/85
Literatur:        Frifelt, JOS 7, 1985, 92
                  Gentelle, Frifelt, S.O.R. 63, 123 - 124


**Dibba**           VAE, Fujairah
Lage:             ca. 1 km südwestlich von Gharfa
nächster Ort:     Gharfa
Datierung:        L/Ru

| | |
|---|---|
| Survey: | DAE 1964; BAE 1968 |
| Literatur: | Bibby, Kuml 1965, 151 - 152 |
| | Bibby, Dilmun, 335 - 337 |
| | de Cardi, Doe, EW 21, 1971, 257 |

**ed-Dur**  VAE, Fujairah

| | |
|---|---|
| Lage: | ca. 10 km nordöstlich von TA |
| nächster Ort: | Umm al-Qaiwain |
| Fundstelle: | Du Süd, Du Nord, |
| Datierung: | U (Du Süd), L/Ru (Du Nord) |
| Survey: | MAFAD 1982 |
| Grabung: | IAE 1974, EAE seit 1986 |
| Literatur: | Salman, Sumer 30, 1974, m - n |
| | Salles, AOMIM, 243 |
| | Lombard, L´Arabie orientale, 129 |
| | Phillips, ed-Dûr, 4 |
| | Boucharlat, Haerinck, Phillips, Potts, Akkadica 58, 1988, 2 - 3, 58 |
| | Boucharlat, Haerinck, Lecomte, Potts, Stevens, Mesopotamia 24, 1989, 11 |
| | Potts, Arabian Gulf, 362 |

**Fath**  Oman

| | |
|---|---|
| Lage: | ca. 20 km südlich von Samad |
| nächster Ort: | Fath |
| Fundstelle: | Fath 1, Fath 2 |
| Datierung: | U |
| Survey: | DBM 1981 |
| Literatur: | Weisgerber, Der Anschnitt 33, 1981, 180 |

**Firq**  Oman

| | |
|---|---|
| Lage: | ca. 6 km südlich von Nizwa, an der Kreuzung der Hauptstraßen Muscat - Nizwa und Salalah - Nizwa |
| nächster Ort: | Nizwa |
| Wadi: | Wadi Kalbu |
| Datierung: | U |
| Survey: | BAE 1974/75 |
| Literatur: | Doe, JOS 2, 1976, 159 - 160 |
| | Doe, Monuments, 67 |
| | Orchard, Iraq 56, 1994, 82 |

**Ghalilah**  VAE, Ras al-Khaimah

| | |
|---|---|
| Lage: | ca. 20 km nördlich von Ras al-Khaimah |
| nächster Ort: | Ghalilah |

| Fundstelle: | G Ost |
|---|---|
| Datierung: | L/Ru |
| Survey: | BAE 1968 |
| Literatur: | de Cardi, Antiquity 50, 1976, 217, 219 |
| | de cardi, AOMIM, 202 |
| | de Cardi, OA 24, 1985, 171 - 172 |
| | Lombard, L´arabie orientale, 128 |

| **Ghanada** | VAE, Abu Dhabi |
|---|---|
| Lage: | Insel, 65 km nordöstlich von Umm an-Nar, 75 km südlich von Dubai |
| Fundstelle: | Gh1, Gh2, Gh3 |
| Datierung: | U/Wa? (Gh1, Gh3), L/Ru (Gh2) |
| Survey: | DAAD 1982 |
| Grabung: | DAAD 1982 - 1984 |
| Literatur: | Tikriti, AUAE 4, 1985, 11 - 16 |

| **al-Ghubra** | Oman |
|---|---|
| Lage: | ca. 2,5 km nördlich von Bahla |
| nächster Ort: | Bahla |
| Wadi: | Wadi Bahla |
| Datierung: | U |
| Survey: | HASO 1973, 1975; BAE 1974/75; UBAE |
| Literatur: | Doe, JOS 2, 1976, 162 |
| | Orchard, Iraq 56, 1994, 82 |

| **Hamriyah** | VAE, Sharjah |
|---|---|
| Lage: | in der Lagune von Hamriyah, etwa auf halber Strecke zwischen Sharjah und Umm al-Qaiwain |
| nächster Ort: | Hamriyah |
| Fundstelle: | site 115, 118, 119, 90 |
| Datierung: | L/Ru |
| Survey: | FAMS 1984/85, 1988 |
| Grabung: | FAMS 1985, 1988 |
| Literatur: | Boucharlat, Sharjah 1, 5 -8 |
| | Mouton, Sharjah 2, 20-22 |
| | Hesse, Prieur, Sharjah 4, 11 - 16 |

| **Hili** | Abu Dhabi, VAE |
|---|---|
| Lage: | großes Areal im nördlichen Teil der Oase von al-Ain / Buraimi |
| nächster Ort: | Hili |
| Wadi: | Wadi al-`Ain |
| Fundstelle: | H1, 2, 3, 4, 5, 6, 7, 8, 10, 11, 14, 17 |

Datierung:      Ha (H8), U (H1, 3, 4, 7, 8, 10, 11), Wa (H8), L/Ru (H2, 5, 6, 14, 17)
Survey:         MAFAD 1977 (H5, 6), 1977/78 (H14), UBAE 1990 (H4)
Grabung:        DAE 1968 (H1); DAAD 1973 (H3, H4); MAFAD 1976 - 1984
                (H8), DAAD 1976 - 1979 (H2), 1984 (H5, 6); MAFAD 1982 (H14),
                DAAD (H11)
Literatur:      Frifelt, Kuml 1968, 173 - 174 (H1)
                Frifelt, Antike Welt 6/2, 1975, 18 - 19 (H1)
                Frifelt, EW 25, 1975, 368 - 369 (H1)
                Frifelt, SAA 1977, 578 - 579 (H1)
                Cleuziou, Pottier, Salles, AUAE 1, 1978, 9 (H1, 3, 4), 11 (H2, 5, 6),
                19, 21 (H8)
                Frifelt, Das Altertum 25/4, 1979, 219 (H1)
                Cleuziou, SAA 1979, 279 - 281
                Cleuziou, AUAE 2 - 3, 1980, 31 - 36 (H8)
                Rahman, AUAE 2 - 3, 1980, 8 - 18 (H2)
                Cleuziou, PSAS 10, 1980, 20 - 24 (H8)
                Cleuziou, PSAS 12, 1982, 16 - 18 (H8)
                Boucharlat, Lombard, PSAS 13, 1983, 7 (H14)
                Cleuziou, Oman Peninsula, 375 - 378, 388 (H8)
                Boucharlat, AOMIM, 192 (H2, 14)
                Cleuziou, Das Altertum 31/3, 1985, 143 - 145 (H8)
                Boucharlat, Garczynski, AUAE 4, 1985, 62 - 64 (H14)
                Lombard, L´Arabie Orientale, 134 - 135 (H2, 5, 6, 14), 150 - 158
                (H2), 159 - 160 (H14
                Cleuziou, AUAE 5, 1989, 63 - 72 (H8)
                Orchard, Iraq 56, 1994, 69 (H3), 70 (H4), 70 - 71 (H8), 71 (H11)
                Nayeem, Prehistory and Protohistory of the Arabian Peninsula 3, 79
                (H7, 11)


**Husn Awhala** VAE, Fujairah
Lage:           9 km landeinwärts von der Küstenstadt al-Murayr (Oman)
nächster Ort:   Awhala
Datierung:      L/Ru
Survey:         AAE 1996
Grabung:        AAE 1996
Literatur:      Potts, Weeks, Magee, Thompson, Smart, AAE 7, 1996, 214 - 239


**Husn Mudhub** VAE, Fujairah
Lage:           ca. 700 m westlich von Fujairah
nächster Ort:   Fujairah
Datierung:      L/Ru
Survey:         BAE 1968; SLFA 1987 - 1989
Grabung:        SLFA 1993
Literatur:      de Cardi, Doe, EW 21, 1971, 255 - 256
                de Cardi, AOMIM, 206

Lombard, L´Arabie orientale, 146
Corboud, Hapka, Im-Obersteg, Fujairah 1, 22 - 23
Corboud, Castella, Hapka, Im-Obersteg, Fujairah 2, 29
Corboud, Castella, Hapka, Im-Obersteg, Fujairah 3, 5 - 6, 22 - 25

| | |
|---|---|
| **Ibra** | Oman |
| Lage: | einige km südöstlich der modernen Stadt Ibra |
| nächster Ort: | Ibra |
| Wadi: | Wadi Ibra |
| Fundstelle: | Ibra 2 |
| Datierung: | U |
| Survey: | HASO 1973, 1975 |
| Literatur: | Meadow, Humphries, Hastings, Explorations in Oman, 114 |

| | |
|---|---|
| **Ithli** | Oman |
| Lage: | ca. 40 km südlich von Samad |
| nächster Ort: | Samad |
| Wadi: | Wadi Ithli |
| Fundstelle: | Ithli4 |
| Datierung: | U |
| Survey: | HASO 1973, 1975 |
| Literatur: | Meadow, Humphries, Hastings, Explorations in Oman, 113 |

| | |
|---|---|
| **Izki / Saruj** | Oman |
| Lage: | etwa 20 km östlich von Nizwa |
| nächster Ort: | Izki |
| Wadi: | Wadi Halfayn |
| Fundstelle: | Saruj |
| Datierung: | U?, L/Ru |
| Survey: | Costa |
| Literatur: | Costa, PSAS 18, 1988, 18 - 19 |

| | |
|---|---|
| **Jebel Buhais** | VAE, Sharjah |
| Lage: | ca. 2,5 km nördlich von al-Madam |
| nächster Ort: | Umm Safah |
| Fundstelle: | AM32 |
| Datierung: | L/Ru? |
| Survey: | FAMS 1988, 1990 |
| Grabung: | FAMS/UAM 1994 |
| Literatur: | Boucharlat, Sharjah 6, 19 |
| | Mouton, Sharjah 6, 5 |
| | Benoist, Mouton, PSAS 24, 1994, 4 |
| | Benoist, Mouton, Sharjah 7, 45 - 46 |

**Jebel Dhanna** VAE, Abu Dhabi
Lage:            an Westseite des Jebel Dhanna, ca. 2 km südlich des Ortes Jebel
                 Dhanna
nächster Ort:    Jebel Dhanna
Fundstelle:      JD3
Datierung:       U
Survey:          IAE 1974; DAAD 1983
Literatur:       Vogt, Gockel, Hofbauer, Haj, AUAE 5, 1989, 56 - 58


**Khafifa**      Oman
Lage:            nördlich von Ibra
nächster Ort:    Ibra
Wadi:            Wadi Khafifah
Fundstelle:      Khafifa 1
Datierung:       U
Survey:          HASO 1973, 1975
Literatur:       Meadow, Humphries, Hastings, Explorations in Oman, 11


**al-Khashbah** Oman
Lage:            ca. 10 km südlich von Maysar
nächster Ort:    Khashbah / Lakhsheba
Wadi:            Wadi Samad
Fundstelle:      al-Khashbah 1 - 5
Datierung:       U
Survey:          DBM 1979/80; DAOE 1995
Literatur:       Weisgerber, Der Anschnitt 32, 1980, 99 - 100
                 Weisgerber, Der Anschnitt 33, 1981, 180
                 Weisgerber, JOS 6, 1983, 274
                 Yule, PSAS 23, 1993, 143
                 Yule, Weisgerber, MDOG 128, 1996, 150


**al-Khatt / Nud Ziba**      VAE, Ras al-Khaimah
Lage:            ca. 750 m westlich von al-Khatt
nächster Ort:    al-Khatt
Fundstelle:      Kh 11, 94, 96, 97, 104, 110, 111, 118a-c, 119a-c, 131, 135
Datierung:       U (Kh 11), Wa (Kh 11, 118a-c, 119a-c?), L/Ru (Kh 11, 94, 96, 97,
                 104, 110, 111, 131, 135)
Survey:          BAE 1968, 1977, 1992; MAFAD 1976, DAM 1994
Literatur:       de Cardi, Doe, EW 21, 1971, 252
                 de Cardi, AOMIM, 203
                 Boucharlat, AOMIM, 191
                 Lombard, L´Arabie orientale, 131
                 de Cardi, Kennet, Stocks, PSAS 24, 1994, 44 - 46, 50
                 Kennet, Velde, AAE 6, 1996, 81 - 99

**Khutm / an-Nabaghia**     Oman
Lage:                an Weg Ibri - Muqaydan - al-Wahrah - Bat, ca. 4 km westlich von
                     Bat
nächster Ort:        al-Wahrah
Wadi:                Wadi al-Hajar
Datierung:           U
Survey:              BAE 1974/75
Literatur:           Doe, JOS 2, 1976, 172
                     Frifelt, JOS 2, 1976, 61
                     Doe, Monuments, 63 - 64
                     Orchard, Iraq 56, 1994, 72


**Lizq**             Oman
Lage:                ca. 12 südwestlich von Maysar
nächster Ort:        Lizq
Fundstelle:          L1
Datierung:           L/Ru
Survey:              DBM 1979
Grabung:             DBM 1981
Literatur:           Weisgerber, Der Anschnitt 32, 1980, 100 - 101
                     Kroll, Der Anschnitt 33, 1981, 226 - 231
                     Lombard, L´Arabie orientale, 145, 158 - 159
                     Kroll, in Vorbereitung


**al-Madam**         VAE, Sharjah
Lage:                ca. 20 km südlich von Mleiha
nächster Ort:        al-Madam
Fundstelle:          AM44, AM54, AM55
Datierung:           L/Ru
Survey:              FAMS 1992/93
Grabung:             FAMS 1994 (AM54)
Literatur:           Benoist, Mouton, PSAS 24, 1994, 4
                     Benoist, Mouton, Sharjah 7, 45


**Maysar**           Oman
Lage:                2 km südlich von al-Maysar
nächster Ort:        al-Maysar
Wadi:                Wadi Samad
Fundstelle:          M1 (= HASO: S5), 6, 7, 25, 42, 46
Datierung:           U (M1, 6, 7, 25), L/Ru (M42, 43)
Survey:              HASO 1973, DBM 1979 - 1981
Grabung:             DBM 1981, DAOE 1996
Literatur:           Meadow, Humphries, Hastings, Explorations in Oman, 1 11 - 113
                     (S5)

Lombard, L´Arabie orientale, 144

Weisgerber, Der Anschnitt 29, 1977, 208 - 209 (S5 bzw. M1)

Weisgerber, Der Anschnitt 32, 1980, 79 - 89 (M1), 92 (M6, 7), 94 - 95 (M25)

Weisgerber, Beiträge 2, 1980, 72 - 75 (M1), 79 (M6, 7)

Weisgerber, Der Anschnitt 33, 1981, 191 - 196 (M1)

Kroll, Maysar-6, Der Anschnitt 33, 1981, 205 (M6)

Slotta, Der Anschnitt 33, 1981, 198 - 204 (M25)

Kroll, Maysar-42, Der Anschnitt 33, 1981, 223

Tillmann, Der Anschnitt 33, 1981, 234 - 238 (M43)

Weisgerber, JOS 6, 1983, 270 - 271 (M1), 274 (M25)

Yule, Weisgerber, A Structuring, 4 - 5 (M42, 43)

Yule, Weisgerber im Druck (M42, 43)


| | |
|---|---|
| **Mleiha** | VAE, Sharjah |
| Lage: | am nördlichen Ende der Ebene von al-Madam, ca. 20 km östlich von al-Dhaid |
| nächster Ort: | Mleiha |
| Fundstelle: | Ml B |
| Datierung: | L/Ru |
| Survey: | DAE 1968; BAE 1968, FAMS 1984 - 1986 |
| Grabung: | IAE 1973; FAMS 1986 bis heute |
| Literatur: | Frifelt, Kuml 1968, 175 |
| | Madhloom, Sumer 30, 1974, 149 - 153 |
| | Boucharlat, Mouton, Garczynski, Gouin, Sharjah 3, 50 - 51 |
| | Mouton, Sharjah 4, 45 - 47 |
| | Boucharlat, IA 6, 294 |


| | |
|---|---|
| **Mowaihat** | VAE, Ajman |
| Lage: | ca. 7 km von der Küste, an der Grenze zwischen den Emiraten Ajman und Sharjah |
| nächster Ort: | Ajman |
| Datierung: | U |
| Survey: | DAT 1986; GU 1990 |
| Grabung: | DAT 1986; GU 1990 |
| Literatur: | Tikriti, Ajman, AUAE 5, 1989, 89 - 99 |
| | Haerinck, Gentse Bidragen... 29, 1990 - 1991, 1 - 30 |


| | |
|---|---|
| **Muweilah** | VAE, Sharjah |
| Lage: | ca. 3 km östlich des Stadtrandes von Sharjah, in der Nähe des Flughafens |
| nächster Ort: | Sharjah |
| Fundstelle: | Muweilah SW |
| Datierung: | L/Ru |

| | |
|---|---|
| Survey: | FAMS 1988/89; AAE 1994 |
| Grabung: | FAMS 1988/89; AAE 1994 - 1996 |
| Literatur: | Mouton, Boucharlat, Sharjah 5, 5 - 15 |
| | Magee, AAE 7, 1996, 195 - 213 |

**Qarn Bint Sa`ud**     VAE, Abu Dhabi

| | |
|---|---|
| Lage: | ca. 15 km nördlich von al-Ain |
| nächster Ort: | Hili, al-Ain |
| Fundstelle: | QBS-Nordwest |
| Datierung: | L/Ru |
| Survey: | DAE 1970 - 72; MAFAD 1977 |
| Literatur: | Frifelt, Kuml 1970, 378 |
| | Frifelt, EW 25, 1975, 371 |
| | Cleuziou, Pottier, Salles, AUAE 1, 1978, 11 |
| | Lombard, L´Arabie orientale, 133 |
| | Stevens, Mesopotamia 29, 1994, 201 |

**Qattarah**     VAE, Abu Dhabi

| | |
|---|---|
| Lage: | im nördlichen Teil der Oase von al-Ain / Buraimi |
| nächster Ort: | Hili, Qattarah |
| Fundstelle: | Q1 - 5, 7 |
| Datierung: | L/Ru |
| Survey: | MAFAD 1977 / 78 |
| Grabung: | DAAD |
| Literatur: | Cleuziou, Pottier, Salles, AUAE 1, 1978, 11 |
| | Potts, Arabian Gulf, 370 |

**Qidfah**     VAE, Fujairah

| | |
|---|---|
| Lage: | südlich von Khor Fakkan |
| nächster Ort: | Qidfah |
| Datierung: | L/Ru |
| Survey: | BAE 1968 |
| Literatur: | de Cardi, Doe, EW 21, 1971, 256 |
| | de Cardi, AOMIM, 206 |

**al-Qusais**     VAE, Dubai

| | |
|---|---|
| Lage: | ca. 13 km nordöstlich von Deira |
| nächster Ort: | Deira |
| Fundstelle: | Qu I, Qu II |
| Datierung: | L/Ru |
| Grabung: | IAE 1974, 1979 |
| Literatur | Salman, Sumer 30, 1974, o - p |
| | Taha, Al-Rafidan 3 - 4, 1982/83, 76 - 77 |

Lombard, L´Arabie orientale, 130, 160


| | |
|---|---|
| **Rafaq** | VAE, Ras al-Khaimah |
| Lage: | ca. 9 km westlich von Aswad |
| nächster Ort: | Huwaylat |
| Wadi: | Wadi al-Qawr |
| Fundstelle: | Wadi al-Qawr 4 (=Rafaq), 6, 10 |
| Datierung: | L/Ru |
| Survey: | BAE 1982 |
| Grabung: | UEDA 1989 (Rafaq) |
| Literatur: | Doe, de Cardi, PSAS 13, 1983, 32 |
| | de Cardi, AOMIM, 203 - 205 |
| | Lombard, L´Arabie orientale, 148 |
| | Phillips, Fashgha 1, 7 - 8 |
| | Potts, Arabian Gulf, 364 |


| | |
|---|---|
| **Raki** | Oman |
| Lage: | ca. 60 km nordöstlich von Ibri |
| nächster Ort: | Yanqul |
| Fundstelle: | Ra2 |
| Datierung: | L/Ru |
| Survey: | DBM 1982, DAOE 1995 - 1997 |
| Grabung: | DAOE 1996/97 |
| Literatur: | Yule, Weisgerber, MDOG 128, 1996, 142 - 144 |
| | Yule, Weisgerber, A Structuring, 10 - 13 |
| | Yule, Weisgerber, im Druck |


| | |
|---|---|
| **Ras al-Hadd** | Oman |
| Lage: | an der omanischen Ostküste, ca. 20 km nördlich von Ras al-Junayz |
| nächster Ort: | Ras al-Hadd |
| Fundort: | HD1, 5, 6, 11 |
| Datierung: | U (HD1, 5, 6), Wa (HD11?) |
| Survey: | JHP 1987 |
| Grabung: | JHP 1987, 1997 |
| Literatur: | Reade, Méry, Joint Hadd Project 2, 75 - 77 |
| | Reade, Joint Hadd Project 3, 33 - 43 |
| | Cleuziou, Orient-Express 1997/2, 50 |


| | |
|---|---|
| **Ras al-Junayz** | Oman |
| Lage: | auf der östlichsten Landzunge der Arabischen Halbinsel, ca. 150 m vom Meer entfernt |
| nächster Ort: | Ras al-Hadd |
| Fundstelle: | RJ1, 2, 4, 21, 33; KJ 99 |

Datierung: U (RJ2, 4), Wa (RJ1, 21), L/Ru (RJ33, KJ99?)
Survey: IsMEO 1981, JHP seit 1985 (mit Unterbrechungen)
Grabung: JHP seit 1985 (mit Unterbrechungen)
Literatur: Tosi, EW 31, 1981, 196 - 198
Cleuziou, Tosi, Archaeological sites, Joint Hadd Project 1, 5
Cleuziou, Tosi, Trial excavations, Joint Hadd Project 1, 9 - 13 (RJ2)
Mariani, Joint Hadd Project 1, 37 - 41 (RJ1)
Cleuziou, Tosi, Joint Hadd Project 2, 11 - 13
Biagi, Joint Hadd Project 2, 5 (RJ1)
Biagi, Joint Hadd Project 3, 4 (RJ1)
Cleuziou, Tosi, Joint Hadd Project 3, 11 - 15 (RJ2)
Cleuziou, Reade, Tosi, Joint Hadd Project 3, 28 (KJ99)

**Rawdah** Oman
Lage: an Weg westlich von Tanuf, südlich des Dorfes Rawdah
nächster Ort: Tanuf
Wadi: Wadi al-Abyad
Datierung: U
Survey: BAE 1974/75
Literatur: Doe, JOS 2, 1976, 161

**Rumeilah** VAE, Abu Dhabi
Lage: im nördlichen Teil der Oase von al-Ain / Buraimi
nächster Ort: Hili, Qattarah
Fundstelle: Ru (früher: DAE "Hili - Qattarah - Tell", MAFAD "M2")
Datierung: L/Ru
Survey: DAE 1965, 1968
Grabung: DAE 1968; DAAD 1974; MAFAD 1981 - 1983
Literatur: Bibby, Kuml 1966, 94
Frifelt, Kuml 1968, 170 - 172
Frifelt, EW 25, 1975, 368
Cleuziou, Pottier, Salles, AUAE 1, 1978, 11
Lombard, PSAS 12, 1982, 40
Boucharlat, Lombard, PSAS 13, 1983, 3 - 17
Boucharlat, Lombard, AOMIM, 237 - 240
Boucharlat, AOMIM, 189 - 190, 192
Boucharlat, Lombard, AUAE 4, 1985, 44 - 62
Lombard, L'Arabie orientale, 137, 150 - 158
Boucharlat, Lombard, IA 6, 301 - 314

**Shimal** VAE, Ras al-Khaimah
Lage: ca. 8 km nordöstlich von Ras al-Khaimah
nächster Ort: Rams
Wadi: Wadi Haqil

| | |
|---|---|
| Fundstelle: | Sh-SX, Sh-SY |
| Datierung: | U (Sh-SX), Wa (Sh-SX, Sh-SY), L/Ru (Sh-SX) |
| Survey: | BAE 1968, 1976, 1977 |
| Grabung: | GAM 1985 - 1990 |
| Literatur: | de Cardi, Doe, EW 21, 1971, 236 - 237 |
| | de Cardi, Antiquity 50, 1976, 216 |
| | de Cardi, OrAnt 24, 176 - 178 |
| Literatur: | Vogt, Häser, Velde, AfO 34, 1987, 237 - 238 |
| | Franke-Vogt, Settlement, BBVO 8, 67 - 71 |
| | Velde, Franke-Vogt, Vogt, BBVO 8, 73 - 77 |
| | Franke - Vogt, SY, BBVO 8, 83 - 86 |
| | Franke-Vogt, IA 6, 181 - 189, 192 |
| | Velde, Shimal |

| | |
|---|---|
| **Sib** | Oman |
| Lage: | ca. 50 km nördlich von Muscat |
| nächster Ort: | Sib |
| Datierung: | L/Ru |
| Survey: | OHS |
| Literatur: | Humphries, PSAS 4, 1974, 49 |
| | Lombard, L´Arabie orientale, 149 |

| | |
|---|---|
| **Sohar** | Oman |
| Lage: | ca. 5 km südlich von Sohar |
| nächster Ort: | Sohar |
| Fundstelle: | SH11 |
| Datierung: | L/Ru |
| Survey: | HASO 1973 |
| Literatur: | Humphries, PSAS 4, 1974, 52 - 54 |
| | Kervran, AOMIM, 285 - 286 |
| | Lombard, L´Arabie orientale, 149 |

| | |
|---|---|
| **al-Sufouh** | VAE, Dubai |
| Lage: | südlich von Dubai, zwischen dem Abu Dhabi - Dubai - Highway und der Küste |
| nächster Ort: | al-Safouh |
| Fundstelle: | AS A - D |
| Datierung: | U |
| Survey: | AAE 1994 |
| Grabung: | AAE 1994/95 |
| Literatur: | Iacono, Weeks, Davis, Abiel I, 24 - 33 |

**Tawi Hulays**       Oman
Lage:                 östlich von Mintirib
nächster Ort:         Mintirib
Wadi:                 Wadi al-Batha
Fundstelle:           Hulays 1
Datierung:            U
Survey:               HASO 1973, 1975
Literatur:            Meadow, Humphries, Hastings, Explorations in Oman, 1 14


**Tawi Sa`id**        Oman
Lage:                 an Ostseite des Wadi al-Batha, ca. 3,5 km südlich von al-Wasil
nächster Ort:         al-Wasil
Wadi:                 Wadi al-Batha
Datierung:            Wa?
Survey:               BAE 1976
Grabung:              BAE 1978
Literatur:            Doe, JOS 3, 1977, 47
                      de Cardi, JOS 3, 1977, 61
                      de Cardi, Bell, starling, JOS 5, 1979, 84 - 86


**Tell Abraq**        VAE, Umm al-Qaiwain
Lage:                 an der Schnellstraße, die Abu Dhabi und Dubai mit den nördlichen
                      Emiraten verbindet, östlich von Umm al-Qaiwain
nächster Ort:         Umm al-Qaiwain
Funstelle:            TA
Datierung:            U - L/Ru
Survey:               IAE 1974
Grabung:              CNI seit 1989
Literatur:            Salman, Sumer 30, 1974, m
                      Potts, Tell Abraq 1989
                      Potts, Tell Abraq 1990
                      Potts, PSAS 23, 1993, 1 17 - 119


**al-Thuqaibah**      VAE, Sharjah
Lage:                 ca. 3 km östlich von al-Madam
nächster Ort:         al-Thuqaibah
Fundstelle:           AM1, AM5
Datierung:            L/Ru
Survey:               MAFAD 1979
Grabung:              SDA 1987/88; FAMS 1994 (AM1)
Literatur:            Boucharlat, Bernard, David, Mouton, Sharjah 4, 30 - 32
                      Mouton, Sharjah 6, 4
                      Benoist, Mouton, Sharjah 7, 45
                      Benoist, Mouton, PSAS 24, 1994, 4

**Umm an-Nar**   Abu Dhabi, VAE
Lage:               an Ostseite der kleinen Insel direkt östlich von Abu Dhabi, ca. 200
                    m vom Festland entfernt
nächster Ort:       Abu Dhabi
Fundstelle:         U1013, U1014
Datierung:          U
Survey:             DAE 1958
Grabung:            DAE 1959, 1962 / 63 - 1965; IAE 1975; MAFAD 1976
Literatur:          Thorvildson, Kuml 1962, 208
                    Bibby, Kuml 1965, 148 - 149
                    Bibby, Kuml 1966, 93 - 94
                    Bibby, Dilmun, 232
                    Salman, Sumer 31, 1975, h - i
                    Frifelt, EW 21, 1975, 364 - 367
                    Frifelt, SAA 1977, 570 - 577
                    Frifelt, Das Altertum 25 / 4, 1979, 217 - 218
                    Cleuziou, Paléorient 6, 1980, 242
                    Cleuziou, Oman Peninsula, 382
                    Frifelt, JASP 26:2


**Umm Safah**    VAE, Sharjah
Lage:               ca. 3 km nordöstlich von al-Madam
nächster Ort:       Umm Safah
Fundstelle:         AM11, 13, 14, 22, 26, 28
Datierung:          L/Ru
Survey:             FAMS 1992/93
Grabung:            FAMS 1994 (AM13, 14, 22, 26, 28)
Literatur:          Mouton, Sharjah 6, 4 - 5
                    Benoist, Mouton, PSAS 24, 1994, 2
                    Benoist, Mouton, Sharjah 7, 45


**Wadi Fizh**    Oman
Lage:               ca. 3,5 km nordöstlich von Fizh
nächster Ort:       Filaj
Wadi:               Wadi Fizh
Fundstelle:         Wadi Fizh 1, 2, 4
Datierung:          U (Wadi Fizh 1), L/Ru (Wadi Fizh 2, 4(?))
Survey:             DAO 1981, 1985
Literatur:          Costa, Wilkinson, JOS 7, 1987, 105
Literatur:          Costa, Wilkinson, JOS 9, 1987, 105 - 107

**Wihi al-Murr**  Oman
Lage:              ca. 4 km südwestlich von Bahla
nächster Ort:      Bahla
Wadi:              Jabal Bushkhut
Datierung:         U
Survey:            BAE 1974/75
Literatur:         Doe, JOS 2, 1976, 163


**Yanqul / as-Safri**    Oman
Lage:              ca. 60 km nordöstlich von Ibra
nächster Ort:      Yanqul
Fundstelle:        as-Safri A, B
Datierung:         U, Wa?
Survey:            DAOE 1997
Literatur:         Yule, Weisgerber, in Vorbereitung


**Yiti**           Oman
Lage:              ca. 40 km südöstlich von Muscat, ca. 1,5 km nördlich von Yiti
nächster Ort:      Yiti
Fundstelle:        Y
Datierung:         L/Ru
Survey:            DAOE 1995
Literatur:         Yule, Weisgerber, MDOG 128, 1996, 151


**Zahra**          Oman
Lage:              ca. 25 km östlich von Sohar
nächster Ort:      Arja
Wadi:              Wadi Bani Umar al-Gharbi
Fundstelle:        Zahra1, 2
Datierung:         U (Zahra 2), L/Ru (Zahra 1)
Survey:            DAO 1978
Literatur:         Costa, Wilkinson, JOS 9, 1987, 99 - 102

# VII.Abkürzungs- und Literaturverzeichnis

## VII.1 Abkürzungen (Zeitschriften, Kongresse, Reihen)

**AAE**
Arabian Archaeology and Epigraphy

**Abiel I**
J. Benton, Excavations at Al Sufouh: A Third Millennium Site in the Emirate of Dubai, Abiel I, Turnhout 1996

**ABY**
Archäologische Berichte aus dem Yemen

**AfO**
Archiv für Orientforschung

**AOMIM**
R. Boucharlat, J.-F. Salles (Hrsg.), Arabie Orientale, Mésopotamie et Iran Méridional de l´age du fer au début de la période islamique, Éditions Recherche sur les Civilisations, Memoire 37, Paris 1984

**AUAE**
Archaeology in the United Arab Emirates

**AVA**
Allgemeine und Vergleichende Archäologie

**BaM**
Baghdader Mitteilungen

**BBVO 8**
B. Vogt, U. Franke-Vogt (Hrsg.), Shimal 1985/1986, Excavations of the German Archaeological Mission in Ras Al-Khaimah, U.A.E., A Preliminary Report, Berliner Beiträge zum Vorderen Orient 8, Berlin 1987

**BTA**
S.H.A. al-Khalifa, M. Rice (Hrsg.), Bahrain Through the Ages, the Archaeology, London, New York 1986

**EW**
East and West

**IA 6**
K. Schippmann, A. Herling, J.-F. Salles (Hrsg.), Golf-Archäologie, Mesopotamien, Iran, Kuwait, Bahrain, Vereinigte Arabische Emirate und Oman, In-
ternationale Archäologie 6, Buch am Erlbach 1991

**IranAnt**
Iranica Antiqua

**JASP**
Jutland Archaeological Society Publications

**Joint Hadd Project 1**
S. Cleuziou, M. Tosi (Hrsg.), The Joint Hadd Project, Summary Report on
the First Season December 1985, Rom 1986

**Joint Hadd Project 2**
S. Cleuziou, M. Tosi (Hrsg.), The Joint Hadd Project, Summary Report on
the Second Season November 1986 - January 1987, Paris, Rom 1987

**Joint Hadd Project 3**
S. Cleuziou, J. Reade, M. Tosi (Hrsg.), The Joint Hadd Project, Summary Report on the Thirs Season (October 1987 - February 1988), Paris, Rom 1990

**JOS**
Journal of Oman Studies

**LIAO**
Lettre d´Information Archéologie Orientale

**MDOG**
Mitteilungen der Deutschen Orient - Gesellschaft

**OrAnt**
Oriens Antiquus

**PSAS**
Proceedings of the Seminar of Arabian Studies

**SAA 1977**
Taddei, M. (Hrsg.), South Asian Archaeology 1977, Papers from the Fourth
International Conference of the Association of South Asian Archaeologists in
Western Europe, held in the Istituto Universitario Orientale, Naples 1977,
Neapel 1979

**SAA 1979**
Härtel, H. (Hrsg.), South Asian Archaeology 1979, Papers from the Fifth International Conference of the Association of South Asian Archaeologists in Western Europe held in the Museum für Indische Kunst der Staatlichen Museen Preussischer Kulturbesitz Berlin, Berlin 1981

**Sharjah 1**
N.H. al-Abboudi (Hrsg.), Survey in Sharjah Emirate, U.A.E. On behalf of the Department of Culture, Sharjah. First Report (1984), Lyon, Sharjah 1984

**Sharjah 2**
N.H. al-Abboudi, R. Boucharlat (Hrsg.), 2nd Archaeological Survey in the Sharjah Emirate, 1985. A Preliminary Report, Lyon, Sharjah 1985

**Sharjah 3**
R. Boucharlat (Hrsg.), Archaeological Surveys and Excavations in the Sharjah Emirate, 1986. A Third Preliminary Report, Lyon 1986

**Sharjah 4**
R. Boucharlat (Hrsg.), Archaeological Surveys and Excavations in the Sharjah Emirate, 1988. A Fourth Preliminary Report, Lyon 1988

**Sharjah 5**
R. Boucharlat (Hrsg.), Archaeological Surveys and Excavations in the Sharjah Emirate 1989, A Fifth Interim Report, Lyon 1989

**Sharjah 6**
R. Boucharlat (Hrsg.), Archaeological Surveys and Excavations in the Sharjah Emirate, 1990 and 1992, A Sixth Interim Report, Lyon 1992

**Sharjah 7**
M. Mouton (Hrsg.), Archaeological Surveys and Excavations in the Sharjah Emirate, 1993 and 1994. A Seventh Interim Report, Lyon 1994

**S.O.R. 63**
P. Costa, M. Tosi (Hrsg.), Oman Studies, Papers on the archaeology and history of Oman, Serie Orientalia Roma 63, Rom 1989

**TAVO 54/B**
W. Dostal, The Traditional Architecture of Ras al-Khaimah, Tübinger Atlas des Vorderen Orient 54, Reihe B, Wiesbaden 1983

**TAVO 62/B**
U. Finkbeiner, W. Röllig (Hrsg.), Djamdet Nasr - Period or Regional Style? Papers given at a Symposium held in Tübingen November 1983, Tübinger Atlas des Vorderen Orient 62, Reihe B, Wiesbaden 1986

## VII.2 Literaturverzeichnis


**Amiet, EW 25, 1975**
P. Amiet, A Cylinder Seal Impression Found at Umm an-Nar, EW 25, 1975,
425 - 426


**Amiet, L´âge des échanges**
P. Amiet, L´âge des échanges inter - iraniens, 3500 - 1700 avant J.-C., Notes
et Documents des Musées de France 11, Paris 1986


**Andersen, BTA**
H.H. Andersen, The Barbar Temple: stratigraphy, architecture and interpretation, BTA, 166 - 177


**Ash, Introduction**
T. Ash, An Introduction to the Archaeology, Ethnography and History of Ras
al-Khaimah, Ras al-Khaimah 1979


**Bacquart, Cleuziou, Joint Hadd Project 2**
J.B. Bacquart, S. Cleuziou, Preliminary Study on Bitumen Pieces Found at
RJ-2, Joint Hadd Project 2, 51 - 55


**Benoist, Mouton, Sharjah 7**
A. Benoist, M. Mouton, Archaeological Investigations in the al-Madam Area,
Sharjah 7, 43 - 46


**Benoist, Mouton, PSAS 24, 1994**
A. Benoist, M. Mouton, L´Age du Fer dans la plaine d´al-Madam (Sharjah,
EAU): Prospection et fouilles recentes, PSAS 24, 1994, 3 - 12


**Benton, Orient-Express 1993/2**
J. Benton, Update on the 1993 Excavations at Tell Abraq (Umm al-Qaiwan,
UAE), Orient-Express 1993/2, 13 - 14


**Benton, Orient-Express 1994/1**
J. Benton, Recent Excavations at Jebel al Emalah (U.A.E.), Orient-Express
1994/1, 17 - 18


**Biagi, Joint Hadd Project 2**
P. Biagi, The Excavations of Structure 5 at RJ-1, Joint Hadd Project 2, 5 - 10


**Biagi, Joint Hadd Project 3**
P. Biagi, Excavations at Site RJ-1, structure 5. Autumn 1987 Campaign, Joint
Hadd Project 3, 4 - 10


**Biagi, Maggi, Joint Hadd Project 2**
P. Biagi, R. Maggi, Prehistoric Surveys Carried Out in the Winter of
1986/1987 Along the Oman Coast, Joint Hadd Project 2, 56 - 63

**Bibby, Kuml 1965**
T.G. Bibby, Arabiens Arkæologi (Arabian Gulf Archeology), Kuml 1965, 1966, 133 - 152

**Bibby, Kuml 1966**
T.G. Bibby, Arabiens Arkæologi (Arabian Gulf Archeology), Kuml 1966, 1967, 75 - 95

**Bibby, Dilmun**
T.G. Bibby, Looking for Dilmun, London 1970

**Blau, AAE 7/2, 1996**
S. Blau, Attempting to Identify Activities in the Past: Preliminary Investigations of the Third Millennium BC Population at Tell Abraq, AAE 7/2, 1996, 143 - 176

**Boucharlat, AOMIM**
R. Boucharlat, Les périodes pré-islamique récentes aux Émirats Arabes Unis, AOMIM, 189 - 199

**Boucharlat, Sharjah 1**
R. Boucharlat, A Survey in Sharjah Emirate, U.A.E. First Report (March 5 - 14 1984), Sharjah 1, 5 - 16

**Boucharlat, IA 6**
R. Boucharlat, From the Iron Age to the "Hellenistic" Period, Some Evidence from Mleiha (United Arab Emirates), IA 6, 289 - 300

**Boucharlat, Sharjah 6**
R. Boucharlat, Note on an Iron Age Hill Settlement in the Jabal Buhais, Sharjah 6, 19

**Boucharlat, Bernard, David, Mouton, Sharjah 4**
R. Boucharlat, V. Bernard, H. David, M. Mouton, Excavations at al Thuqaibah Site, al Madam Plain, 1987 by the Department of Archaeology of Sharjah. A Short Note on the Results, Sharjah 4, 30 - 40

**Boucharlat, Dalongeville, Hesse, Millet, AAE 2/2, 1991**
R. Boucharlat, R. Dalongeville, A. Hesse, M. Millet, Occupation humaine et environment au 5e et au 4e millénaire sur la cote Sharjah - Umm al-Qaiwain (U.A.E.), AAE 2/2, 1991, 93 - 106

**Boucharlat, Haerinck, Phillips, Potts, AAE 2/2, 1991**
R. Boucharlat, E. Haerinck, C.S. Phillips, D.T. Potts, Note on an Ubaid-pottery site in the Emirate of Umm al-Qaiwain, AAE 2/2, 1991, 65 - 71

**Boucharlat, Garczynski, AUAE 4, 1985**
R. Boucharlat, P. Garczynski, First Survey at Hili 14, in Boucharlat, Lombard, AUAE 4, 1985, 62 - 64

**Boucharlat, Garczynski, Sharjah 4**
R. Boucharlat, P. Garczynski, The Mleiha Area - An Archaeological Map, Sharjah 4, 41 - 43

**Boucharlat, Haerinck, Lecomte, Potts, Stevens, Mesopotamia 24, 1989**
R. Boucharlat, E. Haerinck, O. Lecomte, D.T. Potts, K.G. Stevens, The European Archaeological Expedition to ed-Dur, Umm al-Qaiwain (U.A.E.), an Interim Report on the 1987 and 1988 Seasons, Mesopotamia 24, 1989, 5 - 72

**Boucharlat, Haerinck, Phillips, Potts, Akkadica 58, 1988**
R. Boucharlat, E. Haerinck, C.S. Phillips, D.T. Potts, Archaeological Reconnaissance at ed-Dur, Umm al-Qaiwain U.A.E., Akkadica 58, 1988, 1 - 26

**Boucharlat, Lombard, PSAS 13, 1983**
R. Boucharlat, P. Lombard, L´age du fer dans l´oasis d´al Ain: Deux saisons de fouilles à Rumeilah, PSAS 13, 1983, 3 - 17

**Boucharlat, Lombard, AOMIM**
R. Boucharlat, P. Lombard, Fouilles de Rumeilah (Oasis d´al-Ain, E.A.U.), Résumé, AOMIM, 237 - 240

**Boucharlat, Lombard, AUAE 4, 1985**
R. Boucharlat, P. Lombard, The Oasis of Al Ain in the Iron Age: Excavations at Rumeilah 1981 - 1983, Survey at Hili 14, AUAE 4, 1985, 44 - 73

**Boucharlat, Lombard, IA 6**
R, Boucharlat, P. Lombard, Datations absules de Rumeilah et chronologie de l´age du fer dans la Peninsule d´Oman, IA 6, 301 - 314

**Boucharlat, Mouton, Garczynski, Gouin, Sharjah 3**
R. Boucharlat, M. Mouton, P. Garczynski, P. Gouin, Excavations at Mleiha Site: A Preliminary Report, Sharjah 3, 49 - 75

**Boucharlat, Pecontal-Lambert, Sharjah 6**
R. Boucharlat, A. Pecontal-Lambert, The 1990 Excavations at Jabal Buhais. An Iron Age Cemetery, Sharjah 6, 11 - 18

**Boucher, Hesse, Sharjah 3**
A. Boucher, A. Hesse, Geophysical Surveys in Mleiha Area, Sharjah 3, 31 - 48

**Brunswig, JOS 10, 1989**
R.H. Brunswig, Cultural History, Environment and Economy as seen from an Umm an-Nar Settlement: Evidence from Test Excavations at Bat, Oman, 1977/78, JOS 10, 1989, 9 - 48

**Calley, Dalongeville, Sanlaville, Santoni, Sharjah 3**
S. Calley, R. Dalongeville, P. Sanlaville, M.-A. Santoni, The Dhaid-Fili Plain - Geomorphology and Prehistory, Sharjah 3, 16 - 30

**Cauvin, Calley, Sharjah 1**
M.-C. Cauvin, S. Calley, Preliminary Report on Lithic Material, Sharjah 1,
17 - 20

**Charpentier, Paléorient 17/1, 1991**
V. Charpentier, La fouille du campement préhistorique de Ra´s al Junayz 37,
(RJ37) - Sultanat d´Oman, Paléorient 17/1, 1991, 127 - 139

**Clarke, JOS 1, 1975**
C. Clarke, The Rock Art of Oman, JOS 1, 1975, 113 - 122

**Cleuziou, SAA 1979**
S. Cleuziou, Oman Peninsula in the Early Second Millennium B.C., SAA
1979, 279 - 293

**Cleuziou, AUAE 2-3, 1980**
S. Cleuziou, The second and third Seasons of Excavations at Hili 8,
AUAE 2 - 3, 1980, 30 - 69

**Cleuziou, PSAS 10, 1980**
S. Cleuziou, Three Seasons at Hili: Toward a Chronology and Cultural History of the Oman Peninsula in the 3rd Millennium B.C., PSAS 10, 1980, 19
- 32

**Cleuziou, Paléorient 6, 1980**
S. Cleuziou, Travaux de la Mission Archéologique Française en Abou Dhabi,
Paléorient 6, 1980, 241 - 243

**Cleuziou, PSAS 12, 1982**
S. Cleuziou, Hili and the Beginning of Oasis Life in Eastern Arabia, PSAS
12, 1982, 15 - 22

**Cleuziou, Oman Peninsula**
S. Cleuziou, Oman Peninsula and its relations Eastward during the Third Mil-
lennium, B.B. Lal, S.P. Gupta (Hrsg.), Frontiers of the Indus Civilization, Sir
Mortimer Wheeler Commemoration Volume, Neu Delhi 1984

**Cleuziou, Das Altertum 31/3, 1985**
S. Cleuziou, Zwischen Sumer und Meluchcha: Magan, Das Altertum 31/3,
1985, 141 - 150

**Cleuziou, AUAE 5, 1989**
S. Cleuziou, Excavations at Hili 8: a preliminary report on the 4th to 7th
campaigns, AUAE 5, 1989, 61 - 87

**Cleuziou, S.O.R. 63**
S. Cleuziou, The Chronology of Protohistoric Oman as Seen from Hili,
S.O.R. 63, 47 - 78

**Cleuziou, Orient-Express 1997/2**
A. Cleuziou, Ra´s al-Jins: un site archéologique moyen-oriental sur les rives
de l´Océan indien, Orient-Express 1997/2, 49 - 52

**Cleuziou, Costantini, Paléorient 6, 1980**
S. Cleuziou, L. Costantini, Premiers éléments sur l´agriculture protohistori-
que de l´Arabie orientale, Paléorient 6, 1980, 245 - 251

**Cleuziou, Gnoli, Robin, Tosi, Cachets inscrits**
S. Cleuziou, G. Gnoli, C. Robin, M. Tosi, Cachets inscrits de la fin du III[e]
millénaire av. notre ére à Ra´s al-Junayz, Sultanat d´Oman, Académie des In-
scriptions et Belles-Lettres Comptes Rendus 1994, 453 - 468

**Cleuziou, Pottier, Salles, AUAE 1, 1978**
S. Cleuziou, M.-H. Pottier, J.-F. Salles, French Archaeological Mission, 1st
Campaign December 1976 / February 1977, AUAE 1, 1978, 9 - 53

**Cleuziou, Reade, Tosi, Joint Hadd Project 3**
S. Cleuziou, J. Reade, M. Tosi, Other operations carried out in the Ra´s al-
Junayz embayment, Joint Hadd Project 3, 28 - 30

**Cleuziou, Tosi, Archaeological sites, Joint Hadd Project 1**
S. Cleuziou, M. Tosi, Archaeological sites in the Ra´s al-Junayz Area, Joint
Hadd Project 1, 5 - 7

**Cleuziou, Tosi, Trial excavations, Joint Hadd Project 1**
S. Cleuziou, M. Tosi, Trial excavations at site RJ-2: the Bronze Age mound,
Joint Hadd Project 1, 9 - 26

**Cleuziou, Tosi, Joint Hadd Project 2**
S. Cleuziou, M. Tosi, A Short Report on the Excavations of the Second Campaign at RJ-2, Joint Hadd Project 2, 11 - 26

**Cleuziou, Tosi, Joint Hadd Project 3**
S. Cleuziou, M. Tosi, A third campaign at RJ-2. A Preliminary Report, Joint
Hadd Project 3, 11 - 27

**Corboud, Castella, Hapka, Im-Obersteg, Fujairah 2**
P. Corboud, A.-C. Castella, R. Hapka, P. Im-Obersteg, Archaeological Survey
of Fujairah, 2 (1988 - 1989), Preliminary Report Second and Third Campaigns of the Archaeological Survey of Fujairah (United Arab Emirates), Bern,
Vaduz, Genf, Neuchâtel 1990

**Corboud, Castella, Hapka, Im-Obersteg, Fujairah 3**
P. Corboud, A.-C. Castella, R. Hapka, P. Im-Obersteg, Archaeological Survey
of Fujairah, 3 (1993), Preliminary Report of the 1993 Campaign of the Archaeological Survey of Fujairah (United Arab Emirates), Bern, Vaduz, Genf,
Neuchâtel 1994

**Corboud, Castella, Hapka, Im-Obersteg, Terra Archaeologica I**
P. Corboud, A.-C. Castella, R. Hapka, P. Im-Obersteg, Les tombes protohisto-
riques de Bithnah, Fujairah, Emirats Arabes Unis, Terra Archaeologica I,
Mainz 1996

**Corboud, Hapka, Im-Obersteg, Fujairah 1**
P. Corboud, R. Hapka, P. Im-Obersteg, Archaeological Survey of Fujairah, 1 (1987), Preliminary Report First Campaign of the Archaeological Survey of Fujairah (United Arab Emirates), Bern, Vaduz, Genf, Neuchâtel 1988

**Costa, palm-frond house, JOS 8, 1985**
P.M. Costa, The palm-frond house of the Batinah, JOS 8, 1985, 117 - 120

**Costa, sur, JOS 8, 1985**
P.M. Costa, The sur of the Batinah, JOS 8, 1985, 121 - 193

**Costa, PSAS 18, 1988**
P.M. Costa, Pre - Islamic Izki: Some Field Evidence, PSAS 18, 1988, 15 - 23

**Costa, Wilkinson, JOS 9, 1987**
P.M. Costa, T.J. Wilkinson, The Hinterland of Sohar, Archaeological Surveys and Excavations within the Region of an Omani Seafaring City, JOS 9, 1987, 13 - 238

**de Cardi, JOS 1, 1975**
B. de Cardi, Survey and Excavations in Central Oman, 1974 - 1975, JOS 1, 1975, 109 - 111

**de Cardi, Antiquity 50, 1976**
B. de Cardi, Ras al Khaimah: further archaeological discoveries, Antiquity 50, 1976, 216 - 222

**de Cardi, JOS 3, 1977**
B. de Cardi, Surface Collections from the Oman Survey, 1976, JOS 3, 1977, 59 - 70

**de Cardi, AOMIM**
B. de Cardi, Survey in Ras al-Khaimah, U.A.E., AOMIM, 201 - 215

**de Cardi, OrAnt 24, 1985**
B. de Cardi, Further Archaeological Survey in Ras al-Khaimah, U.A.E., 1977, OrAnt 24, 1985, 163 - 240

**de Cardi, AAE 7/1, 1996**
B. de Cardi, A late pre-Islamic burial at al-Khatt, U.A.E, AAE 7/1, 1996, 82 - 87

**de Cardi, Bell, Starling, JOS 5, 1979**
B. de Cardi, R.D. Bell, N.J. Starling, Excavations at Tawi Silaim and Tawi Sa`id in the Sharqiya, JOS 5, 1975, 61 - 94

**de Cardi, Collier, Doe, JOS 2, 1976**
B. de Cardi, S. Collier, B. Doe, Excavations and Survey in Oman, 1974 - 1975, JOS 2, 1976, 101 - 147

**de Cardi, Doe, EW 21, 1971**
B. de Cardi, B. Doe, Archaeological Survey in the Northern Trucial States, EW 21, 1971, 225 - 276

**de Cardi, Doe, Roskams, JOS 3, 1977**
B. de Cardi, B. Doe, S.P. Roskams, Excavation and Survey in the Sharqiyah, Oman, 1976, JOS 3, 1977, 17 - 33

**de Cardi, Kennet, Stocks, PSAS 24, 1994**
B. de Cardi, D. Kennet, R.L. Stocks, Five Thousand Years of Settlement at Khatt, UAE, PSAS 24, 1994, 35 - 95

**d´Errico, JOS 6, 1983**
E. d´Errico, Introduction to Omani Military Architecture of the Sixteenth, Seventeenth and Eighteenth Centuries, JOS 6, 1983, 291 - 306

**Doe, JOS 2, 1976**
B. Doe, Gazetteer, JOS 2, 1976, 148 - 187

**Doe, JOS 3, 1977**
B. Doe, Gazetteer of Sites in Oman, 1976, JOS 3, 1977, 35 - 57

**Doe, Monuments**
B. Doe, Monuments of South Arabia, Cambridge, New York 1983

**Doe, BTA**
B. Doe, The Barbar Temple: the masonry, BTA, 186 - 191

**Doe, de Cardi, PSAS 13, 1983**
B. Doe, B. de Cardi, Archaeological Survey in Southern Ras al-Khaimah, 1982, Preliminary Report, PSAS 13, 1983, 31 - 36

**Donaldson, OrAnt 23, 1984**
P. Donaldson, Prehistoric Tombs of Ras al-Khaimah, OrAnt 23, 1984, 191 - 312

**Donaldson, OrAnt 24, 1985**
P. Donaldson, Prehistoric Tombs of Ras al-Khaimah, OrAnt 24, 1985, 85 - 142

**Edens, Joint Hadd Project 2**
C. Edens, Preliminary Archaeological Survey of the Ja´alan Interior ,Joint Hadd Project 2, 64 - 74

**Edens, Joint Hadd Project 3**
C. Edens, Brief Survey Around Bilad Bani Bu Hassan, Joint Hadd Project 3, 44 - 55

**Falb, Schreiber, MDOG 128, 1996**
C. Falb, J. Schreiber, Grab Y1, Grab Y2, in Yule, Weisgerber, MDOG 128, 1996, 151 - 154

**Flavin, Shepherd, PSAS 24, 1994**
K. Flavin, E. Shepherd, Fishing in the Gulf, Preliminary Investigations at an Ubaid Site, Dalman (UAE), PSAS 24, 1994, 1 15 - 135

**Franke-Vogt, Settlement, BBVO 8**
U. Franke-Vogt, The Settlement, BBVO 8, 67 - 71

**Franke-Vogt, SY, BBVO 8**
U. Franke-Vogt, Area SY, BBVO 8, 83 - 90

**Franke-Vogt, Faunal remains, BBVO 8**
U. Franke-Vogt, Faunal remains, BBVO 8, 91 - 94

**Franke-Vogt, IA 6**
U.Franke-Vogt, The Settlement of Central-Shimal, IA 6, 179 - 204

**Frifelt, Kuml 1968**
K. Frifelt, Arkæologiske undersøgelser på Oman halvøen (Archaeological Investigations in the Oman Peninsula, Kuml 1968, 1969, 159 - 175

**Frifelt, Kuml 1970**
K. Frifelt, Jamdat Nasr Fund fra Oman (Jamdat Nasr Graves in the Oman), Kuml 1970, 1971, 355 - 383

**Frifelt, Antike Welt 6/2, 1975**
K. Frifelt, Archäologische Forschungen am Persischen Golf, Antike Welt 6, 1975, 15 - 24

**Frifelt, EW 25, 1975**
K. Frifelt, On Prehistoric Settlement and Chronology of the Oman Peninsula, EW 25, 1975, 359 - 392

**Frifelt, JOS 2, 1976**
K. Frifelt, Evidence of a Third Millennium B.C. Town in Oman, JOS 2, 1976, 57 - 73

**Frifelt, SAA 1977**
K. Frifelt, Oman duringthe Third Millennium BC: Urban Development of Fishing / Farming Communities?, SAA 1977, 567 - 587

**Frifelt, Das Altertum 25/4, 1979**
K. Frifelt, Auf den Spuren von Magan, Archäologische Forschungen in Oman, Das Altertum 4, 1979, 213 - 222

**Frifelt, JOS 7, 1985**
K. Frifelt, Further Evidence of the Third Millennium BC Town at Bat in Oman, JOS 7, 1985, 89 - 104

**Frifelt, AAE 1, 1990**
K. Frifelt, A third millennium kiln from the Oman Peninsula, AAE 1, 1990,
4 - 15

**Frifelt, JASP 26:1**
K. Frifelt, The Island of Umm an-Nar, Volume 1, The Third Millennium Graves, JASP 26:1, Kopenhagen 1991

**Frifelt, JASP 26:2**
K. Frifelt, The Island of Umm an-Nar, Volume 2, The Third Millennium Settlement, JASP 26:2, Kopenhagen 1995

**Gentelle, Frifelt, S.O.R. 63**
P. Gentelle, K. Frifelt, About the Distribution of Third Millennium Graves and Settlements in the Ibri Area of Oman, S.O.R. 63, 119 - 126

**Glover, IA 6**
E. Glover, The Molluscan Fauna from Shimal, Ras al-Khaimah, United Arab Emirates,
IA 6, 205 - 220

**Haerinck, Gentse Bijdragen... 29, 1990 - 1991**
E. Haerink, The Rectangular Umm an-Nar - Period Grave at Mowaihat (Emirate of Ajman, United Arab Emirates), Gentse Bijdragen tot de Kunstgeschiedenis en Oudheidkunde 29, 1990 - 1991, 1 - 39

**Haerinck, AAE 2/2, 1991**
E. Haerinck, Heading for the Straits of Hormuz, an Ubaid site in the Emirate of Ajman, AAE 2/2, 1991, 84 - 90

**Haerinck, Stevens, Bibliography, First Supplement**
E. Haerinck, K.G. Stevens, Pre-Islamic Archaeology of Kuwait, Northeastern Arabia, Bahrain, Qatar, United Arab Emirats and Oman, A Bibliography, Gent 1985

**Haerinck, Stevens, Bibliography, First Supplement**
E. Haerinck, K.G. Stevens, Pre-Islamic Archaeology of Kuwait, Northeastern Arabia, Bahrain, Qatar, United Arab Emirats and Oman, A Bibliography, First Supplement (1985 - 1995), Leiden 1996

**Häser, IA 6**
J. Häser, Soft - Stone Vessels from Shimal and Dhayah / Ras al-Khaimah, U.A.E., IA 6, 221 - 232

**Hastings, Humphries, Meadow, JOS 1, 1975**
A. Hastings, J.H. Humphries, R.H. Meadow, Oman in the Third Millennium BCE, JOS 1, 1975, 9 - 55

**Hauptmann, 5000 Jahre**
A. Hauptmann, 5000 Jahre Kupfer in Oman. Band 1: Die Entwicklung der

Kupfermetallurgie vom 3. Jts. bis zur Neuzeit, Der Anschnitt, Beiheft 4, Bochum 1985

**Heard-Bey, Trucial States**
F. Heard-Bey, From Trucial States to the United Arab Emirates, London, New York 1982

**Hesse, Sharjah 2**
A, Hesse, Electromagnetic Survey on Mleiha Site, Sharjah 2, 37

**Hesse, Prieur, Sharjah 4**
A. Hesse, A. Prieur, Hamriyah 1988 - Archaeological survey, Sharjah 4, 11 - 18

**Hoch, SAA 1977**
E. Hoch, Reflections on Prehistoric Life at Umm an-Nar (Trucial Oman) Based on Faunal Remains from the Third Millennium BC, SAA 1977, 589 - 638

**Humphries, PSAS 4, 1974**
J.H. Humphries, Harvard Archaeological Survey in Oman: II - Some Later Prehistoric Sites in the Sultanate of Oman, PSAS 4, 1974, 49 - 77

**Iacono, Weeks, Davis, Abiel I**
N. Iacono, L. Weeks, K. Davis, The Settlement (Areas A - D), Abiel I, 24 - 33

**Kästner, Interim Report**
J.-M. Kästner, Interim Report on the 6th Campaign of the German Archaeological Mission to Ras al-Khaimah 1990, unpubl. Bericht Göttingen 1990

**Kay, Archaeological Heritage**
S. Kay, Emirates Archaeological Heritage, Dubai 1990[3]

**Kennet, Velde, AAE 6/1, 1995**
D. Kennet, C. Velde, Third and early second-millenium occupation at Nud Ziba, Khatt (U.A.E.), AAE 6/1, 1995, 81 - 99

**Kervran, AOMIM**
M. Kervran, A la recherche de Suhar: État de la question, AOMIM, 285 - 298

**Kroll, Maysar-6, Der Anschnitt 33, 1981**
S. Kroll, Die Siedlungsstelle Maysar-6, in Weisgerber, Der Anschnitt 33, 1981, 205

**Kroll, Bilad al-Maaidin, Der Anschnitt 33, 1981**
S. Kroll, Bilad al-Maaidin, in Weisgerber, Der Anschnitt 33, 1981, 209 - 210

**Kroll, Maysar-42, Der Anschnitt 33, 1981**
S. Kroll, Die Siedlung Maysar-42, in Weisgerber, Der Anschnitt 33, 1981, 223

**Kroll. Lizq-1, Der Anschnitt 33, 1981**
S. Kroll, Die Bergfestung Lizq-1, in Weisgerber, Der Anschnitt 33, 1981, 226 - 231

**Kroll, Phœnix 30, 1984**
S. Kroll, De koperindustrie van Makan, Phœnix 30, 1984, 10 - 25

**Kroll, IA 6**
S. Kroll, Zu den Beziehungen eisenzeitlicher bemalter Keramikkomplexe in Oman und Iran, IA 6, 1991, 315 - 320

**Kroll, in Vorbereitung**
S. Kroll, Der Burgberg von Lizq, in Vorbereitung

**Kunter, Homo 32, 1981**
M. Kunter, Bronze- und eisenzeitliche Skelettfunde aus Oman, Bemerkungen zur Bevölkerungsgeschichte Ostarabiens, Homo 32, 1981, 197 - 210

**Lancaster, Lancaster, Joint Hadd Project 3**
W. Lancaster, F. Lancaster, Anthropological survey at Ra´s al-Junayz: a first preliminary report, Joint Hadd Project 3, 56 - 65

**Lombard, Aspects culturels**
P. Lombard, Aspects culturels de la peninsule d´Oman au debut du 1$^{er}$ mille-naire av. JC.,
Paris 1979

**Lombard, IranAnt 16, 1981**
P. Lombard, Poignards en bronze de la péninsule d´Oman au Ier millénaire, Un problème d´influences iraniennienes de l`age du fer, IranAnt 16, 1981, 87 - 93

**Lombard, PSAS 12, 1982**
P. Lombard, Iron Age Stone Vessels from the Oman Peninsula, A Preliminary Note, PSAS 12, 1982, 39 - 48

**Lombard, L´Arabie orientale**
P. Lombard, L´Arabie orientale a l´age du fer, Dissertation Paris 1985

**Lombard, Âges du fer**
P. Lombard, Âges du fer sans fer: Le cas de la péninsule d´Oman au 1er millénaire avant J.-C., in T. Fahd (Hrsg.), L´Arabie préislamique et son environnement historique et culturel. Actes du Colloque de Strasbourg 24 - 27 juin 1987, Leiden 1989

**Madhloom, Sumer 30, 1974**
T. Madhloom, Excavations of the Iraqi Mission at Mleha, Sharjah, U.A.E., Sumer 30, 1974, 149 - 158

**Magee, AAE 7/2, 1996**
P. Magee, Excavations at Muweilah. Preliminary Report on the First Two Seasons, AAE 7/2, 1996, 195 - 213

**Magee, AAE 7/3, 1996**
P. Magee, The Chronology of Southeast Arabian Iron Age, AAE 7/3, 1996, 240 - 252

**Magee, IranAnt 32, 1997**
P. Magee, The Iranian Iron Age and the Chronology of Settlement in Southeastern Arabia, IranAnt 32, 1997, 91 - 108

**Mariani, Joint Hadd Project 1**
L. Mariani, Surface Study of Settlement Site RJ-1, Joint Hadd Project 1, 37 - 41

**Meadow, Humphries, Hastings, Explorations in Omân**
R.H. Meadow, J.H. Humphries, A.A. Hastings, Explorations in Omân, 1973 and 1975: Prehistoric Settlements and Ancient Copper Smelting with Comparative Aspects in Iran, F. Bagherzadeh (Hrsg.), Proceedings of the IVth Annual Symposium on Archaeological Research in Iran, Teheran 1976, 110 - 129

**Méry, Soundings, Joint Hadd Project 2**
S. Méry, The Soundings North of RJ-2, Joint Hadd Project 2, 27 - 29

**Méry, Ceramics, Joint Hadd Project 2**
S. Méry, Ceramics from RJ-2, Joint Hadd Project 2, 41 - 47

**Méry, Schneider, PSAS 26, 996**
S. Méry, G. Schneider, Mesopotamian Pottery Wares in Eastern Arabia from the 5th to the 2nd Millennium BC. A Contribution of Archaeometry to the Economic History, PSAS 26, 1996, 79 - 96

**Minzoni Déroche, Sharjah 2**
A. Minzoni Déroche, Survey on Prehistoric Sites, Sharjah 2, 34 - 36

**Mouton, Sharjah 2**
M. Mouton, The Historical Periods: The Sounding, Sharjah 2, 20 - 25

**Mouton, Sharjah 4**
M. Mouton, Excavations at Mleiha, Sharjah 4, 44 - 71

**Mouton, Sharjah 6**
M. Mouton, Archaeological survey of the region of Al Madam: a preliminary report, Sharjah 6, 3 - 10

**Mouton, Peninsule d´Oman**
M. Mouton, La Peninsule d´Oman de la fin de l´Age du Fer au debut de la
periode Sassanide (250 av. - 350 ap. JC), unpublizierte Dissertation, Paris
1992

**Mouton, Boucharlat, Sharjah 5**
M. Mouton, R. Boucharlat, Survey and Soundings at Muweilah (Sharjah Air-
port), A Short Report, Sharjah 5, 5 - 15

**Nayeem, Prehistory and Protohistory of the Arabian Peninsula 3**
M.A. Nayeem, The United Arab Emirates, Prehistory and Protohistory of the
Arabian Peninsula, Volume 3, Hyderabad 1994

**Nayeem, Prehistory and Protohistory of the Arabian Peninsula 4**
M.A. Nayeem, TheSultanate of Oman, Prehistory and Protohistory of the
Arabian Peninsula, Volume 4, Hyderabad 1996

**Orchard, Iraq 56, 1994**
J. Orchard, Part I: The al-Hajar Oasis Towns, in Orchard, Stanger, Iraq 56,
1994, 63 - 88

**Orchard, Orchard, LIAO 6, 1983**
J.J. Orchard, J.C. Orchard, Wadi Bahla, Wadi Mleh, LIAO 6, 1983, 25 - 26

**Orchard, Stanger, Iraq 56, 1994**
J. Orchard, G. Stanger, Third Millennium Oasis Towns and Environmental
Constraints on Settlement in the al-Hajar Region, Iraq 56, 1994, 63 - 100

**Phillips, Fashgha 1**
C.S. Phillips, Wadi al Qawr, Fashgha 1. The Excavation of a Prehistoric Burial Structure in Ras al Khaimah, U.A.E., 1986. A Preliminary Report, Department of Archaeology, University of Edinburgh Project Paper No. 7, 1987

**Phillips, ed-Dûr**
C.S. Phillips, ed-Dûr 1986/7, Progress Report, Edinburgh University, Archaeology Department and The Society For Arabian Studies, 1987, unpubl. Manuskript

**Potts, JOS 8, 1985**
D.T. Potts, From Qadê to Mazûn: Four notes on Oman, c. 700 BC to 700 AD,
JOS 8, 1985, 81 - 95

**Potts, TAVO 62/B**
D.T. Potts, Eastern Arabia and the Oman Peninsula during the Late Fourth
and Early Third Millennium B.C., TAVO 62/B, 121 - 170

**Potts, Paléorient 15/1, 1989**
D.T. Potts, Excavations at Tell Abraq, 1989, Paléorient 15/1, 1989, 269 - 271

**Potts, Arabian Gulf**
D.T. Potts, The Arabian Gulf in Antiquity, Volume 1, From Prehistory to the
Fall of the Achaemenid Empire, Oxford 1990

**Potts, Tell Abraq 1989**
D.T. Potts, A Prehistoric Mound in the Emirate of Umm al-Qaiwain, U.A.E.
Excavations in 1989, Kopenhagen 1990

**Potts, Tell Abraq 1990**
D.T. Potts, Further Excavations at Tell Abraq, The 1990 Season, Kopenhagen
1991

**Potts, PSAS 23, 1993**
D.T. Potts, Four Seasons of Excavations at Tell Abraq (1989 - 1993), PSAS
23, 1993, 117 - 126

**Potts, Weeks, Magee, Thompson, Smart, AAE 7/2, 1996**
D.T. Potts, L. Weeks, P. Magee, E. Thompson, P. Smart, Husn Awhala: A late
prehistoric settlement in southern Fujairah, AAE 7/2, 1996, 214 - 239

**Pracchia, Joint Hadd Project 2**
S. Pracchia, Elements of a Detailed Stratigraphical Analysis at RJ-2, Joint
Hadd Project 2, 30 - 32

**Preston, JOS 2, 1976**
K. Preston, An introduction to the Anthropomorphic Content of the Rock Art
of Jebel Akhdar, JOS 2, 1976, 17 - 38

**Prieur, Tell Abraq 1989**
A. Prieur, Etude faunistique et aspects anthropiques du site de Tell Abraq, in
Potts, Tell Abraq 1989, 141 - 151

**Rahman, AUAE 2-3, 1980**
S. ur Rahman, Report on Hili 2 Settlement Excavations 1976 - 1979,
AUAE 2 - 3, 1980, 8 - 18

**Reade, Joint Hadd Project 3**
J. Reade, Excavations at Ra´s al-Hadd, 1988: Preliminary Report,
Joint Hadd Project 3, 33 - 43

**Reade, Orient-Express 1993/1**
J. Reade, Ra´s al-Hadd Excavations, 1992: Summary Report, Orient-Express
1993/1, 3 - 4

**Reade, Méry, Joint Hadd Project 2**
J. Reade, S. Méry, A Bronze Age Site at Ra´s al-Hadd, Joint Hadd Project 2,
75 - 77.

**Salles, AUAE 2-3, 1980**
J.-F. Salles, Notes on the archaeology of the Hellenistic and Roman periods

in the United Arab Emirates, AUAE 2 - 3, 1980, 79 - 91

**Salles, AOMIM**
J.-F. Salles, Ceramiques de Surface a ed-Dour, Émirats Arabes Unis,
AOMIM, 241 - 270

**Salman, Sumer 30, 1974**
I. Salman, Foreword, Sumer 30, 1974, l - p

**Salman, Sumer 31, 1975**
I. Salman, Foreword, Sumer 31, 1975, h - i

**Shanfari, Weisgerber, S.O.R. 63**
A.A.B. al-Shanfari, G. Weisgerber, A Late Bronze Age Warrior Burial from
Nizwa (Oman), S.O.R. 63, 17 - 30

**Slotta, Der Anschnitt 33, 1981**
R. Slotta, Die Fluchtburg Maysar-25, in Weisgerber, Der Anschnitt 33, 1981,
198 - 204

**Stevens, Mesopotamia 29, 1994**
K.G. Stevens, Surface finds from Qarn bint Sa´ud (Abu Dhabi Emirate -
UAE), Mesopotamia 29, 1994, 199 - 262

**Taha, Al-Rafidan 3-4, 1982/83**
M.Y. Taha, The Archaeology of the Arabian Gulf during the First Millennium B.C., Al-Rafidan 3 - 4, 1982 / 83, 75 - 87

**Thorvildsen, Kuml 1962**
K. Thorvildsen, Gravrøser på Umm an-Nar (Burial Cairns on Umm an-Nar),
Kuml 1962, 1963, 191 - 219

**Tikriti, AUAE 4, 1985**
W.Y. al-Tikriti, The Archaeological Investigations on Ghanada Island 1982 -
1984: Further Evidence for the Coastal Umm an-Nar Culture, AUAE 4,
1985, 9 - 19

**Tikriti, Ajman, AUAE 5, 1989**
W.Y. al-Tikriti, Umm an-Nar Culture in the Northern Emirates: third millennium BC tombs at Ajman, AUAE 5, 1989, 89 - 99

**Tikriti, Bidya, AUAE 5, 1989**
W.Y. al-Tikriti, The Excavations at Bidya, Fujairah: the 3rd and 2nd millen-
nia B.C. culture, AUAE 5, 1989, 101 - 113

**Tillmann, Der Anschnitt 33, 1981**
A. Tillmann, Maysar-43, in Weisgerber, Der Anschnitt 33, 1981, 234 - 238

**Tosi, JOS 2, 1976**
M. Tosi, The Dating of the Umm an-Nar Culture and a Proposed Sequence
for Oman in the Third Millennium BC, JOS 2, 1976, 81 - 92

**Tosi, EW 31, 1981**
M. Tosi, IsMEO Activities: Oman, EW 31, 1981, 182 - 198

**Tosi, BTA**
M. Tosi, Early maritime cultures of the Arabian Gulf and the Indian Ocean, BTA, 94 - 107

**Tosi, S.O.R. 63**
M. Tosi, Protohistoric Archaeology in Oman: The First Thirty Years (1956 - 1985), S.O.R. 63, 135 - 161

**van den Driesch, Viehaltung, Jagd und Fischfang**
A. van den Driesch, Viehaltung, Jagd und Fischfang in der bronzezeitlichen Siedlung von Shimal bei Ras al-Khaimah / U.A.E., in P. Calmeyer, K. Hecker, L. Jakob-Rost, C.B.F. Walker (Hrsg.), Beiträge zur Altorientalischen Archäologie und Altertumskunde, Festschrift für Barthel Hrouda zum 65. Geburtstag, Wiesbaden 1994

**Velde, Settlement Pottery**
C. Velde, Preliminary Remarks on the Settlement Pottery in Shimal (Ras al-Khaimah, U.A.E.), in F.M. Andraschko, W.-R. Teegen (Hrsg.), Gedenkschrift für Jürgen Driehaus, Mainz 1990, 358 - 378

**Velde, IA 6**
C. Velde, Preliminary Remarks on the Settlement Pottery in Shimal, IA 6, 265 - 288

**Velde, Shimal**
C. Velde, Die spätbronzezeitliche und früheisenzeitliche Siedlung und ihre Keramik in Shimal / Ras al Khaimah (Vereinigte Arabische Emirate), unpubl. Magisterarbeit, Göttingen 1992

**Velde, Franke-Vogt, Vogt, BBVO 8**
C. Velde, U. Franke-Vogt, B. Vogt, Area SX, BBVO 8, 73 - 77

**Vogt, Der Anschnitt 33, 1981**
B. Vogt, Die Gräber in Maysar-9, in Weisgerber, Der Anschnitt 33, 1981, 219 - 220

**Vogt, Gräber**
B. Vogt, Zur Chronologie und Entwicklung der Gräber des späten 4. - 2. Jtsd. v. Chr. auf der Halbinsel Oman: Zusammenfassung, Analyse und Würdigung publizierter wie auch unveröffentlichter Grabungsergebnisse, Dissertation Göttingen 1985

**Vogt, shell-mounds, BBVO 8**
B. Vogt, The shell-mounds, BBVO 8, 13 - 16

**Vogt, Asimah**
B. Vogt, Asimah. An account of Two Months Rescue Excavation in the Mountains of Ras al-Khaimah, United Arab Emirates, Dubai 1994

152 Abkürzungs- und Literaturverzeichnis

**Vogt, Franke-Vogt, BBVO 8**
B. Vogt, U. Franke-Vogt, Introduction, BBVO 8, 5 - 10

**Vogt, Gockel, Hofbauer, Haj, AUAE 5, 1989**
B. Vogt, W. Gockel, H. Hofbauer, A.A. al-Haj, The Coastal Survey in the
Western Province of Abu Dhabi, 1983, AUAE 5, 1989, 49 - 60

**Vogt, Häser, Velde, AfO 34, 1987**
B. Vogt, J. Häser, C. Velde, Archäologische Forschungen in Shimal, Ras al-
Khaimah (Vereinigte Arabische Emirate), AfO 34, 1987, 237 - 242

**Vogt, Kästner, BBVO 8**
B. Vogt, J.-M. Kästner, Shimal tomb SH 102, BBVO 8, 23 - 36

**Weeks, AAE 8/1, 1997**
L.R. Weeks, Prehistoric Metallurgy at Tell Abraq, U.A.E., AAE 8/1, 1997,
11 - 85

**Weisgerber, Der Anschnitt 32, 1980**
G. Weisgerber, "...und Kupfer in Oman" - Das Oman Projekt des Deutschen
Bergbau - Museums, Der Anschnitt 32, 1980, 62 - 110

**Weisgerber, AVA - Beiträge 2**
G. Weisgerber, Archäologische und archäometallurgische Untersuchungen in
Oman, AVA - Beiträge 2 , 1980, 67 - 90

**Weisgerber, Der Anschnitt 33, 1981**
G. Weisgerber, Mehr als Kupfer in Oman, Ergebnisse der Expedition 1981,
Der Anschnitt 33, 1981, 174 - 263

**Weisgerber, JOS 6, 1983**
G. Weisgerber, Copper Production during the Third Millennium BC in Oman
and the Question of Makan, JOS 6, 1983, 269 - 276

**Weisgerber, Oman**
G. Weisgerber, Oman: A Bronze-producing Centre during the 1st Half of the
1st Millennium BC, in J. Curtis (Hrsg.), Bronzeworking Centres of Western
Asia c. 1000 - 539 B.C., London, New York 1988, 285 - 295

**Weisgerber, IA 6**
G. Weisgerber, Archäologisches Fundgut des 2. Jahrtausends v. Chr. in
Oman, Möglichkeiten zur chronologischen Gliederung?, IA 6, 321 - 330

**Wohlfahrt, Arabische Halbinsel**
E. Wohlfahrt, Die Arabische Halbinsel, Länder zwischen Rotem Meer und
Persischem Golf, Berlin, Frankfurt a. M., Wien 1980

**Yule, A Tribute to Oman 10, 1991**
P. Yule, Life and the Afterlife, A Tribute to Oman 10, 1991, 182 - 188

**Yule, PSAS 23, 1993**
P. Yule, Excavations at Samad al Shân 1987 - 1991, Summary, PSAS 23, 1993, 141 - 153

**Yule, BaM 25, 1994**
P. Yule, Grabarchitektur der Eisenzeit im Sultanat Oman, BaM 25, 1994, 518 - 577

**Yule, Gräberfelder in Samad al Shân**
P. Yule, Die Gräberfelder in Samad al Shân (Sultanat Oman), Materialien zu einer Kulturgeschichte, im Druck für ABY

**Yule, Kervran, AAE 4/2, 1993**
P. Yule, M. Kervran, More than Samad in Oman: Iron Age pottery from Suhar and Khor Rori, AAE 4/2, 1993, 69 - 106

**Yule, Weisgerber, Samad ash-Shan**
P. Yule, G. Weisgerber, Samad ash-Shan, Excavation of the Pre - Islamic Cemeteries, Preliminary Report 1988, Bochum 1988

**Yule, Weisgerber, MDOG 128, 1996**
P. Yule, G. Weisgerber, Vorläufiger Bericht über die 14. Deutsche Archäologische Oman - Expedition, MDOG 128, 1996, 135 - 155

**Yule, Weisgerber, A Structuring**
P. Yule, G. Weisgerber, A Structuring of the Iron Age in Eastern Arabia, unpubl. Manuskript für das Department of Antiquities in Muscat, 1996

**Yule, Weisgerber, im Druck**
P. Yule, G. Weisgerber, Preliminary Report of the 1996 Season of Excavation in the Sultanate of Oman, im Druck

**Yule, Weisgerber, in Vorbereitung**
P. Yule, G. Weisgerber, A Structuring of the Iron Age in Eastern Arabia, 1997: Second Season of Excavation and Exploration, in Vorbereitung

**Yule, Weisgerber, Kunter, Bemmann, Nubica 3/1, 1994**
P. Yule, G. Weisgerber, M. Kunter, M. Bemmann, Wadi Suq Burial Structures in Oman, Nubica 3/1, 1994, 379 - 415

# VIII. Abbildungsnachweis

1 Vogt, Gräber, Taf. 1
2 Cleuziou, AUAE 5, 1989, Taf. 9
3 Cleuziou, AUAE 5, 1989, Taf. 10
4 Cleuziou, AUAE 5, 1989, Taf. 11
5 Cleuziou, AUAE 5, 1989, Taf. 12
6 Vogt, Gockel, Hofbauer, Haj, AUAE 5, 1989, Taf. 2
7 Frifelt, JASP 26:1, 13, Abb. 2
8 Frifelt, JASP 26:1, 15, Abb. 4
9 Frifelt, JASP 26:2, Plan 3
10 Frifelt, JASP 26:2, 92, Abb. 147
11 Frifelt, JASP 26:2, Plan 4
12 Frifelt, JASP 26:2, Plan 2
13 Tikriti, AUAE 4, 1985, Taf. 4
14 Tikriti, AUAE 4, 1985, Taf. 6
15 Potts, Tell Abraq 1990, 12, Abb. 2
16 Potts, Tell Abraq 1989, 23, Abb. 8
17 Potts, Tell Abraq 1989, 29, Abb. 15
18 Potts, Tell Abraq 1990, 21, Abb. 8
19 Velde, Shimal, Taf. 2
20 Velde, Shimal, Taf.3
21 Velde, Shimal, Taf. 23
22 Kennet, Velde, AAE 6/1, 1995, 83, Abb. 3
23 Kennet, Velde, AAE 6/1, 1995, 84, Abb. 5
24 Vogt, Asimah,152, Abb. 65
25 Vogt, Asimah, 156, Abb. 67
26 Tikriti, Bidya, AUAE 5, 1989, Taf. 78
27 Tikriti, Bidya, AUAE 5, 1989, Taf. 83
28 Frifelt, EW 25, 1975, 370, Abb. 3
29 Cleuziou, AUAE 5, 1989, Taf. 13
30 Cleuziou, AUAE 5, 1989, Taf. 14
31 Cleuziou, AUAE 5, 1989, Taf. 15
32 Cleuziou, AUAE 5, 1989, Taf. 16
33 Cleuziou, AUAE 5, 1989, Taf. 17
34 Cleuziou, AUAE 5, 1989, Taf. 18
35 Cleuziou, AUAE 5, 1989, Taf. 20
36 Costa, Wilkinson, JOS 9, 1987, 96, Abb. 34
37 Costa, Wilkinson, JOS 9, 1987, 98, Abb. 35
38 Doe, JOS 2, 1976, 174, Abb. 41
39 Frifelt, JOS 2, 1976, 64, Abb. 3
40 Frifelt, JOS 7, 1985, 100, Abb. 6
41 Doe, JOS 2, 1976, 172, Abb. 39
42 de Cardi, Collier, Doe, JOS 2, 1976, 104, Abb. 3

43 de Cardi, Collier, Doe, JOS 2, 1976, 110, Abb. 8
44 de Cardi, Collier, Doe, JOS 2, 1976, 111, Abb. 9
45 de Cardi, Collier, Doe, JOS 2, 1976, 112, Abb. 10
46 de Cardi, Collier, Doe, JOS 2, 1976, 114, Abb. 13
47 Doe, JOS 2, 1976, 167, Abb. 38
48 Orchard, Iraq 56, 1994, 83, Abb. 12
49 Doe, JOS 2, 1976, 163, Abb. 35
50 Orchard, Iraq 56, 1994, 74, Abb. 6
51 Orchard, Iraq 56, 1994, 66, Abb. 2
52 Doe, JOS 2, 1976, 163, Abb. 36
53 Orchard, Iraq 56, 1994, 76, Abb. 7
54 Humphries, PSAS 4, 1974, 60, Abb. 7
55 Doe, JOS 2, 1976, 164, Abb. 37
56 Doe, JOS 2, 1976, 160, Abb. 33
57 Doe, JOS 2, 1976, 161, Abb. 34
58 Hastings, Humphries, Meadow, JOS 1, 1975, 17, Abb 3 oben
59 Weisgerber, Der Anschnitt 33, 1981, 177, Abb. 2
60 Weisgerber, Der Anschnitt 33, 1981, 178, Abb. 3
61 Weisgerber, AVA-Beiträge 2, 71, Abb. 3
62 Slotta, Der Anschnitt 33, 1981, 199, Abb. 26 - 27
63 Yule, PSAS 23, 1993, 144, Abb. 2a
64 Cleuziou, Tosi, Joint Hadd Project 3, 17, Abb. 8
65 Potts, Tell Abraq 1990, 37, Abb. 27
66 Velde, Shimal, Taf. 12
67 Velde, Shimal, Taf. 24
68 Cleuziou, AUAE 2 - 3, 1980, 55, Abb. 16
69 de Cardi, Bell, Starling, JOS 5, 1979, 85, Abb. 10
70 Biagi, Joint Hadd Project 3, 5, Abb. 1
71 Taha, Al-Rafidan 3 - 4, 1982 / 83, 80, Abb. 2
72 Taha, Al-Rafidan 3 - 4, 1982 / 83, 86, Abb. 13
73 Velde, Shimal, Taf. 13
74 Velde, Shimal, Taf. 13
75 Velde, Shimal, Taf. 15
76 Velde, Shimal, Taf. 24
77 Velde, Shimal,, Taf. 15
78 Vogt, Asimah, 139, Abb. 60
79 Magee, AAE 7/2, 1996, 196, Abb. 2
80 Magee, AAE 7/2, 1996, 199, Abb. 6
81 Corboud, Castella, Hapka, Im-Obersteg, Fujairah 3, 17, Abb. 7
82 Corboud, Castella, Hapka, Im-Obersteg, Fujairah 3, 18, Abb. 8
83 Benoist, Mouton, PSAS 24, 1994, 3, Abb. 1
84 Boucharlat, IA 6, 296, Abb. 3
85 Boucharlat, Bernard, David, Mouton, Sharjaj 4, 33, Abb. 10
86 Rahman, AUAE 2 - 3, 1980, 14
87 Rahman, AUAE 2 - 3, 1980, 15
88 Boucharlat, Garczynski, AUAE 4, 1985, Taf. 67
89 Boucharlat, Lombard, AUAE 4, 1985, Taf. 38
90 Boucharlat, Lombard, AUAE 4, 1985, Taf. 39

91 Boucharlat, Lombard, AUAE 4, 1985, Taf. 40
92 Boucharlat, Lombard, AUAE 4, 1985, Taf. 41
93 Boucharlat, Lombard, AUAE 4, 1985, Taf. 44
94 Boucharlat, Lombard, AUAE 4, 1985, Taf. 43
95 Costa, Wilkinson, JOS 9, 1987, 100 - 101, Abb. 36 - 37
96 Costa, Wilkinson, JOS 9, 1987, 106 , Abb. 39
97 G. Weisgerber, DBM 1996
98 P. Yule 1996
99 Doe, JOS 3, 1977, 48, Abb. 11
100 Corboud, Castella, Hapka, Im-Obersteg, Fujairah 3, 14, Abb. 4
101 Corboud, Castella, Hapka, Im-Obersteg, Fujairah 3, 15, Abb. 5
102 Potts, Arabian Gulf, 94, Abb. 11
103 Potts, Arabian Gulf, 233, Abb. 22
104 Potts, Arabian Gulf, 355, Abb. 37

# IX. Abbildungen

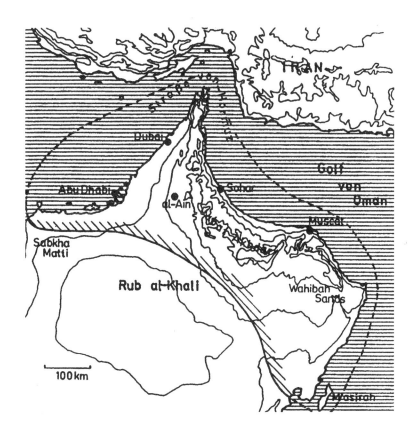

Abb. 1: Die Halbinsel Oman

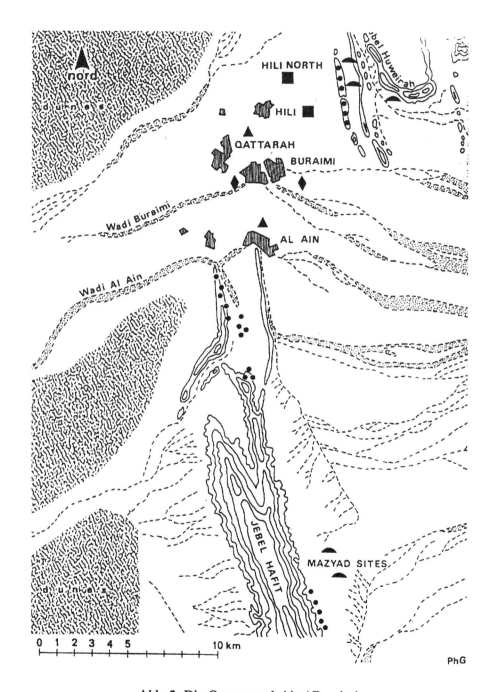

Abb. 2: Die Oase von al-Ain / Bureimi

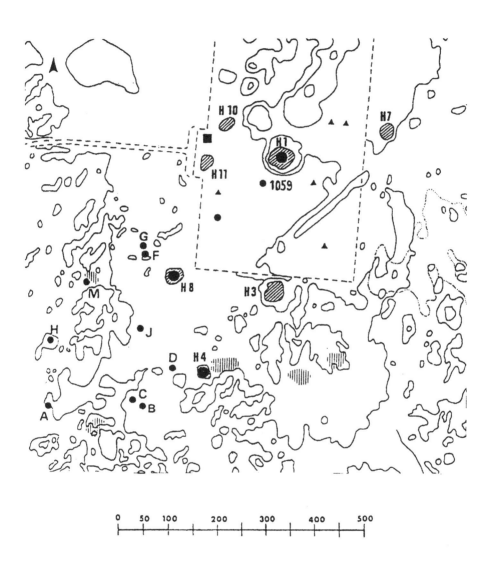

Abb. 3: Das Siedlungsareal von Hili (Hili Garden)

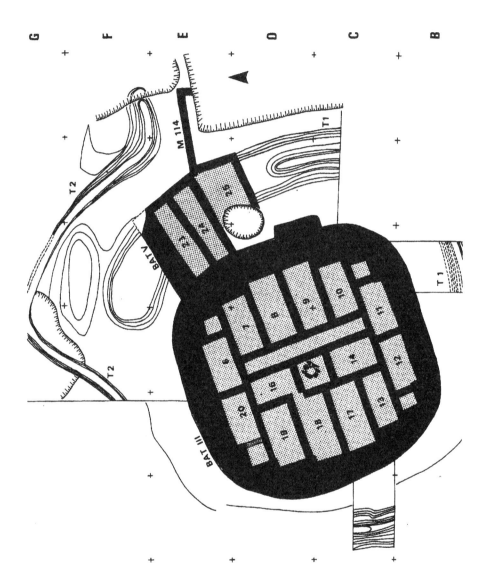

Abb. 4: H8, Building III, Periode Ia

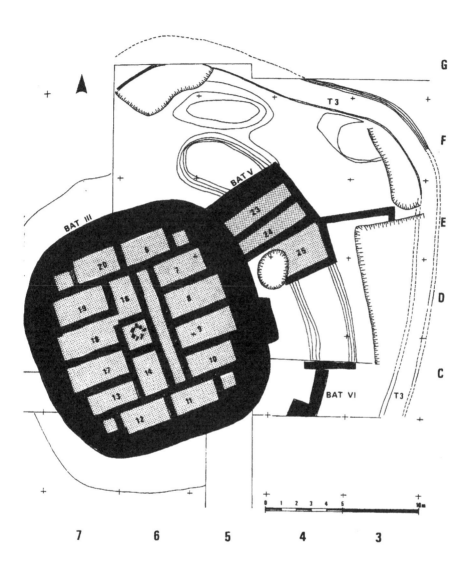

Abb. 5: H8, Building III, Periode Ib

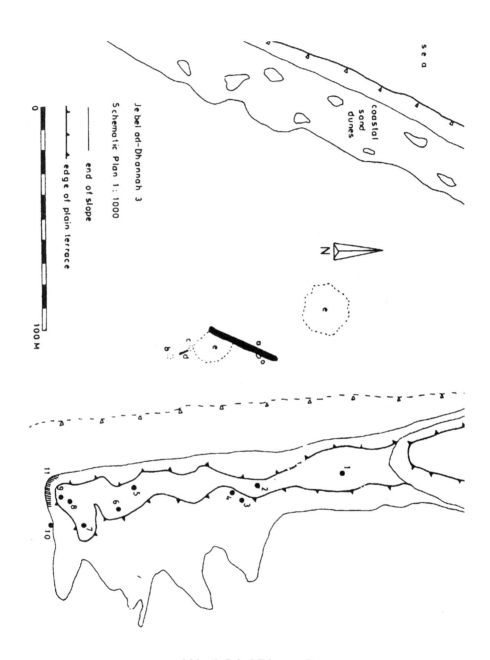

Abb. 6: Jebel Dhanna 3

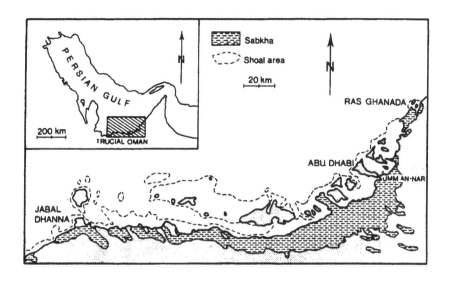

Abb. 7: Lage der Insel Umm an-Nar

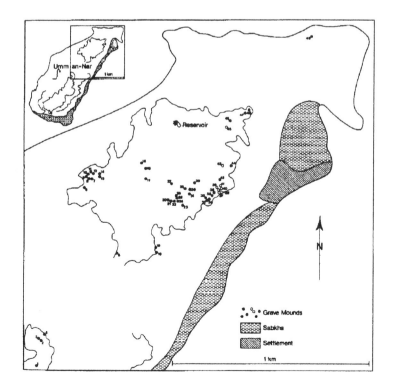

Abb. 8: Lage der Siedlung auf Umm an-Nar

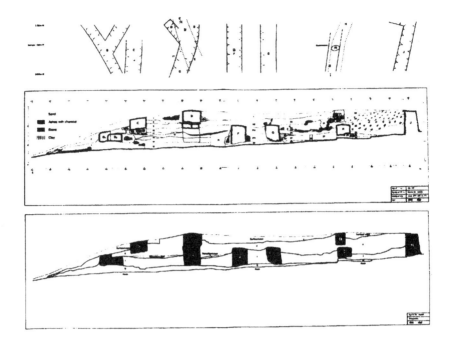

Abb. 9: Umm an-Nar, Section 1014

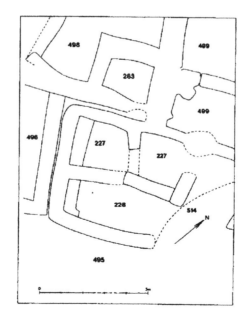

Abb. 10: Umm an-Nar, House Complex 1014 mit Raum- / Arealnummern

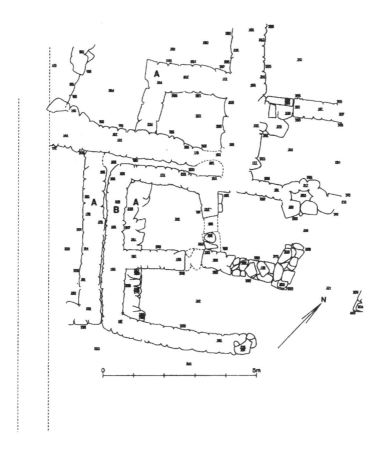

**Abb. 11: Umm an-Nar, Grundriß des House Complex 1014**

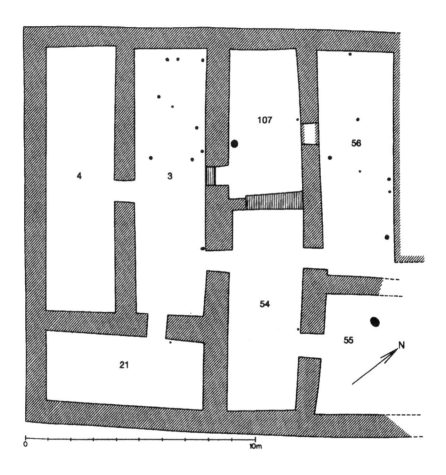

Abb. 12: Umm an-Nar, Grundriß des Warehouse 1013

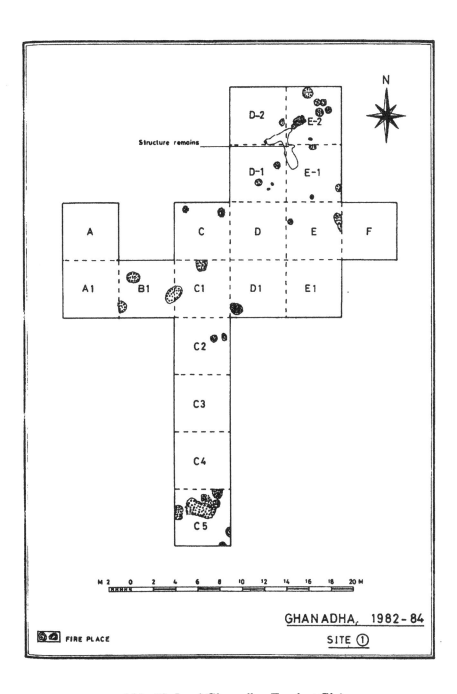

Abb. 13: Insel Ghanadha, Fundort Gh1

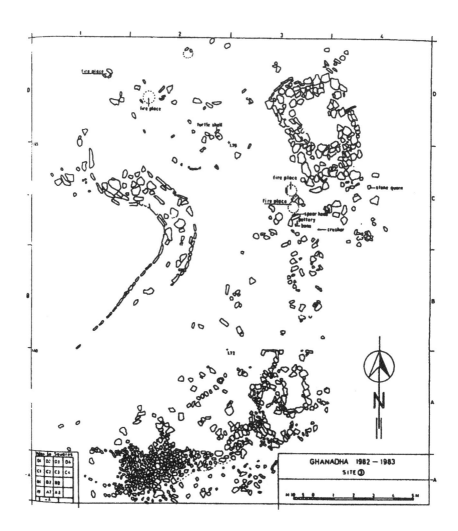

Abb. 14: Insel Ghanadha, Fundort Gh3

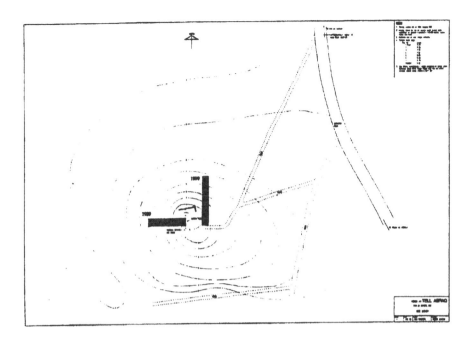

Abb. 15: Tell Abraq, Schnitte 1989, 1990

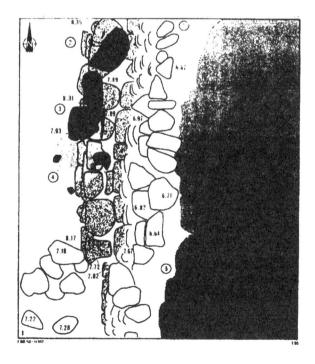

Abb. 16: Tell Abraq, Fundamentmauer des Umm an-Nar-Gebäudes (1, 2)
und aufgehendes Mauerwerk (5)

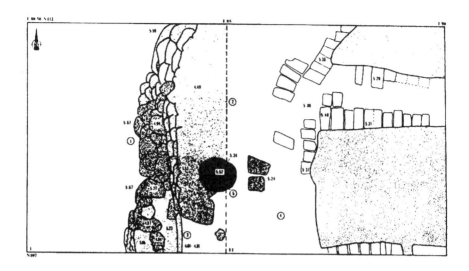

Abb. 17: Tell Abraq, Ringmauer des Rundgebäudes (loc. 37):
Kalksteinverkleidung (1), Lehmziegelring mit Innenkammern (4)

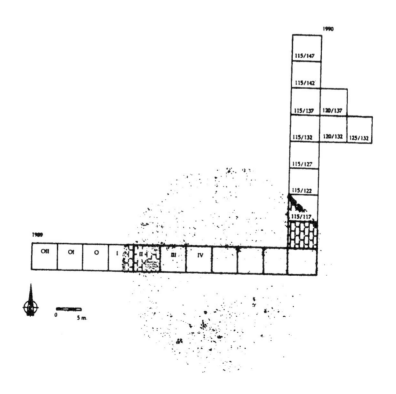

Abb. 18: Tell Abraq, Ausmaße des Rundgebäudes (loc. 37)

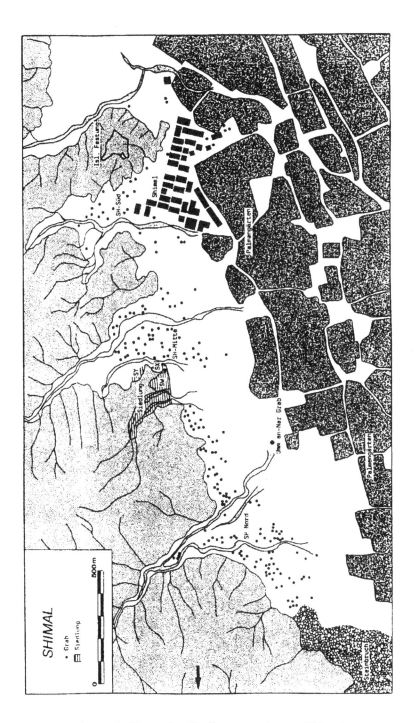

Abb. 19: Karte des Siedlungsareals von Shimal

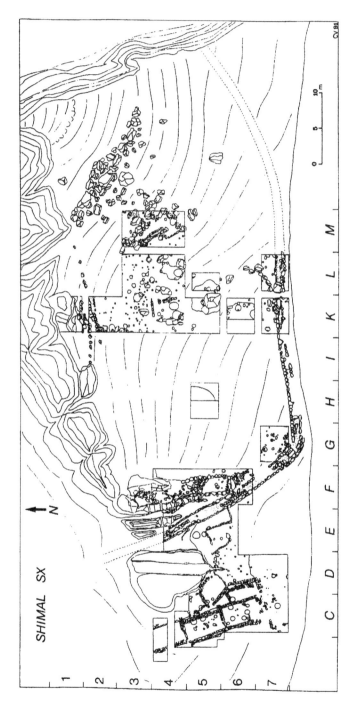

Abb. 20: Gesamtplan von Shimal-SX

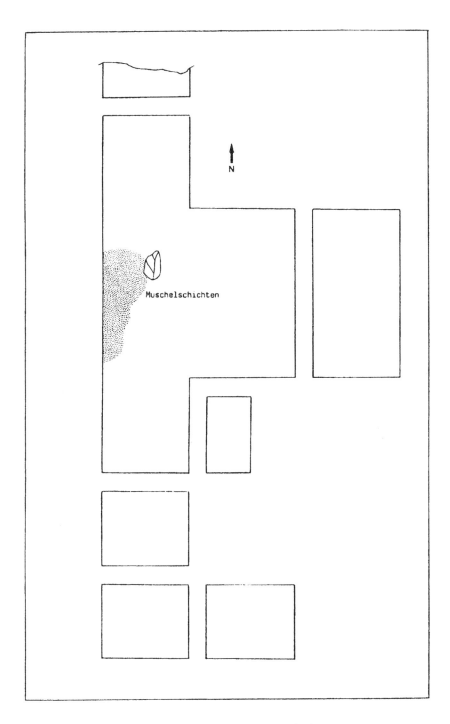

Abb. 21: Shimal-SX Ost, Periode 1

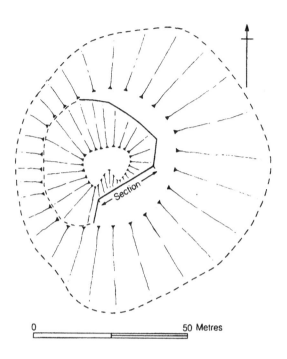

Abb. 22: Skizze des „Tells" von Nud Ziba

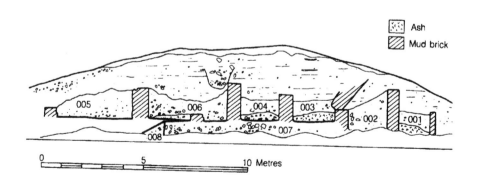

Abb. 23: Nud Ziba, Skizze des Schnitts

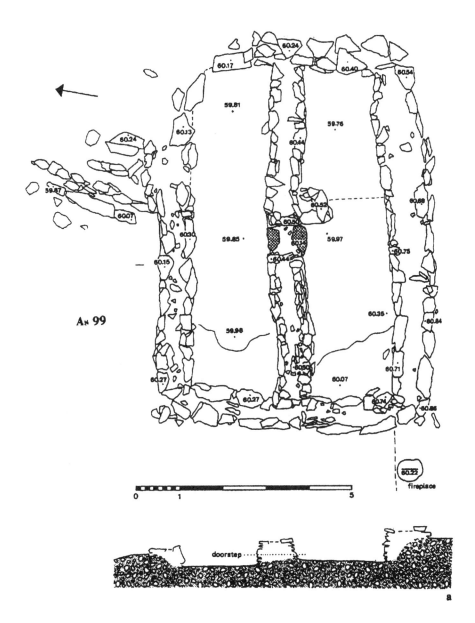

Abb. 24: Asimah, Grundriß und Schnitt von As 99

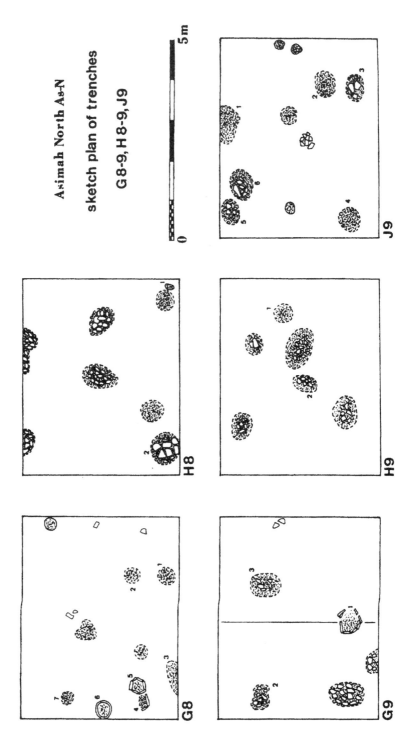

Abb. 25: Skizze einiger Grabungsquadranten in As-North

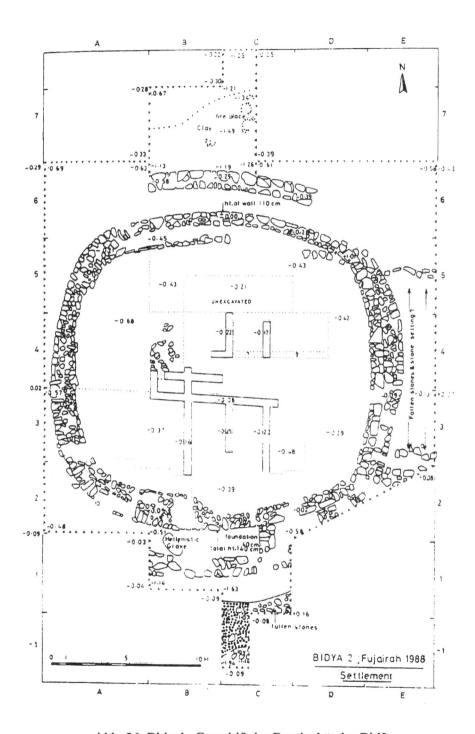

Abb. 26: Bidyah, Grundriß des Rundgebäudes Bid2

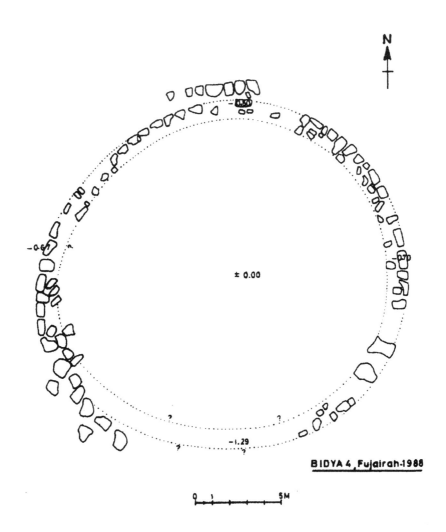

Abb. 27: Bidya, Grundriß von Bid4

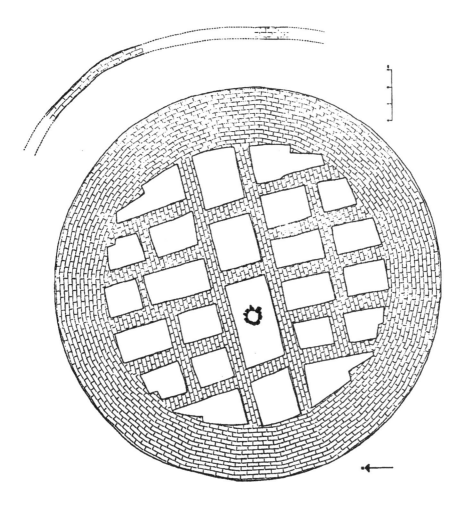

Abb. 28: Grundriß des T urms von H1

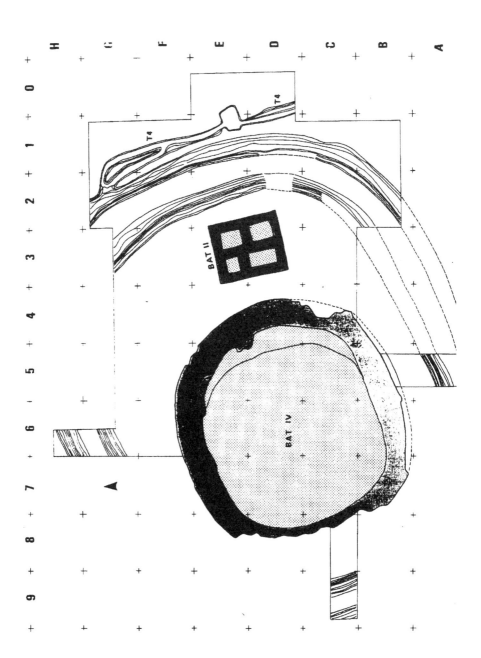

Abb. 29: H8, Building IV, Periode IIa

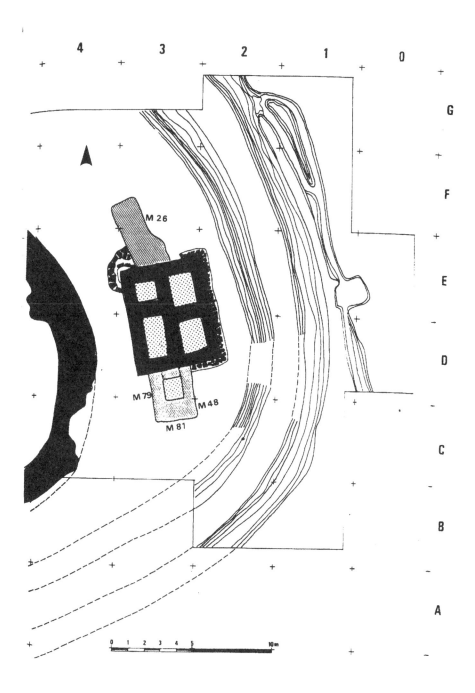

Abb. 30: H8, Periode IIb

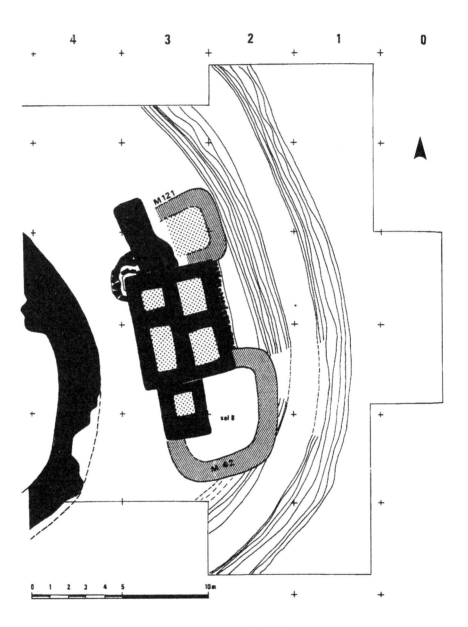

Abb. 31: H8, Periode IIc $_1$

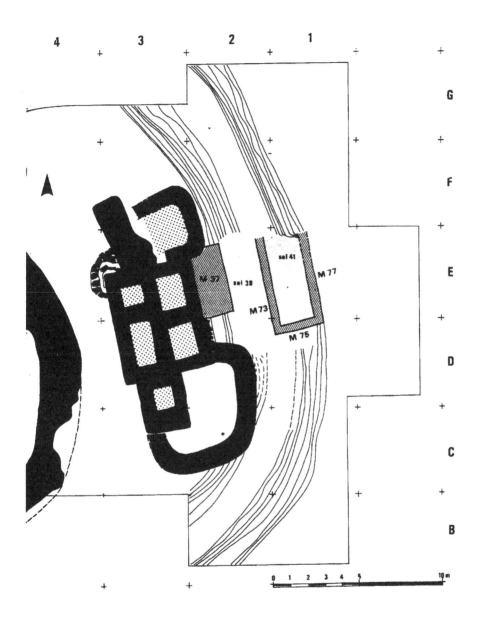

Abb. 32: H8, Periode IIc ₂

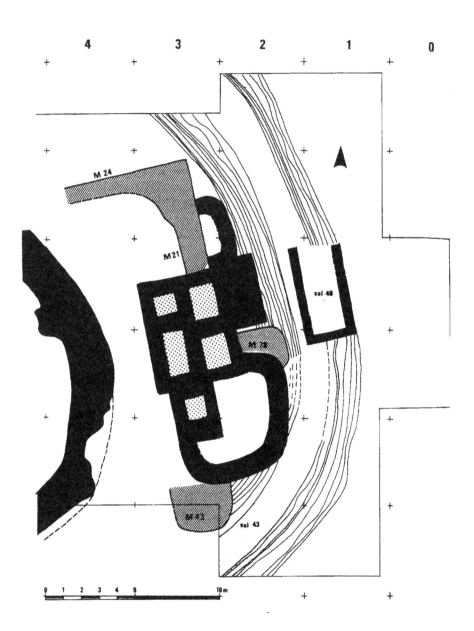

Abb. 33: H8, Periode IId

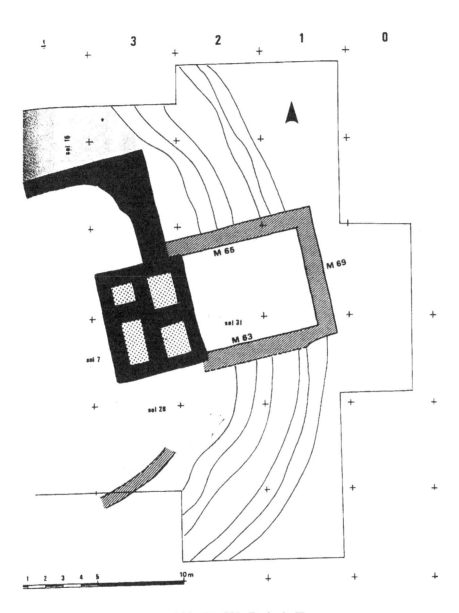

Abb. 34: H8, Periode IIe

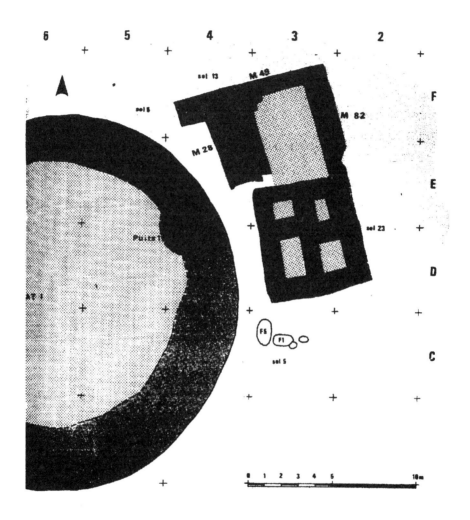

Abb. 35: H8, Periode IIf

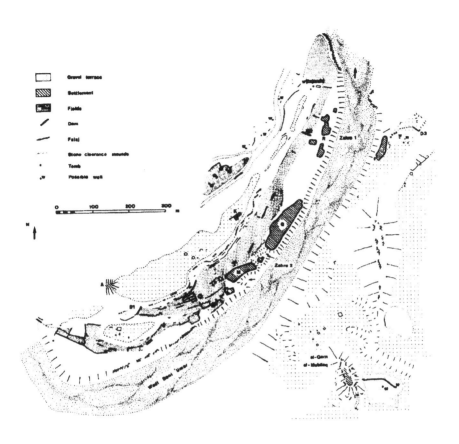

Abb. 36: Karte der Fundorte Zahra 1 (3. Jt.) und Zahra 2 (1. Jt.)

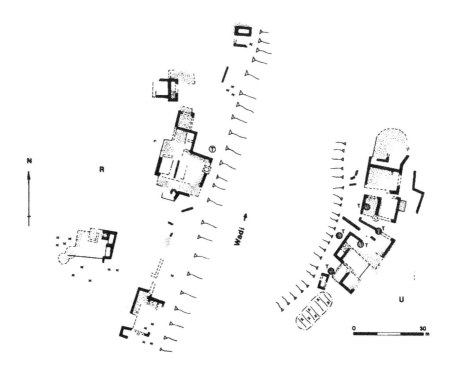

Abb. 37: Surveyplan von Zahra 1

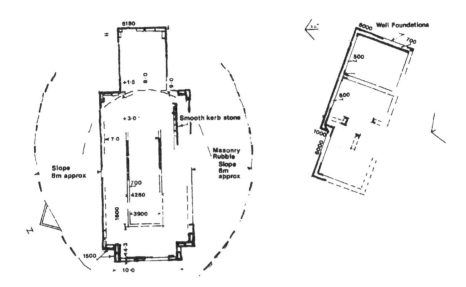

Abb. 38: Araqi, Grundrißskizze

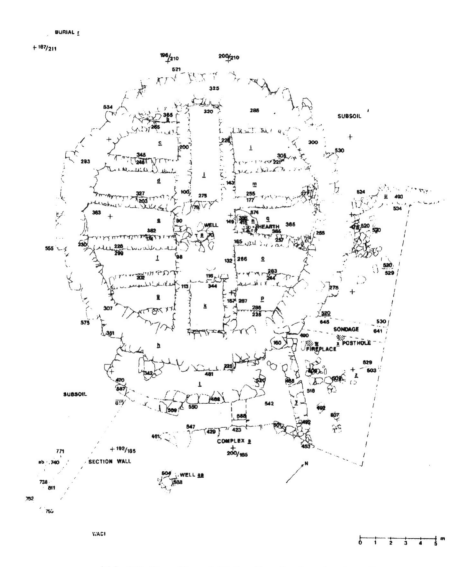

Abb. 39: Bat, Grundriß des Rundgebäudes 1 145

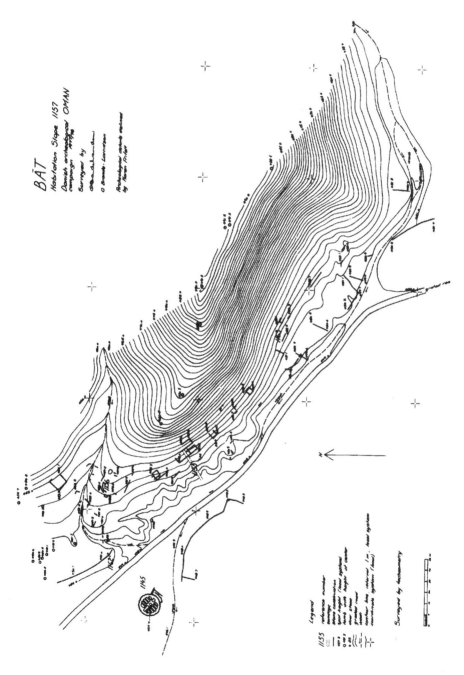

Abb. 40: Bat, Plan des „Habitation Slope 1 157"

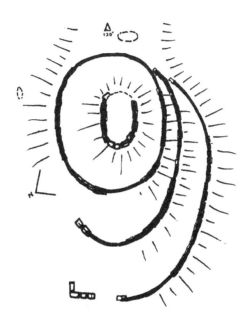

Abb. 41: Skizze der Anlage von Khutm / an-Nabaghia

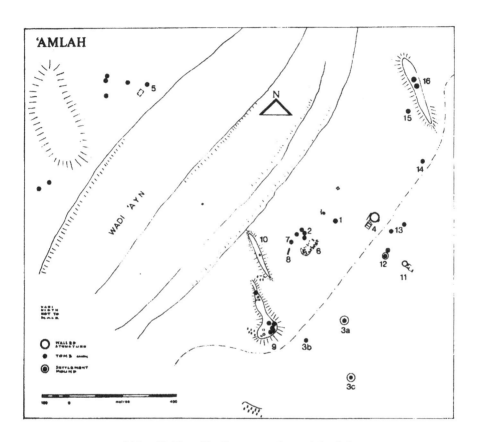

Abb. 42: Das Siedlungsareal von `Amlah

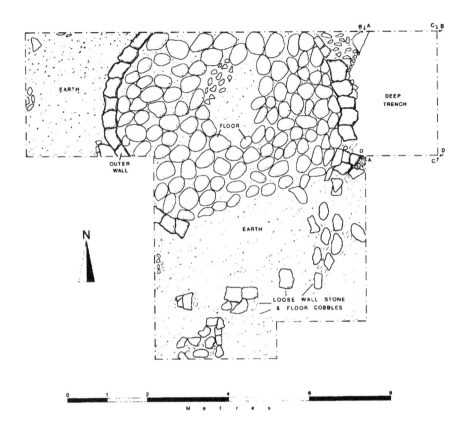

Abb. 43: Grundriß der Struktur `Amlah 3a

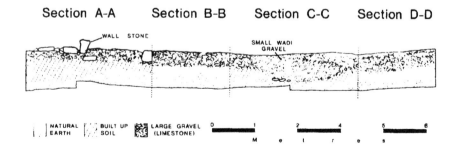

Abb. 44: Profilschnitte von `Amlah 3a

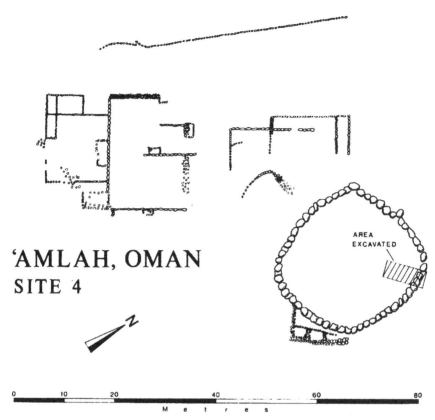

'AMLAH, OMAN
SITE 4

Abb. 45: Grundrißskizze der Struktur `Amlah 4

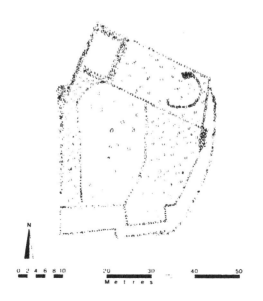

Abb. 46: Grundrißskizze von `Amlah 5b

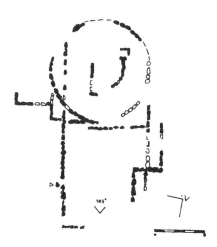

Abb. 47: Grundrißskizze der Struktur `Amlah 1 1

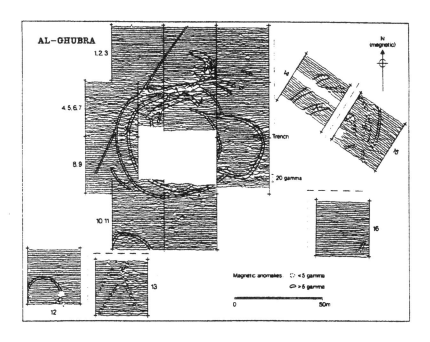

Abb. 48: al-Ghubra, Magnetometerplan

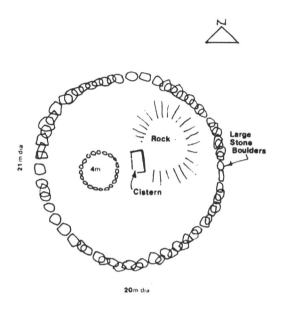

Abb. 49: Grundrißskizze der Struktur von W ihi al-Murr

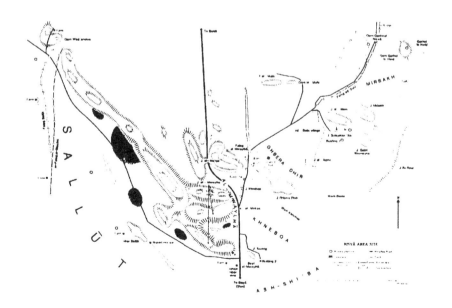

Abb. 50: Das Siedlungsareal von Bisya

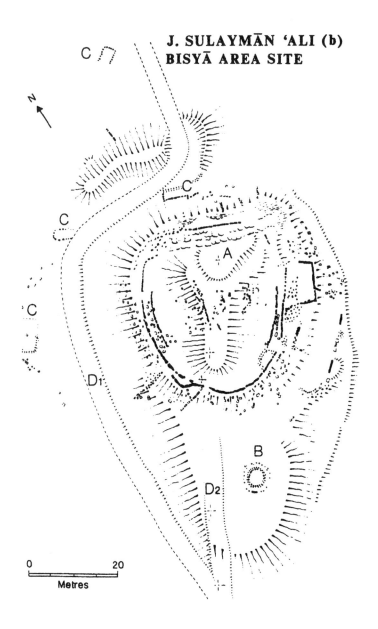

**J. SULAYMĀN 'ALI (b)
BISYĀ AREA SITE**

Abb. 51: Bisya, Grundriß der Plattform auf dem Jebel Sulaymân ʾAli (b)

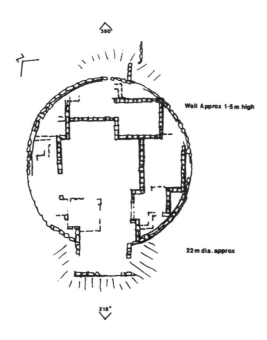

Abb. 52: Bisya, Grundrißskizze des Building I

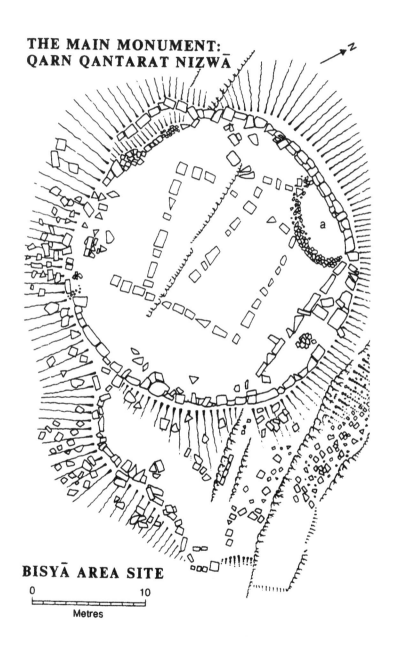

Abb. 53: Bisya, Grundriß der Anlage von Qarn Qantarat Nizwa

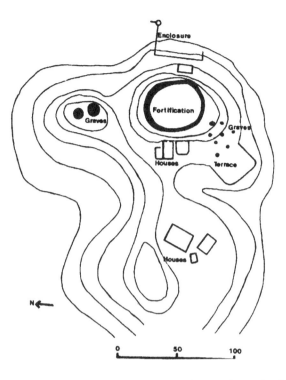

Abb. 54: Bisya, Grobskizze der Gebäude auf dem Qarn Qarhat la-Hwîd

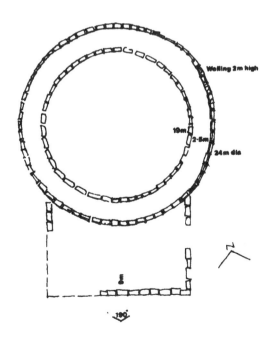

Abb. 55: Sallut, Grundrißskizze der Rundstruktur

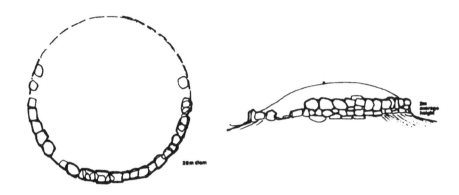

Abb. 56: Firq, Grundriß und Ansicht der Rundstruktur

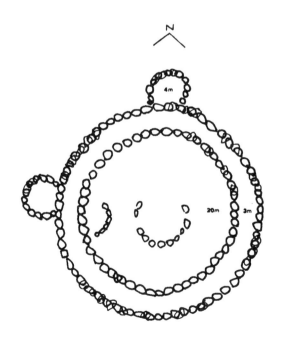

Abb. 57: Rawdah, Grundrißskizze der Rundstruktur

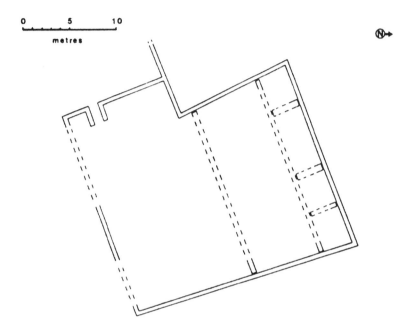

Abb. 58: Grundrißskizze eines Hauses in Andam 1

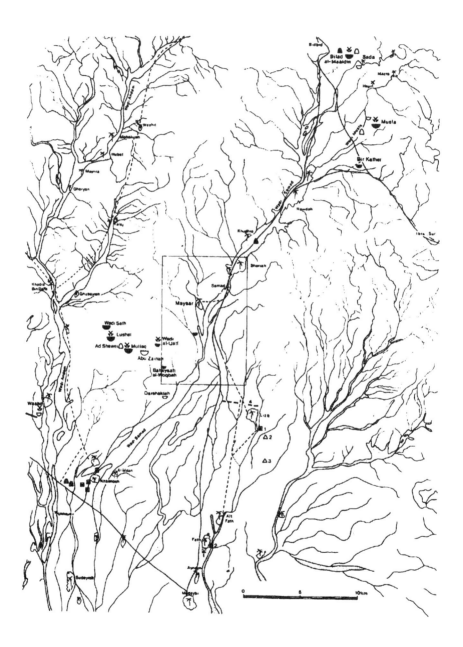

Abb. 59: Fundstellen in der Umgebung von Samad

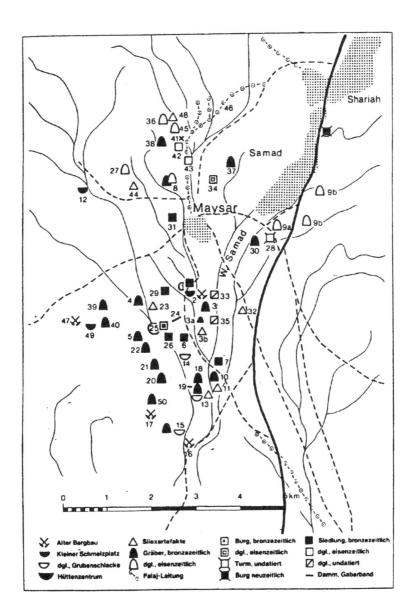

Abb. 60: Fundstellen im Gebiet von Maysar

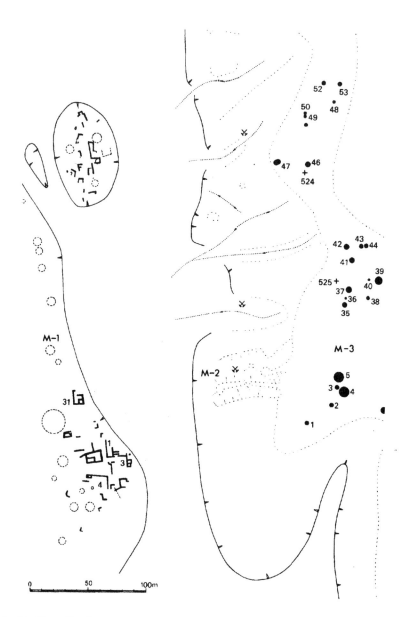

Abb. 61: Das Siedlungsareal von Maysar mit der Siedlung M1 (Häuser 1, 3, 4, 31), den Kupfergruben M2 und dem zugehörigen Gräberfeld M3

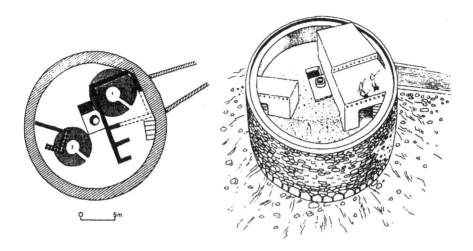

Abb. 62: Maysar , Grundriß der „Fluchtburg" M25 und Rekonstruktionsvor-
schlag

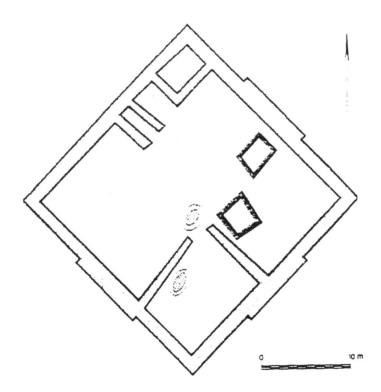

Abb. 63: al-Khasbah, Grundrißskizze des Monumentalbaus von al-Hind

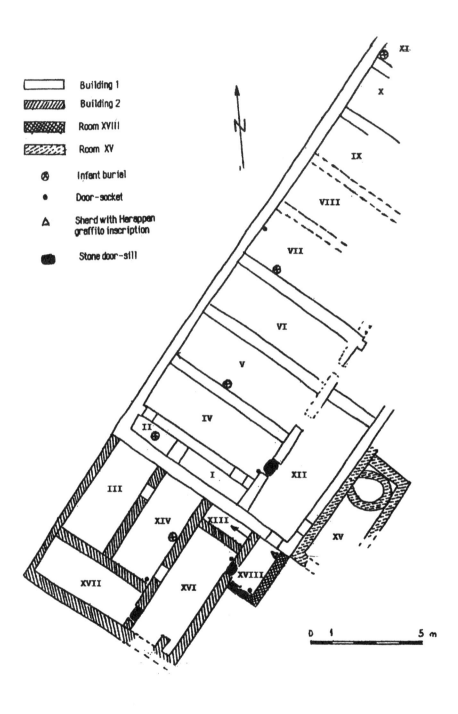

Abb. 64: Ras al-Junayz, Grundrißskizze der Gebäude I und II in RJ2

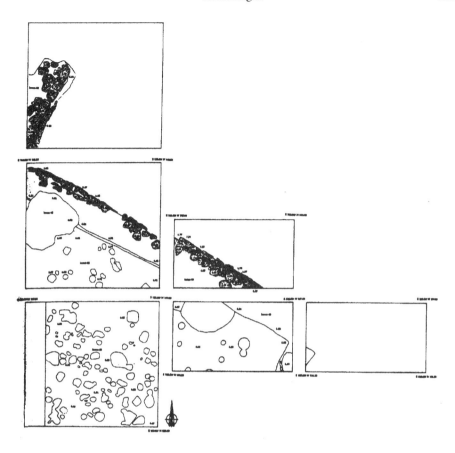

Abb. 65: Tell Abraq, Wadi Suq-zeitlicher Pfostenhorizont (loc. 40)

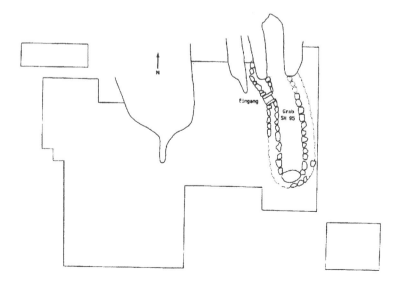

Abb. 66: Shimal-SX West, Periode 2

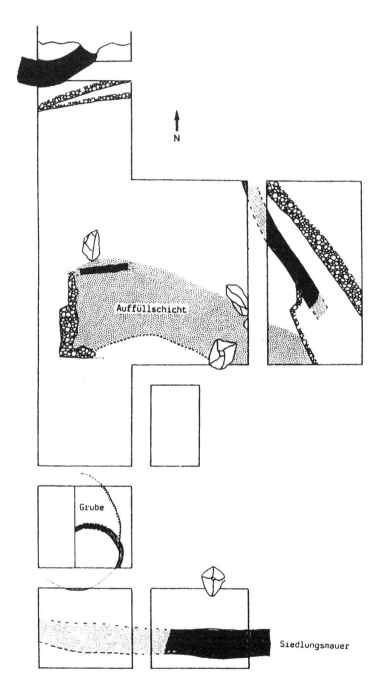

Abb. 67: Shimal-SX Ost, Periode 3b

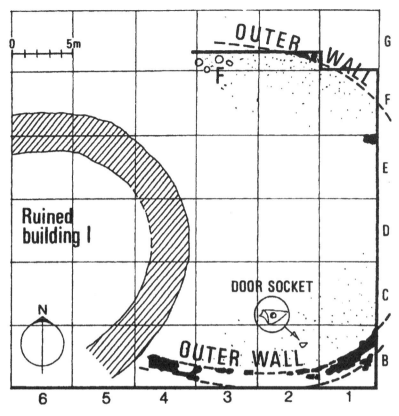

Abb. 68: H8, Periode III

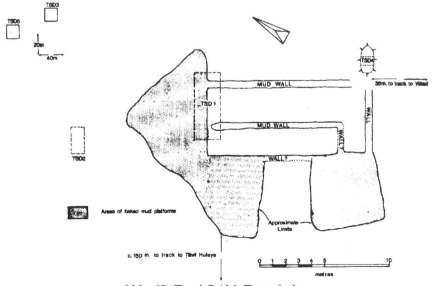

Abb. 69: Tawi Sa`id, Testschnitte

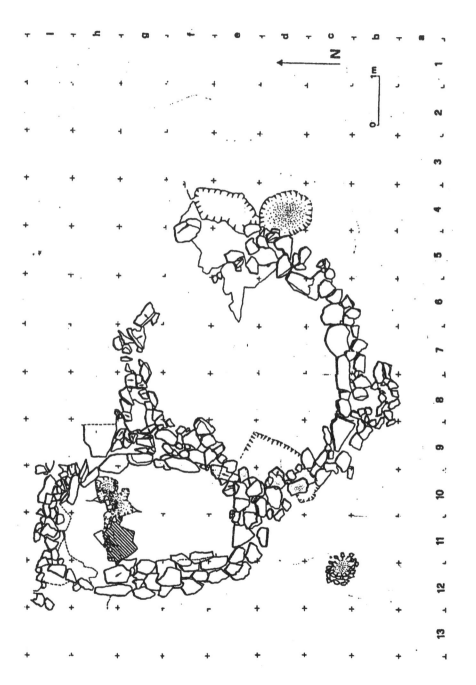

Abb. 70: Ras al-Junayz, structure 5 in RJ1

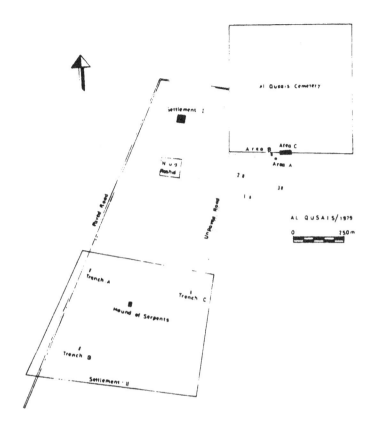

Abb. 71: Das Siedlungsareal von al-Qusais

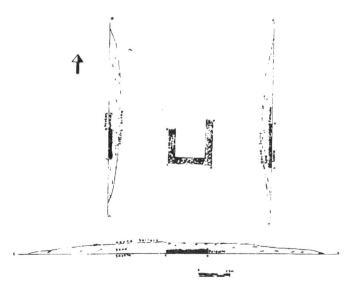

Abb. 72: al-Qusais, Grundriß und Profile des „mound of serpents"

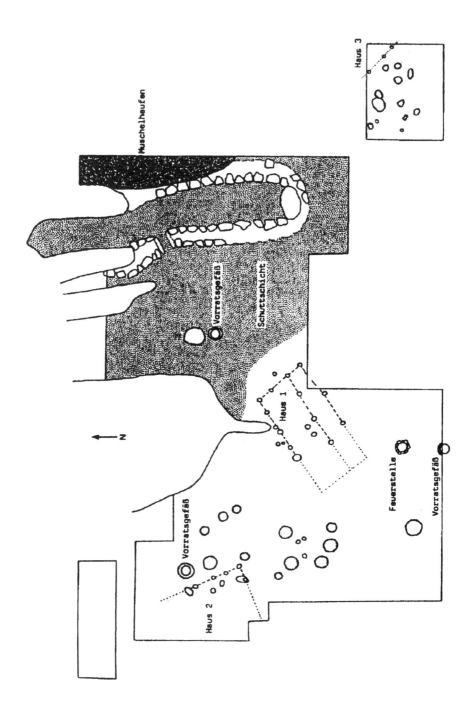

Abb. 73: Shimal-SX West, Periode 4a

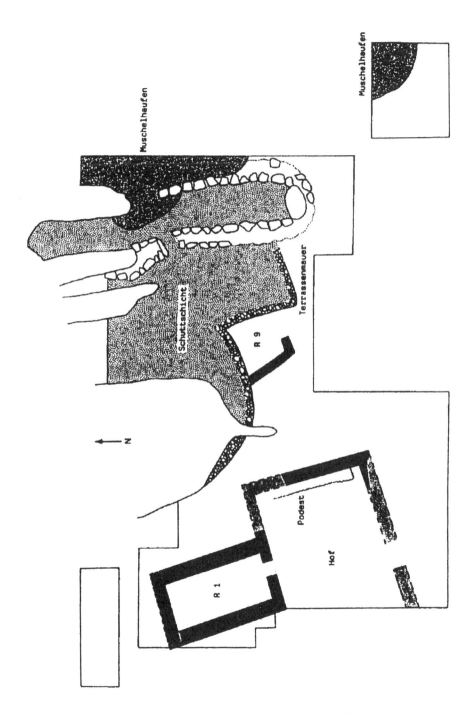

Abb. 74: Shimal-SX West, Periode 4b

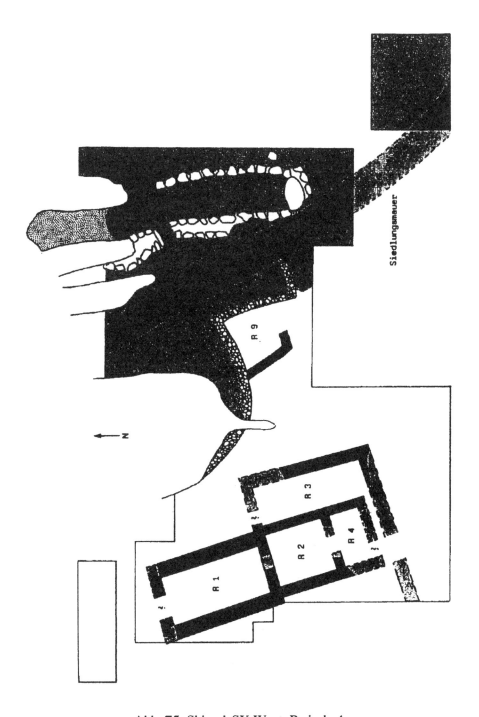

Abb. 75: Shimal-SX West, Periode 4c

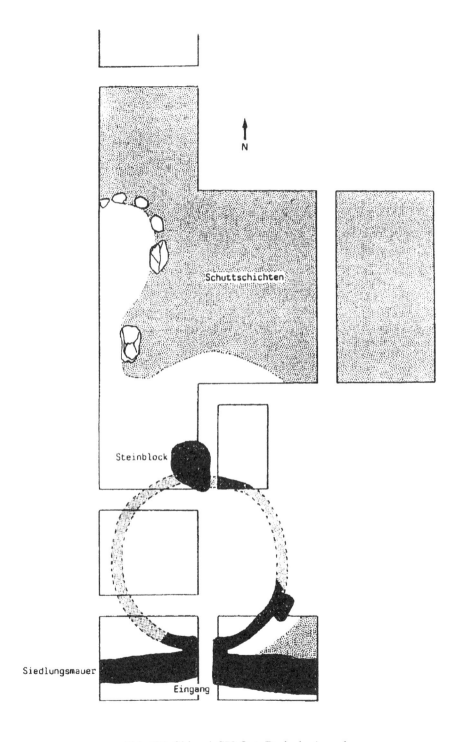

Abb. 76: Shimal-SX Ost, Periode 4c + d

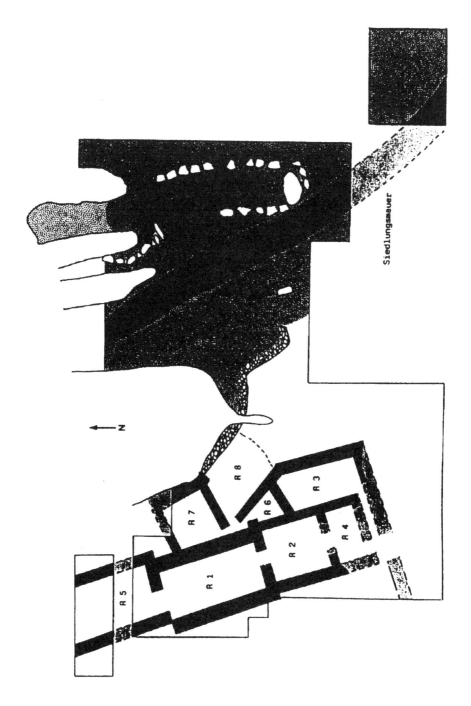

Abb. 77: Shimal-SX West, Periode 4d

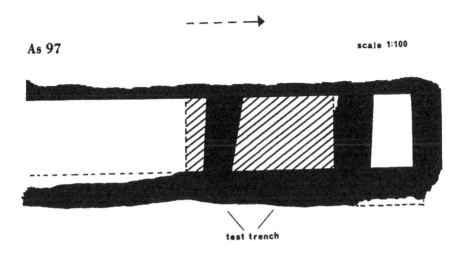

Abb. 78: Asimah, Skizze des Testschnitts durch die Mauer der Bergfestung
As 97

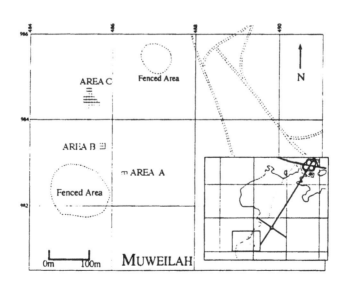

Abb. 79: Das Siedlungsareal von Muweilah

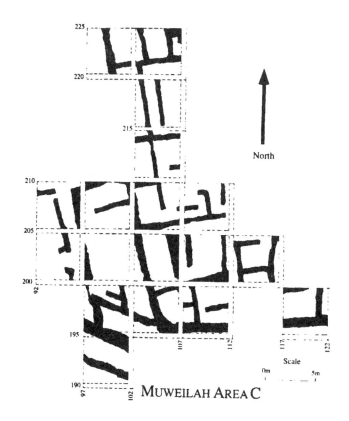

Abb. 80: Muweilah, Areal C

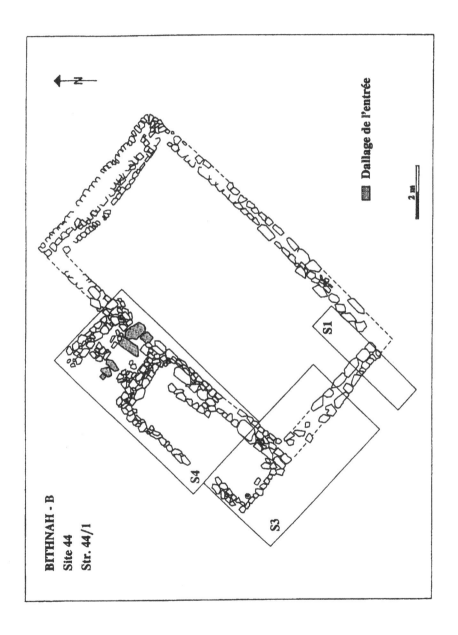

Abb. 81: Bithnah B, Gebäude 1 mit den Sondagen 1, 3, 4

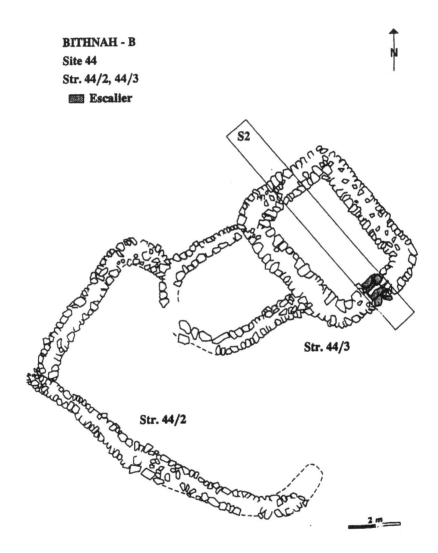

Abb. 82: Bithnah B, Grundriß der Strukturen 2 und 3 mit Sondage 2

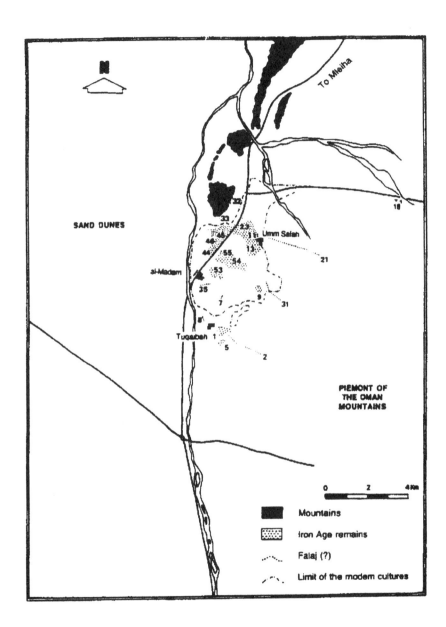

Abb. 83: Die Ebene von al-Madam

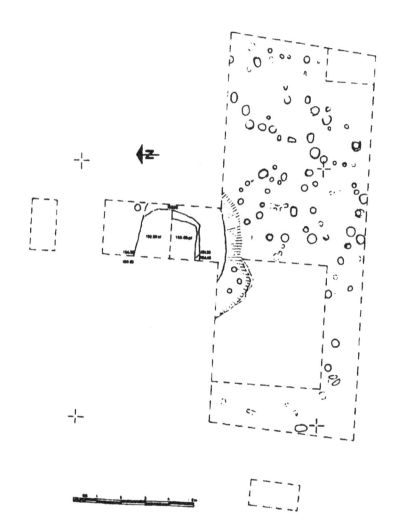

Abb. 84: Mleiha, Areal B, früheisenzeitlicher Pfostenhorizont

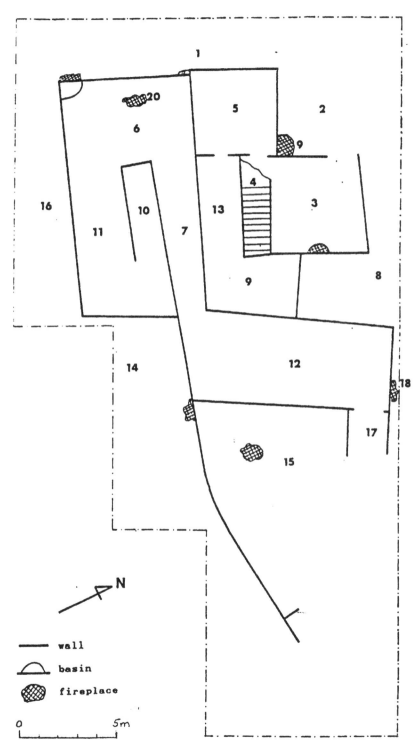

Abb. 85: al-Thuqaibah, Grundrißskizze des Lehmziegelgebäudes

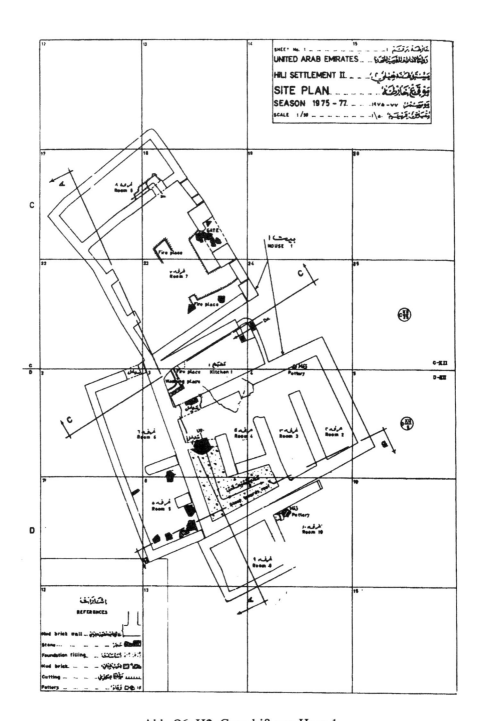

Abb. 86: H2, Grundriß von Haus 1

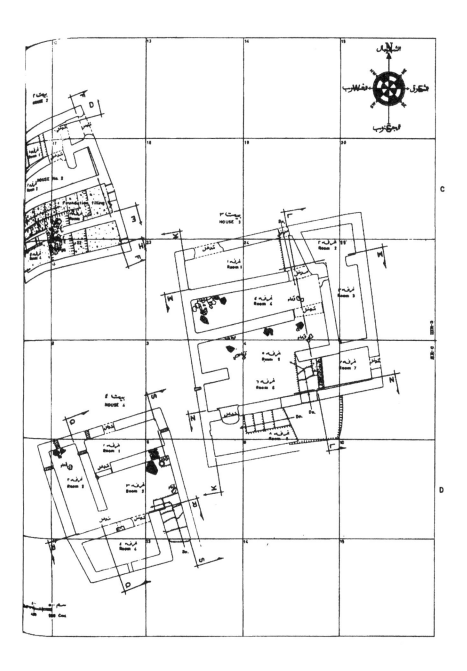

Abb. 87: H2, Grundriße der Häuser 2, 3 und 4

Abb. 88: H14, Grundriß des „bâtiment collectif"

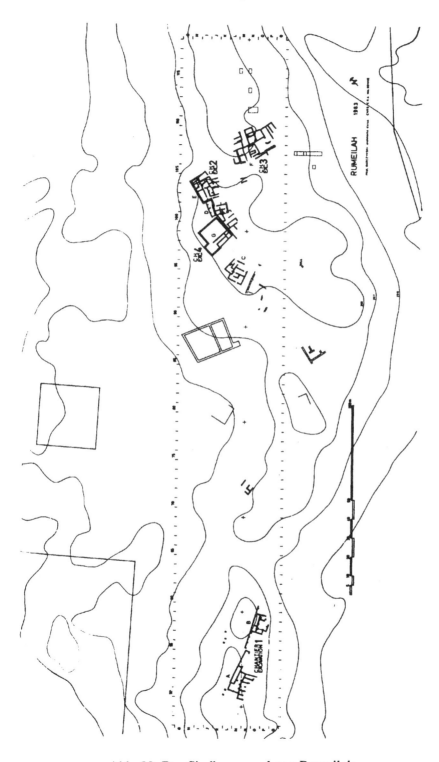

Abb. 89: Das Siedlungsareal von Rumeilah

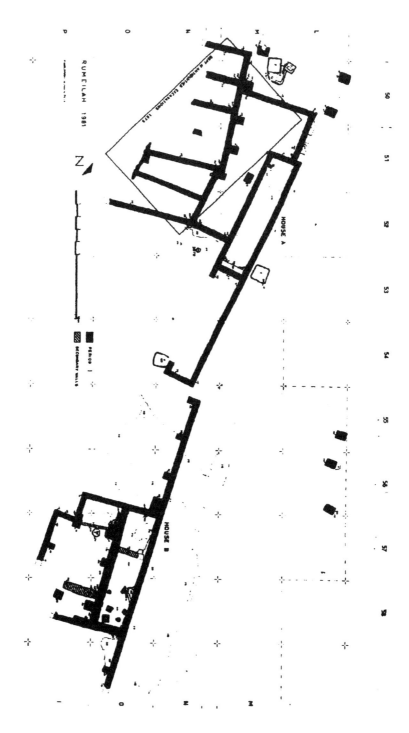

Abb. 90: Rumeilah, Haus A-B, Periode I

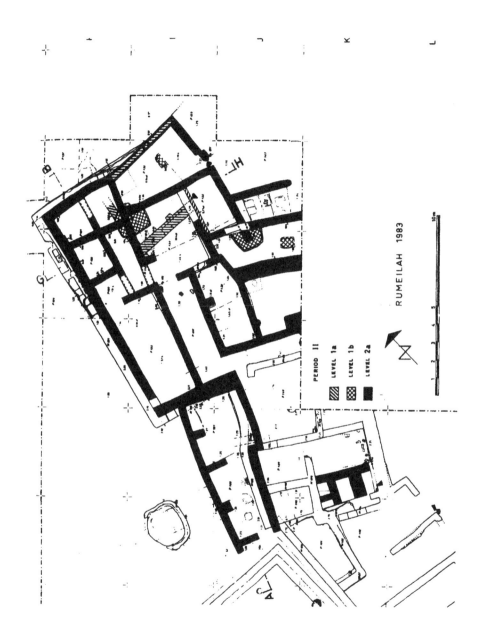

Abb. 91: Rumeilah, Haus D-E, Periode II, Phasen 1a, 1b und 2a

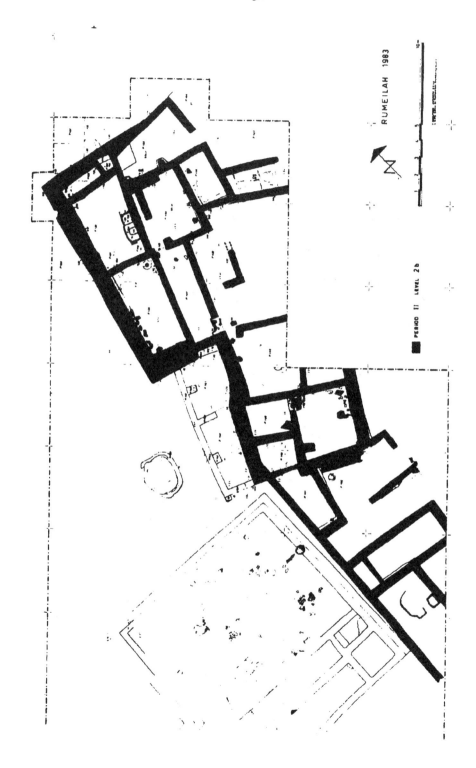

Abb. 92: Rumeilah, Haus D-E, Periode II, Phase 2b

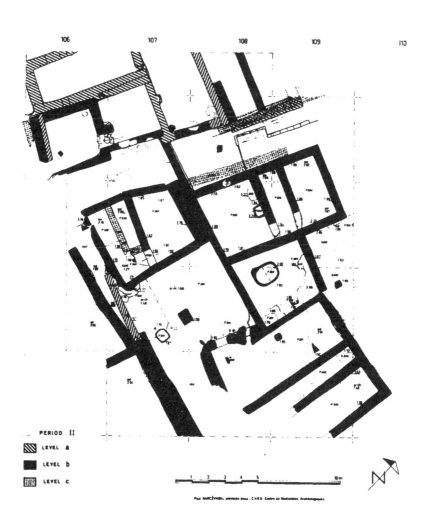

Abb. 93: Rumeilah, Haus F, Periode II

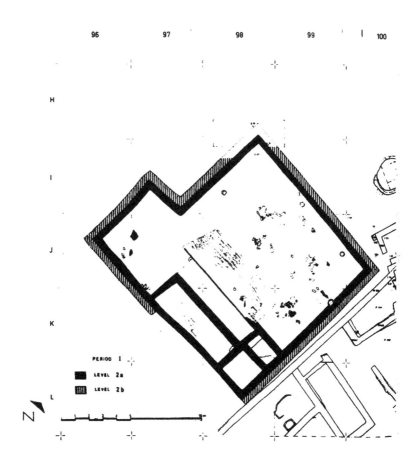

Abb. 94: Rumeilah, Haus G, Periode I, Phase 2

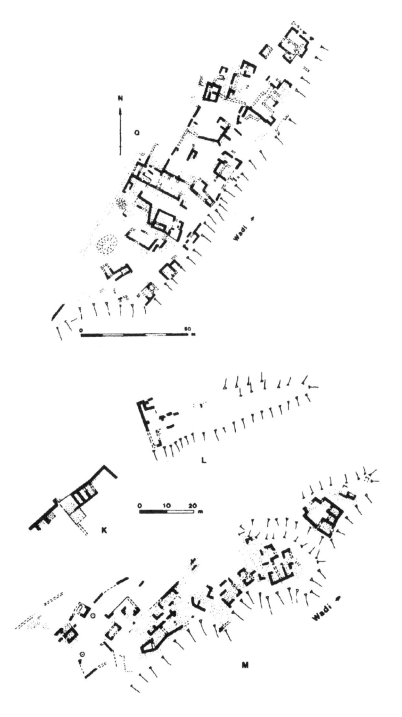

Abb. 95: Zahra 2, Gebäudekomplexe K, L, M und Q

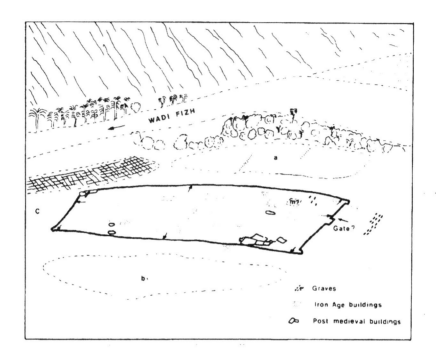

Abb. 96: Wadi Fizh 2, Skizze der früheisenzeitlichen Siedlung

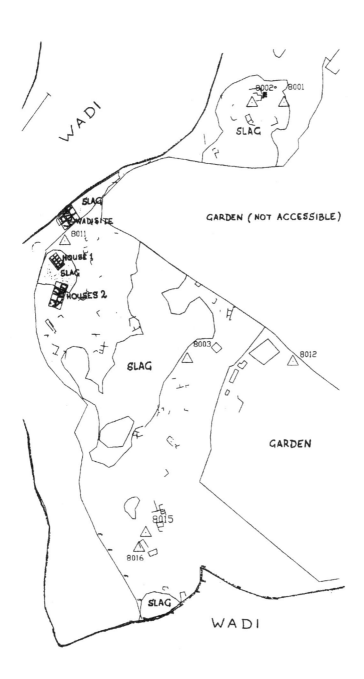

Abb. 97: Das Siedlungsareal von Raki 2

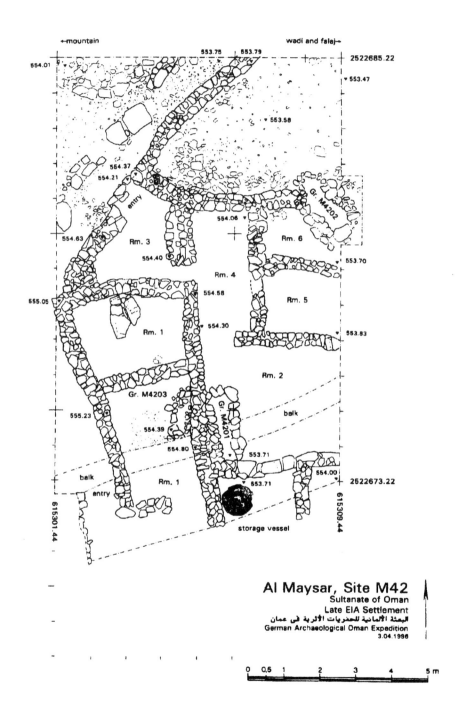

Abb. 98: Maysar, Grundriß von M42

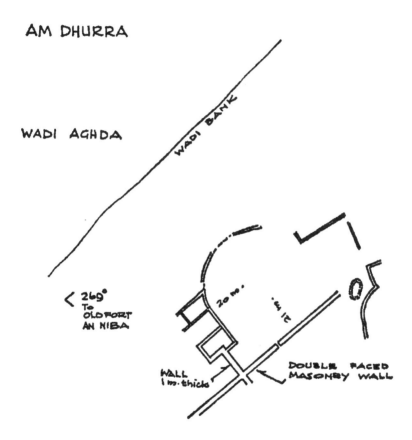

Abb. 99: Am Dhurra, Grundrißskizze

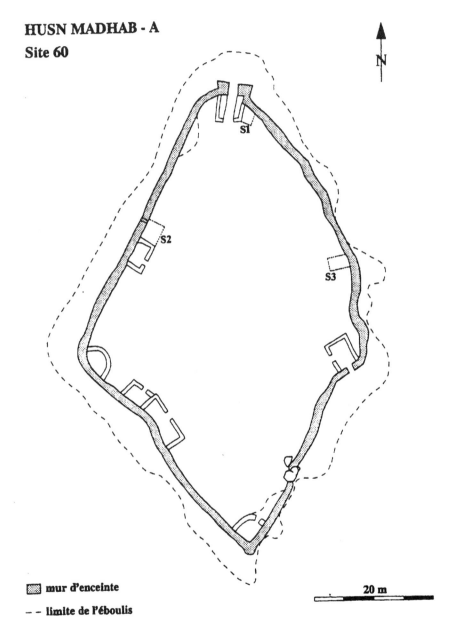

**HUSN MADHAB - A**

**Site 60**

N

S1

S2

S3

▨ mur d'enceinte

– – limite de l'éboulis

20 m

Abb. 100: Husn Mudhub, Grundriß der Bergfestung

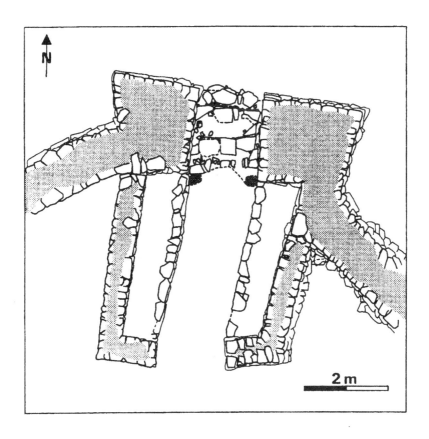

Abb. 101: Husn Mudhub, Grundriß des Nordtors der Bergfestung

Abb. 102: Siedlungen der Umm an-Nar-Periode

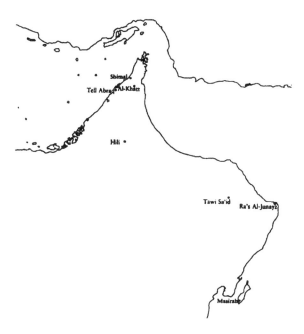

Abb. 103: Siedlungen der Wadi Suq-Periode

Abb. 104: Siedlungen der Lizq/Rumeilah-Periode

# X. Tabellen

| | H8 | U | RJ2 | Sh | TA | Bat | M1 | |
|------|------|-----|-----|--------|------|------|------|--------------|
| 3000 | Ia | | | | | | | |
| 2900 | Ib | | | | | | | Hafit- |
| | | | | | | | | Periode |
| 2800 | Ic | | | | | | | |
| | **IIa** | | | | | | | |
| 2700 | **IIb** | | | | | | | ---------- |
| | **IIc$_1$** | | | | | | | |
| 2600 | **IIc$_2$** | **0** | | | | | | |
| | **IId** | | | | | | | |
| 2500 | | **I** | | | | * | | ---------- |
| | **IIe** | | | | | | | |
| 2400 | | | **II** | | | * | | **Umm** |
| | | | | | | | | **an-Nar-** |
| 2300 | | **II** | | **1** | UI | | | **Periode** |
| | **IIf** | | | | | | | |
| 2200 | | | **III** | | | | * | ---------- |
| | **IIg** | | | | | | | |
| 2100 | | | | | UII | | * | Überg. |
| | **IIIa** | | | | | | | |
| 2000 | ---------- | | | 2 | UIII | | | ---------- |
| | IIIb | | | (Sh95) | WaI | | | |
| 1900 | | | | | WaII | * | * | |
| | | | | | | | | Wadi |
| 1800 | | | | | | | | Suq- |
| | | | | | | | | Periode |
| 1700 | | | | | | | *? | |
| 1600 | | | | 3 | WaIII | * | | |

Tab. 1: Siedlungsspannen der wichtigsten Umm an-Nar-zeitlichen Siedlungen

| | TA | Sh | RJ1 | Kh | H8 | Bat | |
|---|---|---|---|---|---|---|---|
| 2300 | UI | | | | | | Umm |
| | | | | | IIf | | an-Nar- |
| 2200 | | | | | | | Periode |
| | | | | | IIg | | |
| 2100 | UII | | | | | | |
| | | | | | IIIa | | |
| 2000 | UIII | **2** | | | | | ----- |
| | **WaI** | (Sh 95) | | | **IIIb** | | Überg. |
| 1900 | **WaII** | | * | | | * | ----- |
| 1800 | | | | | | | |
| 1700 | | | | | | | |
| 1600 | **WaIII** | **3** | | | | * | **Wadi Suq- Periode** |
| 1500 | | | * | ? | | | |
| 1400 | **WaIV** | | | | | | ----- |
| 1300 | Iron I | | | | | | |
| | | 4a | | | | | |
| 1200 | | | | | | | |
| 1100 | | 4b | | | | | L/Ru- |
| | | 4c | | | | | Periode |
| 1000 | Iron II | 4d | | | | | |
| 800 | | | | | | | |

Tab. 2: Siedlungsspannen der Wadi Suq-zeitlichen Siedlungen

| | Ru | TA | Sh | L | Ra2 | Muweilah | |
|---|---|---|---|---|---|---|---|
| 1500 | | | | | | | Wadi Suq-P. |
| 1400 | **IA** | WalV | | | | | ---------- |
| 1300 | **IB** | **Iron I** | **4a** | | | | |
| 1200 | | | | * | | | |
| 1100 | | | **4b,c** | | * | **Area B** | |
| 1000 | **IIA** | **Iron II** | **4d** | | | | **Lizq/ Rumei- lah- Periode** |
| 900 | | | | | | | |
| 800 | **IIB** | | | * | * | **Area C** | (Iron I - Iron III) |
| 700 | | | | | | | |
| 600 | | **Iron III** | | | | | |
| 500 | **IIC** | | | | | | |
| 400 | | | | | | | |
| 300 | | | | | | | ---------- |
| 200 | | | | | | | PIR/ Samad- Periode |
| 100 | | | | | | | |

Tab. 3: Siedlungsspannen einiger Lizq/Rumeilah-zeitlicher Siedlungen